1　現在の国会《こつかい》議《ぎ》事《じ》堂《どう》

政党の存在と軌を一にするかのように，帝国議会開設当初は急ごしらえの仮議事堂だったが，原敬内閣期に着工した．しかし関東大震災等で遅延し，竣工したのは二・二六事件後の1936年(昭和11)であった．右側が参議院，左が衆議院．

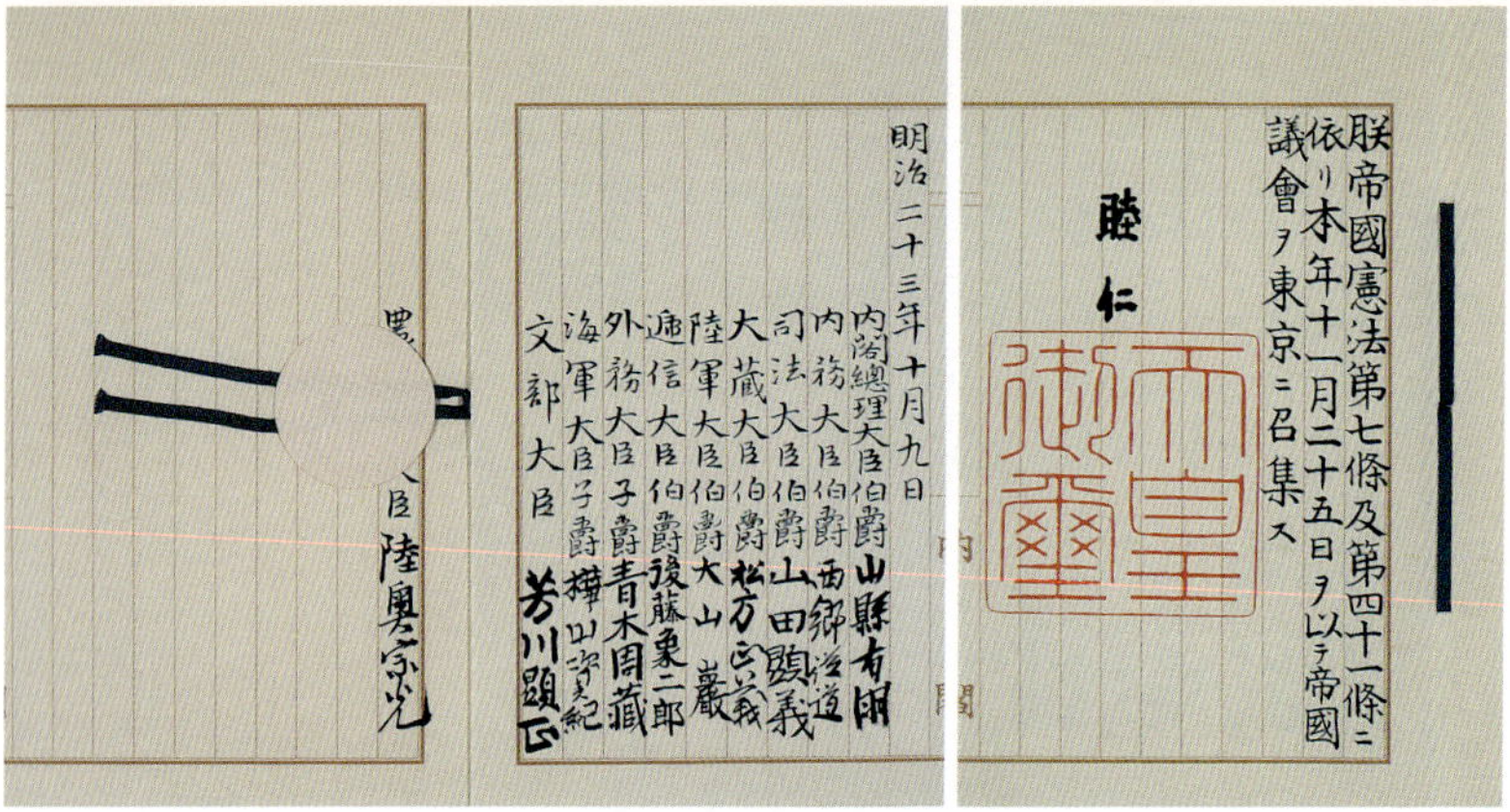

朕帝國憲法第七條及第四十一條ニ依リ本年十一月二十五日ヲ以テ帝國議會ヲ東京ニ召集ス

睦仁

明治二十三年十月九日

内閣總理大臣伯爵山縣有朋
内務大臣伯爵西鄕從道
司法大臣伯爵山田顯義
大藏大臣伯爵松方正義
陸軍大臣伯爵大山巖
遞信大臣伯爵後藤象二郎
外務大臣子爵青木周藏
海軍大臣子爵樺山資紀
文部大臣芳川顯正
農[illegible]臣陸奥宗光

2　第1回帝国《ていこく》議《ぎ》会《かい》召集《しょうしゅう》詔書《しょうしょ》原本（明治23年10月9日）

衆議院は1890年(明治23)7月1日の第1回総選挙で300名の代議士が選出され，貴族院も7月10日の有爵議員選挙でほぼ議員が固まり，11月25日の開院式を前にこの詔書が発布された．御名御璽につづき国務大臣の署名がみえる．

3　立憲《りつけん》民政党《みんせいとう》選挙ポスター

一九二八年（昭和三）の総選挙から普通選挙が実施され、各党は一般大衆の心をつかむことを最優先して選挙戦に挑んだ。そのため、派手で目につき、かつ単純で分かり易いことを重視して意匠を凝らしたのである。

4　60年安保闘争で国会議事堂を取り巻くデモ隊（昭和35年6月18日）

1960年（昭和35）岸信介内閣は日米《にちべい》安《あん》保《ぽ》条約《じょうやく》改定に取り組み，強引な形で国会の承認を得ようとした．それに野党や労働者・学生が猛反発，第一次護《ご》憲《けん》運《うん》動《どう》のように議会外の運動で改定阻止に持ち込もうとした．

5　現代選挙風景

冷戦が終了し，一党優位政党制の政党政治も転機を迎えた．選挙で示される国民の意思は短期間で変化し，それに伴って政権も頻繁に交替，選挙戦はさらに激しさを増した．そんな中で，党首たちの活動量もいっそう増加した．

日本政党史

季武嘉也
武田知己［編］

吉川弘文館

目次

はじめに――政党史研究の意義

政党とは何か

本書の目的は、近代日本における政党の歴史を概観しようというものである。ただし、その前に一つ確認しなければならないことがある。政党とは何か、特に日本の政党史において何であったかという問題である。

もちろん、一定の政治的な主張を持つ者たちがその実現のために権力をめざす集団と定義するのが通常だろう。しかし、もう少し具体的な点にまで踏み込むとそう簡単にはいかないようである。江戸時代までの日本において、このような定義によって構成された集団は、むしろ人々の反感を買うだけであった。一定の政策・主張とは一部の者たちの「私利私欲」であり全体の「公益」に反する場合が多い、権力をめざすことは有害な争いを起こすだけである、というのがその理由であった。したがって、明治時代に入り西欧から政党という概念が導入され実際に政党が創立されても、法律上では一部の民間人が任意に作った「政社」あるいは「結社」であり、治安の点から取締の対象とはなっても公的な承認を受けた法人ではないため、なんら法律上で定義されることはなかった。戦後の日本国憲法ではどうか。主権在民、議会政治、議院内閣制を規定した同憲法下では、政党は当然重要な位置を占めることになったが、今度は「結社の自由」の精神を尊重するという立場から、政党が法律上で定義されたり、法人となることはやはりなかった。ただし、一九九四年（平成六）政党交付金制度が始まって法人格を与える必要が生じたため、基本的には五名以上の国会議員を擁する政治団体を「政党」と定義することになったが、「結社の自由」の立場からそれ以上の具体的な定義はしなかったのである。

では今度は、実態に即して日本の政党とは何かを考えてみると、これはもっと難しい。政党には名《めい》望家政党《ぼうかせいとう》、大衆政党《たいしゅうせいとう》、包括政党《ほうかつせいとう》など種々の形態があり、また利益代表、利益集約、政治的公職者補充、政権運営などの機能を有しているといわれる。しかし、現実の社会の中で登場した政党の歴史的実態をみれば、それぞれの政党がどれに当てはまるのかは簡単に判断できない場合が多い。小さな集団で政治的主張が明確であれば定義することは比較的容易であろうが、この場合は政治的主張が多種多様となり、結果として政党の態様も多種多様となろう。反対に政党が人種・宗教・言語・地域・階級などの壁を越え大きくなって権力をめざそうとしたり、大衆社会化が進展した状況では、立派で明確な一定の政治的主張を露骨に打ち出すことは、場合によっては強い反発をうける危険性があるためついつい曖昧な主張となってしまい、権力志向ばかりが目立ってしまう場合が見受けられる。このように、実態としての政党の在り方は多彩であった。そうであるため、これまで「日本政党史」と銘打った研究を見渡しても、特定分野においては詳細なものであっても、このような実態に広く目配りした著作は案外と少ないのである。

日本の政党史研究の歴史

それでも、優れた研究は存在し我々執筆者もそれに多くを依っている。ここでは日本政党史研究という観点から、代表的なものをごく簡単に紹介しておこう。

明治・大正期では、維新、憲法制定、条約改正、日清日露戦争など権力者側から正史とみなされた分野では意識的に史料収集がなされたが、民間の任意団体でしかない政党の歴史が顧みられることはあまりなく、政党人自らが『自由党史』(板垣退助監修、宇田友猪・和田三郎編、五車楼、一九一〇年)を執筆する程度であった。政党が本格的な歴史研究素材となったのは、昭和に入り一九二七年(昭和二)に尾佐竹猛《おさたけたけき》、吉野作造《よしのさくぞう》らによって刊行された『明治文化全集』が契機であった。かれらは幕末・維新から帝国議会開設までの正史に漏れた民間史料を収集し、特に自由民権運動研究の面で新たな境地を拓いたのである。自由民権運動研究は第二次世界大戦後もさかんに行われ、初期議会期の政党研究などでも重要な成果を残したが、唯物史観の影響を受けて革命を主題とする傾向も生じ、しだいに政党研究とは離れる場合が多くなった。

そのような中で、格段と政党研究のレベルを引き上げたのが升味準之輔《ますみじゅんのすけ》であった。升味は一九五八年(昭和三十三)頃から『思想』に「日本政党史論」、『国会学会雑誌』に「日本政党史における地方政治の諸問題」という題名の連載を始め、のちに『日本政党史論』(全七巻、東京大学出版会、一九六五—八〇年)として刊行するが、一言でいえば戦前期の政党を名望家政党・役職名望家政党として捉え、社会構造の変化と名望家層の態様を基盤に、政党地方組織の実態、中央政局の動向を中心に広い視野から明らかにした。その研究は、今日でも学界の貴重な財産となっている。この名望家政党論を、政友会に即してさらに発展させたのが三谷太一郎『日本政党政治の形成』（東京大学出版会、一九六七年）であった。

一九二八年（昭和三）に最初の普選が実施されて以降、政党は大衆政党的色彩を強くするが、一九八〇年（昭和五十五）頃から伊藤隆・粟屋憲太郎らによって戦後期までを含めた昭和期の政党研究がさかんとなった。それぞれ伊藤『昭和期の政治』（山川出版社、一九八三年）、粟屋『昭和期の政党』（小学館、一九八三年）という形で刊行されたが、ともに積極的な史料収集によって政党研究の裾野を広げていった。つづいて佐藤誠三郎・松崎哲久『自民党政権』（中央公論社、一九八六年）、北岡伸一『自民党』（読売新聞社、一九九五年）が刊行され、一九五五年体制下の政党政治の実態が明らかにされた。

以上のように、研究が深まるとともに研究対象も明治初期から昭和戦後へと広がってきた。こうした研究の蓄積を基礎に、平成に入ると対象時期を広くとった研究が登場した。川人貞史『日本の政党政治　一八九〇―一九三七年』（東京大学出版会、一九九二年）、拙稿「戦前期の総選挙と地域社会」（『日本歴史』五四四、一九九三年）などで、どちらも統計数字を利用し、これによって従来になかった視点を提供しようとしたのが特徴である。その後は現在に至るまで政権担当者としての政党、議会の中での政党、政党組織、選挙と政党など各分野で詳細な研究が行われている。特に、五百旗頭薫『大隈重信と政党政治』（東京大学出版会、二〇〇三年）、奈良岡聰智『加藤高明と政党政治』（山川出版社、二〇〇六年）は日本における二大政党制の意義を明らかにした点で、大きな衝撃を与えた。おそらく、今ほど政党史研究がさかんであった時期はなかったであろう。

政党史研究の今日的意義

では、最近なぜ研究がさかんになったのかといえば、おそらく時代の要請であろうと思われる。冷戦の終結、自民党長期政権の終幕、そして一九九六年（平成八）の小選挙区比例代表並立制の導入などによって日本の政治は大きく動き出し、その結果として「政治主導」と言われるように、政党の位置や役割が非常に高まった。また政党地図も塗り変わり、国民の目には政権の移動が現実的なものとして映り、この意味で政治が身近なものとして感じられるようになったといえよう。そればかりでなく、「事業仕分け」の様子を見ても、政党政治が我々の生活にもこれまで以上に深く影響を与えるケースが増加しているように思われる。以上を換言すれば、政治と社会の関係が広く深くなり、それをつなぐ政党の公的私的役割が増大したといえるだろう。こうした政党の在り方が過去の政党への興味につながり、政党史研究の今日的意義ともなっていると思われる。

一方で、これまで法的にはあまり規定規制されてこなかった政党に、今日こうして公的役割が増大した結果、これまで解決されずに残されてきた政党に関する諸問題がいっそうクローズアップされてきたようにも思われる。その原因は国内政治だけのものではないが、ここ数年の政党政治が非常に不安定なことも、その中の一つの問題としてあげることができよう。このような今日的課題の解決のヒントも、過去に隠されているかもしれない。

本書は、それぞれの時代を専攻する研究者によって執筆されている。各執筆者の興味関心の違いから叙述スタイルにも多少の違いが生じているが、以上のような意義を意識しつつ、全体として通史となるよう記述したつもりである。賢明なる読者諸氏のご批判をいただければ幸いである。

（李　武　嘉　也）

一　明治前半期における政党の誕生（―一八九〇年）

1　未知の事象としての政党

何のことやら　「政治上に日本にては三人以上何か内々申合せ致す物を徒党《ととう》と称し、徒党は曲事《きよくじ》たる可《べ》しと政府の高札《かうさつ》（法度の掲示場）に明記して最も重き禁制なるに、英国には政党《せいとう》なるものありて、青天白日、政権の受授を争ふと云ふ。左《さ》れば英国にては処士横議《しよしおうぎ》を許して直に時の政法を誹謗するも罪せらるゝことなきか、斯《かか》る乱暴にて一国の治安を維持するとは不思議千万、何の事やら少しも分らず。」（『福澤全集緒言』明治三十年）

一八六二年（文久二）、幕府遣欧使節団《ばくふけんおうしせつだん》に翻訳方として随行した福沢諭吉《ふくざわゆきち》は、イギリスの議場で見ることになった「政党」について晩年こう回想していた。すでにアメリカ見聞の経験もある福沢にして、「何の事だ、太平無事の天下に政治上の喧嘩をして居ると云ふ。サア分らない」（『福翁自伝』明治三十二年）と困惑せざるをえなかった理由は、一つには、福沢自身指摘しているように、江戸時代を通じ「重き禁制」であった「徒党」が連想されたからであろう。政治的意図をもって集団を組むことは何であれ、それ自体が秩序紊乱行為として長く禁じられていたのである。またもう一つには「政権授受」の争いが「処士横議」に重ね合わされたことである。幕末期に噴出した尊王《そんのう》と攘夷《じょうい》をめぐる幕府批判の言動は、それへの厳重な取締まりとともに福沢の脳裏に生々しく、それと「一国の治安」がどう結びつくのか、その驚きは三〇年たっても福沢の記憶から消えることはなかったのであろう。幕末期にあって「政党」とは、福沢においてさえこのように容易に理解することのできない事象だったのである。

「政党」という事象、あるいはその意味についての当惑は、福沢に限ったことではなかった。一八六八年（慶応四）に『英政如何《えいせいいかん》』を訳出刊行した鈴木唯一もまた、議会と政党に関わる一節には苦労した様子を以下の訳文に漂わせている。

「政事はパルレメントの多分に従って執行ふ事ゆえ、実は強き政事組《せいじぐみ》の頭と、其同類とを以てミニストル局を組立てる事なり。〔中略〕ミニストル局は通例一ツ之政事組の人にて政事の一趣向あり、之を行ふ事を受合て役を引請くるなり。パルレメントに於て此組と説の違ふ者を反対組と称す。」

ここでは「政事組」という表現で、一つの政治集団でありながら、何かこれまでの「徒党」とは違う意味合いが伝えられようとしているが、全体の仕組みを含めてつかみきれていない様子がうかがわれる。幕末から明治初頭にかけて、西洋の政治制度や法制度に関する書物は堰《せき》を切ったように流入し、それに基づく紹介もなされていったが、そうした中で制度上の存在として規定されない「政党

political party」に対しては、それがいかなる存在であるのか、政治上にいかなる役割を果たすのか、理解することはおろか関心も十分ではなかったと言えよう。

政党の誕生と「朋党」　日本における「政党」の始まりを考えるとき、まず頭に浮かぶのは、一八七四年（明治七）、民撰議院設立建白《みんせんぎいんせつりつけんぱく》を出すに際して結成された「愛国公党《あいこくこうとう》」であろう。『自由党史』には、「一方に民撰議院の建白を為すと倶《とも》に、一方に一大政党を興して民間の輿論《よろん》を喚起せんと欲し」と、「議院」の開設要求と「政党」の結成が並記され、その趣旨から結成された「愛国公党本誓」には、「我党の目的」として「天の均く以て人民に賜ふ所」の「人民の通義権理《つうぎけんり》を保護主張し、以《もっ》て人民をして自主自由、独立不羈の人民たるを得せしむる」ことが宣言されている。しかしながら、この最初の「党」は中心人物の帰郷により間もなく自然消滅となり、当時設立者たちの間で「政党」の存在や政治的役割がどのように考えられていたのか、また「議会」との関係がどのように捉えられていたのかも明らかにされないまま終わった。

　そのように突然出現した「政党」結成騒ぎに当時の一般の人々が当惑したのも無理はないであろう。例えば『郵便報知新聞《ゆうびんほうちしんぶん》』に寄せられたある投書は、「支那《しな》」の歴史上の遺物と思われていた「朋党《ほうとう》」が、突然「国政」上の存在として議論され始めたことに驚きを表しながら次のように語っている。

「熟々《つらつら》平凡《ヘボン》先生反訳の愚者党流《グブストル》の開化字典〔実在はせず、ヘボンの『和英語林集成』をもじった投書者の創作と思われる――著者〕を閲するに党は徒党の反、音タウ、講、組、連、贔屓《ひいき》の義。富士講《ふじこう》（富士の神を信ずる党）白柄組《しろつかぐみ》（白柄を用ゆる侠客党鞘当ての文に明なり）成駒連《なりこまれん》（芝翫《しかん》を尊敬する党）市川鼎眉《いちかわびいき》（九代目団十郎《だんじゅうろう》の発狂を慶賀する党）とあるを見て初めて朋党の字義を悟解せり。なる程如此を以て党とせは近世に至りては我国に於ても亦《また》朋党なしとせず。蓋《けだ》し水戸の尊王党を以て嚆矢とし攘夷党あり鎖国党あり長の俗論党正議党薩長諸藩会盟の勤王党の力に依りて朝政を復したれとも其頃は関東には猶《なお》幕府党ありき。廃藩《はいはん》の大挙は郡県党の力に依《よ》るに非《あら》ずや。征韓の説民選議院の説の如き皆其党あるを確証す。而して我曹の目して党とする所の者は強ちに血判一味の徒党を云に非ず。公利公益の為には私利私益を棄て其持論を主張して国政を裨益《ひえき》する党を云なり。」（『郵便報知新聞』明治七年九月三日）

Websterを「愚者党流」と造語するようなややシニカルなユーモアをこめたこの投書には、新たに議論の俎上にのぼった「朋党」という存在を、様々な既知の集団形態から類推して捉えようとする試みと、なおかつそれにつきない未知の要素を引き出そうとする視点とが交錯していた。それは、庶民の生活上の娯楽や信仰から生まれた素朴な集団と幕末維新期に武力をもって政治変革を果たそうとした「党」とを同次元で括るという荒っぽさを見せながら、しかし、踏み込んでみれば、そこには、いかなる形態や目的をとるにせよ、何らかの同意に基づく下からの集団形成の契機に着目した新たな切り口が示されていたといえよう。さらに投書者は、そうした集団形態の中でも「我曹の目して党とする所」が、「公利公益」の為には「私利私益」を棄て「国政を裨益する」という、その点で、それまでの「血判一味の徒党」とは異なる新たな存在であることに注意を喚起していた。

儒教的「朋党」観　このように未知の事象たる「政党」が、まず中国経由の「朋党」という観念で受け止められていたとすれば、その意味を儒教にさかのぼって検討しておく必要があるであろう。ここで「朋党」という観念について、その儒教的淵源を辿っていくと、「朋」と「党」というもともと相異なる二つの文脈があることに出会う。「党」という観念には、『論語《ろんご》』の有名な一節「君子《くんし》党せず」や『書経《しょきょう》』の「偏《へん》無く党《とう》無く、王道蕩蕩《おうどうとうとう》たり。党無く偏無く王道平平たり」が語っているように、明らかに否定的な評価が付されていた。「不偏不党《ふへんふとう》」あるいは「一視同仁《いっしどうじん》」こそが「君子」のあるべき姿勢とされ、「党」は「小人《しょうじん》」に対応した行動様式として批判の対象であった。一方「朋」は、それとは対照的に、「君臣・父子・夫婦・兄弟」と並ぶ「五倫《ごりん》」の一つとして位置づけられ、「信」という徳義によって維持されるべき重要な人間関係として意味づけられていた。「朋党」とは、このように儒教的観念においては相反する含意をもつ二つの語から構成されていたのであり、どちらにより多く比重をおくかによってその評価は大きく異ならざるをえなかったのである。

そうした「朋党」観の一つの典型として知られているのが欧陽修《おうようしゅう》の「朋党論」（一〇四四年）である。それは、儒教に典型的な「君子小人」の別によって、「朋党」を「小人の朋党」と「君子の朋党」とに区別し、「利」によって集まる「小人の朋党」に対しては、「小人には朋無し、〔中略〕暫く相党引して以て朋を為す者は偽なり」と、その虚偽性を強調して全面的にこれを拒絶する一方で、「君子の朋党」については、むしろそれが「道を同じうするを以て為る」ことを理由に「朋党」に一定の存在根拠を与えようとしたものである。だがここで注意すべきなのは、欧陽修がこうして肯定しようとした「朋党」すなわち「君子の朋党」は、複数共存するものではなかったということである。そこには

「人君たるものは、但だ当に小人の偽朋を退け、君子の真朋を用うべし」として、「朋党」の「真偽」を明確にする必要性が説かれていたからである。欧陽修の論ずるように、朋党間で「真偽」を争うことになれば、それは必然的に唯一絶対の「真」を排他的に争うことになり、複数の朋党が相互に認め合うことはありえない。「朋党の争い」は、かくして他の存在を根底から排除する絶対的なものになりかねないのであった。

欧陽修の「朋党論」を、後に雍正帝《ようせいてい》が正面から否定した所以もそこにあったのであろう。「君子は党せず」をどこまでも「聖人の垂訓」として貫こうとした雍正帝は、「御製朋党論《ぎょせいほうとうろん》」（一七二四年）において「朋」を「私」の次元で認めながら、同時に「私情」によって「公義」を違えることを戒め、「況《いわ》んや朋に藉口《しゃこう》して以て其の党を怙《たの》むべけんや」と、「朋」を口実とした「党」の結成とそれによる「公義」の主張を禁じた。そうすることで、すなわち、同じく儒教の基本範疇の一つである「公私」の別を援用することによって、雍正帝は「公」を担う君主の立場から「朋党」の存在根拠を否定したといえよう。君主にとって拠るべき基準は「天下の公是・公非」であり、それを見極めようと「博《ひろ》く衆論に稽《かんが》う」ことが要請されるとすれば、「朋党」とは「君主」と「衆論」との間に介在し、「偏私」を挟んで「至公」を妨げる存在にほかならなかったのである。

このように儒教に淵源する「朋党」は、もともと二つの異なるベクトルをもつものとして存在していた。一方には「朋党」の全面的否定と、他方には「君子の朋党」の積極的肯定があり、しかも前者の「不偏不党」の要請は「公」という価値意識と結びつき、また後者の「朋党の真偽」の弁別の要請は、「偽党撲滅」の排除論を伴っていた。そしてこのような両義性をもった「朋党」観は、西欧の新しい「政党」観の受容基盤として働く一方で、その理解に大きな制約を課すことにもなったのである。「不偏不党」を根拠とする儒教的な「朋党」否定論が、明治期の政党観の形成に落とした影は一見明白にみえる。それは、確かに江戸時代を通じての「徒党」の禁止と並んで、「党派」一般に対する否定的評価の基盤を提供していた。一例をあげれば、幕末期「朋党の病」について建言した横井小楠《よこいしょうなん》は、「朋党」を「私情に起り所謂閑是非《いわゆるかんぜひ》に争ふ」「国家の大害」として、これを強く批判しその根絶を説いていた。その際小楠が、「朋党」の成立根拠を封じるために、君主に「事々被聞召、条理に随ひ」決断する「公共の明」を要請していたことは、「公」を担う立場からした雍正帝の「朋党」全否定論に通ずるものを示唆していよう（「朋党の病を建言す」一八六二年）。また後のことになるが、一八八二年（明治十五）になってなお、自由党が板垣退助《いたがきたいすけ》刺傷事件に際して、「吾党カ云々スル処ノ政党」を「朋党ト同一物視シ之レヲ嫌悪スル」の傾向に対し、「漢宋時代ノ朋党」との違いを説かなければならなかったことは、「朋党」観の影がいかに大きかったかを明白に伝えている（土居光華編次『政党論』明治十五年）。

「公党」「私党」の別　儒教的「朋党」観と並んで、日本における「政党」の成立を積極的に支えながら、それによって「政党」理解をいわば混乱させることにもなったのが、「公党」「私党」の観念といえる。日本最初の政党として誕生しながら間もなく消滅した「愛国公党」の命名について、板垣は「私党」との同一視や誤解を避けようとした意図を次のように語っている。

「封建政治に於ては、党派は最大の禁物《きんもつ》にして、人民が徒党を結ぶことは即ちそれ自身直ちに叛逆を意味せしなり。……（封建の世の旧習を脱せられず――著者）単に党派といふ時は私党の如くに感じ却って誤解を招くの恐あり。故に新党の命名に方《あた》って、予輩は特に公党の名を擇《えら》びたるなり。」（板垣退助「我国憲政ノ由来」『明治憲政経済史論』大正八年）

これによれば、「党派」の語ですら「徒党」同様「私党」を想起させるが故に、あえて「公党」と命名したということである。その限りで、板垣は、新たに結成しようとする政党に儒教的「公私」の区別論を用いて、その公的性格を強調しようとしたことになる。

だがここで確認しておけば、雍正帝においては「公」は君子が体現するものであり、「公党」という語自体存在しうるものではなく、また「朋党」の両義性を説いた欧陽修にあっても、あるべきは「君子」の朋党、「君子の真朋」であって、求めるものに「道」と「利」の違いはあっても、それが「公私」の別として語られることはなかった。すでにふれたように、儒教的価値観に立脚する限り、「党」はネガティヴな存在であり、それが「公」と直接に結びつくことはありえなかったのである。

また一方、「愛国公党」本誓には、「同志の士を相誓ひ」とあるように、それはどこまでも「同志」の結合つまり「私」的な結合であって、公権力内部の構成要素でなかったことは明らかである。それは、逆にいえば、西洋に範をとった「政党」として、その「自発的結社」性、つまり私的結合であることを意味していた。「政党」という存在は、政治の中枢を担う役割を認められたとしても、存在そのものの性格はどこまでも私的集団である。言葉をかえていえば、政党は public な事柄の中枢を担いながら private な結合であり続ける、という矛盾を本質的に抱え込んでいるのである。そうした矛盾に、当時の愛国公党結党者らがどこまで気づいていたかは別として、だからこそ、私的集団でありながら自覚を「私党」とは対極的に位置づけるために、「通義権理」の実現や「愛国の心」といった目的の「公的」性格を強調しなければならなかったと考えられる。

このように、儒教的「朋党」観にも、また西洋の「政党」観にも根拠をもつことのない「公党」という表現は、当初から登場し、いわば自覚の正当性を標榜《ひょうぼう》する語として流布する傾向もみられた。「政党」が新たな存在として認識されていく過程では、西洋の「政党論」が「朋党」観の修正変容に一定の役割を果たすが、「公党」「私党」の場合、それがどのようになされたのか続いてみていくことにしたい。

図1　ブルンチュリ

日本で紹介された最初の「政党論」、ブルンチュリ（ドイツの国法学者）の『政党の特徴と精神』（一八六九年）は、当時ドイツでも批判的に見られていた「政党 Partei」を、国家政治の中にポジティヴに位置づけようとした作品である。「政党」を国民の健全な政治生活の条件と考えたブルンチュリは、政党の意味や特徴を明らかにするとともに、「徒党 Faction」との違いを強調することによって「政党」の肯定的役割を主張しようとしていた。「徒党」はヨーロッパにあって長い間政治社会を混乱させる存在として非難の対象だったのであり、それとの違いを明確にすることは、「政党」が正当性を獲得するために不可欠だったのである。それ故ブルンチュリは、「政党」が自党の利害よりも国家の利害を優先させ「公心公利」を重んずるのに対し、「徒党」は自己の利益を国家利益に優先させ、国家をして逆に自らに奉仕させようとするとして、そこに決定的な違いを指摘し、「政党」は国家を改良するが、「徒党」は国家を破壊すると、その対照性を際立たせていた。

ブルンチュリのこの「政党論」は一八七四—七五年（明治七—八）頃から紹介されていたが、明治十年代半ばにその本格的な訳出を試みた湯目補隆は、その目的として、否定的な含意の「朋党」と「政党」との違いを明らかにすることをかかげていた。湯目は「政党は妖兆《ようちょう》にあらず」、逆に「政党」によって国家は一層盛んになるとしながら、「然れども党に公有り私有り。党の私なる者は政党に非ず。朋党のみ」と述べ、あえて「公私」の別をたてることによって「政党」を「朋党」から区別しようとしていた。訳中、否定されるべき「徒党 Faction」に「党の私なる者」すなわち「私党」の訳語を付した湯目は、それによって「公」たる「政党」の正当性を対照させようとしたのである。その意味で、ブルンチュリの「政党論」は、自己の利益のみを追求する「私党」すなわち「朋党」を否定することを通して、新たな事象としての「政党」を、儒教的な「朋党」の観念から引き離し、国家あるいは公利を追求する存在として正当化することを可能としたのであった（湯目補隆訳『政党論』上、明治十六年）。

この限りでは、「公党」「私党」の対比は、ブルンチュリの「政党」「徒党」の対比に重ね合わされた新たな概念範疇であり、「公党」は、ブルンチュリ的な「政党」観をその内容とする新しい観念として成立したといえる。しかし同時に、その理解の仕方において、「公私」の別という既知のものへと還元したことが、未知の事象としての「政党」理解を逆に混乱させることにもなったという点は否めないであろう。その意味でも、そうしたブルンチュリの「政党」「徒党」の別が、欧陽修の「君子の朋党」「小人の朋党」の別と連続して理解されようとしていたことは、注意しておくに値するであろう。『嚶鳴雑誌《おうめいざつし》』に掲載された「党派ノ利害」（田中岩三郎、明治十三年九月十七日）と題する論説は、「欧陽修ハ君子小人ヲ分ツテ真偽ノ名ヲ下シ、ブルンチュリー氏ハ己ヲ使ヒ国ヲ使フヲ別ツテ公私ノ名ヲ下ス」というように、ブルンチュリの「政党」「徒党」の区別を「公私」の別とし、さらにそれを欧陽修における「真偽」の別と「其ノ帰着スル所ハ同一ナリ」と結論づけていたのである。すでにみたように「真偽」の弁別は自らを「真」とするが故に、他への絶対的な排撃へと向かうのであり、次節で詳しく論ずるように、もともと複数の「政党」の共存を主張したブルンチュリの「政党論」とは全く視点を異にするものであった。だが新しく西欧から受容した「政党」理解への試みは、意識すると否とは別として、「政党」「徒党」の別を、むしろこうした「朋党」の「真偽」をめぐる儒教的な区別に対応させることを通じて、定着していったと考えられる。近代日本における「政党」理解は、こうして既知の観念と未知の観念の交錯の上に成立したのであり、その違いが自覚されないままに、事実上の存在としての政党が先行していったところに、新たな問題や対立が生ずる所以があったのである。

2 政党への着目と理解の試み

民撰議院論における政党の不在 民撰議院設立を建白した板垣らの間で「政党」という事象が未だ明確に認識されていなかったであろうことはすでに述べた通りであるが、建白に続く論争の中でも、争われたのは設立時期の妥当性だったのであり、そこで「政党」のあり方そのものに関心が示されることはなかった。愛国公党がいわば自然消滅した後、立志社《りっしゃ》が設立されたことも民撰議院と政治結社との関連を想起させるとはいえ、実際にはそうした結社の性格は、政治目的に特化したものではなく、むしろ士族救済のための授産事業や教育目的など多様であり、まして「政党」は未だ一般的語彙として誕生すらしていなかったのである。だがそうした「政党」への関心の不在は、単に日本での理解が不十分であったという以前に、当時紹介された西欧の代議制論にも共通する傾向であった。民撰議院すなわち代議制に関する翻訳は、設立建白が引き起こした論争の直後、一八七五年（明治八）頃から始まるが、尚早論の典拠とされたドイツのビーデルマンはもとより、建白側の典拠となったイギリスのJ・S・ミルや民権派の主たる拠り所であったスペンサーの代議政体論においてすら、「政党」は積極的な位置づけを得ていなかったのである。

例えば中村正直《なかむらまさなお》訳『自由之理《じゆうのり》』で一躍有名になったミルは、「民衆的政治 popular government」を理想の統治とし、そのための最良の統治形態を代議政体に求めたが、それは、一般国民の智徳への信頼からではなく、むしろ少数派である「賢明な人々の個人的な知性と徳」を統治に関係させうる機構として考えられていた。一般国民との関係でいえば、議会はむしろその智徳を進歩させる教育機能に期待がかけられていたのであり、民撰議院設立建白において、「人民をして学且智に而《しか》して急に開明の域に進ましむるの道」と、議会の教育効果がうたわれた典拠はここにあった。

従って、選挙権が拡大する中で選挙民と代表との関係がミルにとって重要なテーマであったとしても、それはいかにして議会に少数意見や知的資質を確保するかにあったのであり、一般国民と議会をつなぐ「政党」の存在がミルの積極的な関心をひくことはなかった。現実の政党はむしろ少数派を抹殺し、党を優先して有能な人物を追いやる存在にすぎず、ミルにとって「党派利益」や「政治的党派心」の担い手たる政党は、組織や集団をもたない有能な少数者の敵にほかならなかったのである（J・S・ミル『代議政体論』一八六一年）。

一方民権派のバイブルとも言われた『社会平権論《しゃかいへいけんろん》』の著者スペンサーは、一般に代議政体論の根拠とされていた「公民 citizens」の、よき統治に対する深い関心と最も賢明で最良の統治者を選出するという能力を否定するところから始めていた。スペンサーの皮肉な言葉を借りれば、代議政体は「平均的愚昧の代表」でしかなかったわけだが、政治的権力を一般に分配する代議政体は、少なくとも様々な人や階級からなる政治社会において「公平さ」や「公正さ」を維持するには最適な手段と考えられていた。こうしたスペンサーの議会観の中でも「政党」は明確な位置づけを与えられることはなく、逆に、政治家個人の学識や能力を選挙民の目から見えにくくし、また自党の利害を優先するが故に政務の効率的な運営を妨害するという政治上の撹乱要素でしかなかったのである（スペンサー『代議政体論』一八五七年）。

民権派の重要な典拠とされたミル、スペンサーの代議政体論を手がかりとしても、民撰議院すなわち代議制の要求と「政党」とは何ら直接的な関係をもつことはなく、「政党」は、このようにむしろネガティヴに位置づけられていた。その点に着目すれば、明治初期の民権運動の中で新たな事象としての「政党」に十分な関心がはらわれなかったのも決して特異なことではなかったのである。

「政党」理解への端緒――イギリス史から　以上紹介したような状況から考えるならば、単なる「結社」をこえた「政党」への積極的な関心がどこからおきたのかは疑問の残るところである。管見の限り、“political party”に安定的に「政党」という訳語を付し、その内容についてかなり踏み込んだ理論的説明をほどこした最初の例は、一八七六年（明治九）二月二十五日付け『東京日日新聞《とうきょうにちにちしんぶん》』の社説である。『東京日日新聞』は、周知のように保守系でしばしば政府寄りと見られる新聞であるが、「政党」理解への深さという点では、民権派の新聞よりも一歩先んじていた感がある。主筆の福《ふく》地源一郎《ちげんいちろう》はすでに幕府時代に二度渡欧を経験したうえ、一八七一年（明治四）末に出発した岩倉使節《いわくらしせつ》団《だん》にも一等書記官として参加しており、西欧の見聞経験は広かった。時期的には、大阪会議で成立した大久保・木戸・板垣の提携関係が崩れてきた頃にあたり、他方、一連の士族反乱につながる不平士族の憤懣が高まりつつあった頃であるが、執筆の意図は明らかにされておらず、社説はいきなり以下のように始まっている。

「誰カ政党《ポリチカルパルチー》ハ国治ニ害アリト云フ乎《か》。君権ヲ未ダ暴戻ニ陥ラザルニ禦《ふせ》ギ民権ヲ未ダ濫漫《らんまん》ニ流レザルニ防ギ互ニ扞制《かんせい》シテ国家ノ福祉ヲ保捗《ほちょく》スル者ハ儼□《（不明）》タル政党ノ樹立ニ依ラザルハナシ。君民同治ノ政体ニ於テ最モ欠ク可カラザル者ハ政党ナリ。憲法ニ於テコソ政党ヲ要トスルノ明文ナケレ、実際ニ於テ上下ノ勢力ヲ平均シ君民ノ責任ヲ堅牢ナラシムル者ハ政党ノ功績ニ非ズシテ何ゾヤ。」

福地はこの社説中、「英国史」を参照して「政党」を論じており、これまでの「党」観念についてふれることはない。しかし、それでも冒頭まず「政党」が国政に「害」ある存在ではないことが強調されているのは、やはり「党」という集団に対する否定的認識を意識してのことであろう。福地はここで「政党」が憲法上の存在ではないということを明示したうえで、君権、民権それぞれの暴走を抑制するには「政党」が必要であることを説いて、「上下ノ勢力ヲ平均シ君民ノ責任ヲ堅牢ナラシム」とまでその「功績」を評価していた。「一国ノ禍乱《からん》」の原因を「政党ノ軋轢《あつれき》」に帰す考えに対して、福地は、逆に「政党ノ軋轢」すなわち「党論ノ主趣ヲ異ニシ其ノ軋轢ヨリ出テタル抗抵」があるからこそ、両者が「相互ニ扞制」し「禍乱」に至らず、「至公至利ノ結果」が得られると主張していたのである。国政が混乱状態に陥るのは、福地によれば「政党ノ軋轢」からではなく、「一党已《すで》ニ全捷《ぜんしょう》ヲ占メテ他党已ニ全敗ヲ取ル」という事態、言い換えれば両党の「権衡」が失われ一党のみが全権を掌握したときなのであった。

その後一八七七年（明治十）十月に再び社説「政党論」を著した福地は、「理論ニ於テハ良《まこと》ニ然ルガ如シト雖《いえ》トモ実際ニ就テ其迹《そのあと》ヲ見レバ決シテ其然ラザル」と、欧米においても現実の「政党ノ軋轢」が自党の党論だけに執着して他党を排除しようとしている様子に「其所為《しょい》タルヤ朋党ト何ゾ異ナランヤ」と批判を浴びせることになった。「自主自治」の国においては、一八七六年（明治九）に紹介したような「政党」があって「彼我互ニ党論ヲ分チテ其ノ主義ヲ争ヒ以テ偏重ヲ相制セザル可《べ》カラ」ざることを評価しながら、現実の「政党」が「朋党」に堕することに反省を促していたのである。

「政党」理解への端緒――イギリス議会見聞から　一方、同じく岩倉使節団に随行し一〇〇巻に及ぶ詳細な記録を著した久米邦武《くめくにたけ》も、一八七二年（明治五）に視察したイギリス議会の様子を『米欧回覧実記《べいおうかいらんじっき》』（明治十一年十月）に書き留めている。支那及び日本と欧州の最も異なるところを「政治」にあると見た久米は、「民ノ習慣」の違いを留保しながらも、国権を保持し国益を維持しようとするならば、「人民ノ公選ニテ、議員ヲ出シ、立法ノ権ヲ執ル」欧州政治のあり方が、倣うべき制度であることを示唆していた。

それ故、「自主ノ人民」から公選された「名代人《みょうだいにん》」からなる下院についての記録は詳細にわたり、議場で左右に分かれて列席する「公党」すなわち「保守ノ論党」「コンセルヴェチーフ」と「改進ノ論党」「リベラル」が、それぞれどのような方向性を持っているのか、またそれらが互いにどう抑制しあっているのか、丁寧に説明されている。これら二つの「公党」の存在と両者の相互抑制による進展をポジティヴに評価する点で、久米は福地と見方を同じくしながら、さらに一歩踏み込んで、イギリス政治における君主と「公党」の関係についても考察を深めていた。それによれば

「皇帝ノ宰相《さいしょう》ヲ撰ムモ、此党ノ景況ニヨリ、国民ノ希望ヲ判定ス、那ノ党ノ人ヲ挙用スレハ、其一党ハ政府党トナリテ、他ノ一党ヲ抗政党トスルナリ」

というように、君主が「党」に対する支持状況を「国民ノ希望」にそって見極め、支持の多い「党」を「政府党」とするところから、対する他の一党が政府に対抗する「抗政党」として競り合うことになる。そうして「政府党」が「国民ノ希望」に応じて替わることからイギリスの政治は、「改進党ノ政府ニテ歩ヲ進メ、保守党ノ政府ニテ之ヲ完美ニシ、自ラ終始ヲナシテ、改良ニ赴ク情況アリ、是公党ノ尤モ、国政ニ益アル所タリ」というように、久米は、イギリス政治の変遷とその中における「改進党」「保守党」の功績を的確に描き出していた。そうしたイギリス「立君政治」の仕組み、すなわち「公党」の首領が君主によって「一等宰相」に命ぜられ行政に関わるとともに議会をも把握するシステムを、久米は「立法行法ノ両権ヲ平衡セル妙」と評していたのである。これは、膨大な記録を残した久米がその一コマとしてふれた「政党内閣」制度の紹介であり、そこにはこれまでとは異なる「政党」の一面が事実として伝えられていた。

「政党」理解への端緒――理論的考察から　イギリスの歴史や議会の見聞から紹介された政党論に対して、理論的考察を通して「政党」を明らかにしようとする試みが、杉亨二《すぎこうじ》筆記『国政党派論』(明治十年七月)である。杉はこの小冊子の出版について、西南で何かことが起こりそうな動きに対しこれを「党派の争ひ」と捉え、「党派と云ふものは是非起らねばならぬもの故に、良い党派の起るを結構の事と思って、又党派の心を知ることが出来る、我国人も、さう云ふことを知るが宜《よ》からう」という意図から草稿をまとめたことを語っている（『杉亭二自叙伝』大正六年）。この、日本で最初の「政党」の理論的紹介の典拠となったのが、一節で紹介したブルンチュリの『政党の特徴と精神』であった。著者について杉は、ブルンチュリが「国法学の大家」であることと共に、その政治活動にもふれ「終始民権ヲ拡張スルコトヲ謀《はか》リ其功広ク欧羅巴《ヨーロッパ》全洲ニ及」んだと紹介している。

ここでまず杉は、「党派」が「国ノ為メニ己ヲ使」うのに対し、「徒党」は「己ノ為メニ国ヲ使」うという区別を紹介したうえで、「専《もっぱ》ラ国政ノ原則」を説く「党派」すなわち「政論党」を「国家ノ生活ト共ニ並ヒ行ハルベキ者」と説明している。そのように国政上不可欠の存在とされた「政論党」は、「激論党」「改進党」「保守党」「専制党」の四つに分類され、それぞれの特徴が詳しく述べられているが、総じてその違いは「総《すべ》て幼年より老年に至る迄《まで》、党派の心の段々に替るが如く」と、人間の成長の変化になぞらえての理解が促されていた。政治に関わる国民の心情は、幼年期から成人、壮年期に達しいずれ老いていくのに応じて変化する、その違いを代表するものとして「政党」を位置づけようとする議論は、ブルンチュリに特徴的な政党観であった。それは、今日一般に考えられるような、自己の主張の正当性を掲げ、権力を求めて争う政党を説いたものではない。むしろ政治的態度の諸類型を自然年齢の変化という一般的な人間的条件の比喩を用いて説明することによって、相互に異なる政治的態度やそれを代表する政治党派の共存を肯定しようとするものであった。こうしたブルンチュリの「政党論」は、この後も、先に挙げた湯目訳『政党論』のほか、幾つかの翻訳書から五節で紹介する陸羯南《くがかつなん》の「政党」論に至るまで繰り返し参照され、日本における「政党」理解への手引きとなっていった。そこでその内容についてもう少し紹介することにしたい。

すでに紹介したように、「政党」批判に対してその必要性を説いたブルンチュリは、それが「徒党 Faction」とは異なることを説くとともに、「政党」が社会を分断するような権力を争う主体ではないことを説得的に論じようとしていた。それが、杉の共感を呼んだこのような特異な「政党」観だったわけだが、ブルンチュリはさらに「政党」を「一定の主義と方向性によって共通の政治的行動へ向けて結合」した「自由な社会集団」と定義し、それが「国法上の制度」ではないことを強調していた。「政党」は国政上必要であるとしても、国家機構の基本的要素となるものではなく、それへの加入や脱退は自由な、従って非拘束的、非固定的な政治集団でなければならなかったのである。

このようにして政党のゆるやかな結合と多様性を担保しようとしたブルンチュリは、「政党 Partei」の語源にもさかのぼって一政党の絶対化に歯止めをかけていた。すなわち「Partei」はラテン語の部分「パルス pars」に基づくことから、「より大きな全体の一部に過ぎず、決して全体であることはない」、言い換えれば「政党」は「国民の一部」を代表するにすぎず、一党が国民や国家と同一になることはありえないとされた。であればこそ、同一国内に政党は多様に存在すべきなのであって、複数の政党は互いに真偽や優劣を問われることなく競争的に共存することになる。むしろ「党派ナル者ハ孤存特立シテ成立スベキ者ニアラズ、唯タ夫《そ》レ其傍ニ反対党派ノ在ル有リテ各自相互ニ其現存ヲ保チ其発達ヲ為ス」（湯目補隆訳）と論じられているように、反対党が存在するからこそ競合による発展が期待されるのであり、そうしたダイナミズムの中に「政党」の複数性や他党の存在意義それ自体が見出されていた。

　こうしたブルンチュリの「政党論」は、繰り返し参照されたにもかかわらず充分に理解されたとは言い難いが、「政党」を理論的に考察するための水脈であり続けたことは、五節で改めて確認することになろう。

3　新しい政党観の登場

結社活動から国会期成同盟まで　明治日本における「政党」をめぐる関心やその理解がここまで検討してきたような状況であったとして、政府に対する「民権」や「民撰議院」を要求する現実の政治運動はどのように展開されていったのであろうか。この点に関してはすでに多くの研究がなされているので詳細には立ち入らないが、中心となるのは、立志社を中心とする愛国社《あいこくしゃ》再興運動と多彩な結社活動であろう。

　時間は少しさかのぼるが、一八七四年（明治七）の「立志社設立趣意書」には、「人民の権利」や「人民の自修自治」といった目的がかかげられ、それらを果たすには「一人一箇の能く做《な》し得可《うべ》きに非《あら》ず。必ずや同志の士、結社合力、始て能く斯の志を達するを得可し」と「結社」して力を合わせることの必要が説かれていた。立志社も当初から政治的結社として誕生したわけではないことはすでにふれたが、この立志社が「民権」をかかげた「言論による闘争」の拠点としてその去就を決したのは、西郷軍に呼応する武力蜂起と建白運動との間で揺れた後、西南戦争の帰趨が定まったときであった。板垣を始めとする立志社のメンバーは言論によって政府と闘うために愛国社再興をはかり、その目標として「全国一致の体裁」をなすために「相互に結合し、以て之を統一」すること、並びに「公議輿論」を明らかにし、人民の智識智力を高めるために「国会に代ふるの議会」をたてることなどをかかげていた。「結合」の全国的広がりを訴え、趣意書を携えての全国遊説が始まったのは一八七八年（明治十一）四月頃であり、以後愛国社再興の運動は全国的に拡大し土佐派以外の参加も次第にふくらんでいった。

一方一八七四年（明治七）から八〇年頃にかけて設立された地方の結社、政社の数は二〇〇〇社を超えるとされるが、その目的は、立志社や私学校同様不満をかかえた旧藩士の結束や彼らを救うための授産や教育、さらには蜂起をめざすものまで多様であった。その大きさ、持続性、結束力、中心的活動も様々であり、一様に定義することは不可能であろう。多くは短命に終わり、立志社を中心とする愛国社再興運動に合流していくことになる。そうした士族結社《しぞくけっしゃ》とは別に、豪農《ごうのう》結社と性格づけられる結社も新たに各地で結成されていった。豪農豪商の子弟が東京に遊学し、明六社《めいろくしゃ》の演説や慶應義塾で行われた演説会その他新聞雑誌などを通して多くの新知識にふれ、故郷に戻って啓蒙教育や政治論議を目的として結成したとされる。代表的なものを挙げれば、民権運動から後に議会でも活躍する河《こう》野広中《のひろなか》らが結成した福島県の石陽社《せきようしゃ》や三師社《さんししゃ》、長野県の奨匡社《しょうきょうしゃ》、福井県の自郷社《じごうしゃ》などがある。地方での活動を中心にする結社もあったが、国家的目標をかかげるものも多く、そうした中に愛国社再興に参加して運動の全国化をすすめる推進力となった結社も少なくなかった。こうした勢力を含み込む形で愛国社は順調に活動を広げ、一八七九年(明治十二)には国会開設請願運動に着手することを決議して、八〇年(明治十三)には国会期成同盟《こっかいきせいどうめい》の結成に至る。土佐の片岡健吉《かたおかけんきち》、福島の河野広中が提出した「国会開設上願書」は却下されて終わるが、この運動は全国に建白書や請願書を提出する動きを誘発し、国会開設を求める声は大きくなって民権運動は最盛期を迎えた。

国会開設を要求するために結合し活動する国会期成同盟は、確かに共通の政治目的を掲げた政治的運動であり、それを士族結社や豪農結社が支えていた点をふまえれば、これを政党史の中に位置づけることにもなろう。実際、結社を特徴づける「結合」は、立志社以来その重要性が繰り返し唱えられ、運動拡大のキーワードとなったのであるが、しかし「結合」の性格や意味をどのように考えるのかについての十分な吟味が自分たちの運動の内部でなされることはなかった。

同じ民権派とされる側から、民撰議院設立要求の運動に対して、それが「政党」に値するものなのかと批判の目が向けられた理由もそこにあったのであろう。一八七八年(明治十一)一月『朝野新聞《ちょうやしんぶん》』の論説は、ブルンチュリの「政党論」を引証しながら、政党の持続的存続の意味とは、複数の党派がそれぞれ「政治ノ主義」によって互に競争し刺激することによって政治の方針が「甚《はなは》シキ傾斜」をなさずに定まっていくところにあると論じ、従って

「若《も》シ夫《そ》レ然ラズシテ一条ノ制度ヲ希望シ一件ノ事業ヲ目的トナシテ結合スル党派ノ如キハ其ノ命脈ハ全ク其ノ制度ノ立否其ノ事業ノ成否ノ間ニ存スル者ナレバ之ヲ指シテ一時ノ連合ト謂《い》フ可《べ》

キナリ。何ゾ政党ノ名称ヲ以テ此ノ徒ニ冠スルヲ得ンヤ」（『朝野新聞』横瀬文彦、明治十一年一月十五日）

というように、「一条ノ制度」の設立を目的とする政治集団を「政党」とみなす見方に批判をなげかけていた。『朝野』の記者からすれば、そうした集団はその制度の設立という目的を達成、あるいは挫折すればそれで終わるのであり、持続的に政治に関わっていくものではなかった。民撰議院を備えた「良政体」をたとえ勝ち得たとしても、「社会ノ開進」を求める持続的な活動をなしえないならば、「良政体」の効用を引き出すことはできないとされるのである。「政党」の意義にこだわるが故のこうした「政党」観から、愛国社に対する批判が同じく民権派の側からなされていたことも興味深い。

一方、『自由党史』には「外に在ては謗言譏説《ぼうげんざんせつ》を放《はな》て、愛国社を貶毀《へんき》する者群起し」と、そうした諸批判が愛国社の成長を阻む動きとして特記されているが、そこで例示的に挙げられているのは『郵便報知新聞』の社説（明治十一年十月五日）であった。『郵便報知』は愛国社再興の動きを、「廃藩以来、士族輩時勢ヲ察セズ、旧慣ニ拘泥シ、政党ヲ結ビ、政権ヲ握ランコトヲ企謀スル者ナキニ非ズ」として、「民心ノ変更」に呼応しない武力による闘争への「逆抗」とする批判を載せていた。ここには、愛国社を「神風連《しんぷうれん》」「前原党」の轍《てつ》を踏むような反政府集団、場合によっては武装集団ともなりうる集団、これをすなわち「政党」として警戒する見方が示されていたのである。このように、結社活動をすすめる民権派の側にあってさえ、「政党」理解は決して十分ではなく、またその必要性すら十分に認識されてはいなかったのが明治十年代前半の状況であった。

「立憲の政は政党の政なり」　民間での国会開設要求運動が盛り上がるのに対し、政府の側でも立憲政化へ向けての試みが始まっていた。一八七九年（明治十二）十二月には、参議に対して立憲政体に関する意見書の提出が求められ、一八八一年（明治十四）大隈重信《おおくましげのぶ》が遅れて出した意見書は、周知のように「明治十四年政変」と呼ばれる事件を引き起こすことになった。この意見書が、何故廟堂を揺るがすほどの「衝撃」をもたらしたのかについては、さまざまな角度から考えることができよう。翌年には選挙をおこない二年後に国会を開設するという大隈の主張は性急であり、それが強い反発を呼んだことは確かであろうし、また機を同じくしておきた開拓使官有物払い下げ事件において問題漏洩の背後に大隈がいるのではないかという政府側の疑念が大隈への反発を強くしたということもあった。しかし、そうした事件性以上に注目すべきは、「立憲政体」と「政党」を関連づけた、意見書の次の一節である。

図2　大隈重信

「立憲ノ政ハ政党ノ政ナリ、政党ノ争ハ主義ノ争ナリ。故ニ其主義国民過半数ノ保持スル所ト為レハ其政党政柄ヲ得ヘク之ニ反スレハ政柄ヲ失フヘシ。是則チ立憲ノ真政《しんせい》ニシテ又真利《しんり》ノ在ル所ナリ。」

大隈はこのように「立憲政治」を即「政党ノ政」と断じ、「政党」という存在を単に不可欠の存在としてばかりでなく、「立憲政体」の中核的存在として位置づけたのである。このときの事件が、結果的に近代日本における立憲政体への不可逆な流れをつくり出すに至ったわけだが、「立憲ノ政ハ政党ノ政ナリ」という理解と主張が何故それほどの「衝撃」を触発することになったのか、ここで改めて検証しておく必要があるであろう。

「立憲政体」という言葉の成立を振り返ってみると、それを〝constitutional government〟に対応する新しい観念として誕生させたのは、加藤弘之《かとうひろゆき》の著作『立憲政体略《りっけんせいたいりゃく》』（慶応四年）においてであり、その後一八七五年（明治八）に「漸次立憲政体の詔勅」が宣言されて一気に定着したと見ることができる。しかし、西洋においてさえ多義的であったこの〝constitutional government〟は、「立憲政体」という訳語において、その内容を一層曖昧なものとすることになった。従って「立憲政体」という目標が掲げられたとしても、その特徴を何と捉えるのかについては論者によって異なり、また「立憲政体」の重要な要素とされた「議会」の性格づけやその権限の広狭もまた様々に解釈されていたのである。

そうした中で、大隈の「立憲政」観はすでに指摘したように「政党」をその中核に位置づける点で特徴的なものであった。意見書からもう少し引いてみると、君主は政府顕官《けんかん》を任用する際に「国人ノ輿望《よぼう》」を察すべきであるが、「立憲政」においてはそれが「国議院」すなわち議会に示されているという。何をもって「国人ノ輿望」とするのかといえば、議員の過半数こそが国民の意思であることから、君主は、「過半数形《かたちづく》ル政党ノ首領」に「立法部ヲ左右スルノ権」に加えて「行政ノ実権」をも与える。ここに誕生するのが、「庶政ヲ一源ニ帰」す強力な体制であり、このシステムをとれば、国民の「輿望」が変わったり、あるいは政党の施政が「衆望」を失うような場合には、もう一方の「政党」

から顕官を選んで、整然と政府を交替させることができる――これこそが「立憲政体ノ妙用《みょうよう》」とされる所以であった。

大隈はこのように、「立憲政体」と「政党」との関連をあたかも自明なことのように強調したのだが、二節でも考察したように、それまで「政党」が「立憲政体」との関係で問題にされたことはほとんどなかった。それだけに大隈の意見書は、これまでの「立憲政体」論全体に衝撃を与え、新たな議論を触発することになったのである。

明治十四年政変の動揺　大隈の意見書に端を発した明治十四年政変の結果、政府から大隈派が一掃されて、政府主導の「立憲政体」設立のモデルは、イギリス流の議院内閣制ではなくプロイセン流の立憲君主制へと変わった。大隈の意見書が性急であったとはいえ、実はこの意見書が出される前には、大隈と伊藤博文《いとうひろぶみ》、井上馨《いのうえかおる》の間でいずれはイギリス流の議院内閣制を採用するという同意がなっていたことを考えると、意見書の「衝撃」の大きさは改めて言うまでもないであろう。ここではその政治的意味と思想的意味を解明するために、まずこの意見書がいかなる危機感を呼び起こしたのか、政府側の政治的動揺からみておきたい。

大隈の予想をはるかに超えてこの意見書を「政変」にまで仕立て上げた主役は、法制官僚井上毅《いのうえこわし》であった。意見書を読んだ岩倉具視《いわくらともみ》から調査を命じられた井上は、この意見書に対して尖鋭な対抗意欲を示し、六月十四日付けの岩倉宛書翰に、

「欧州各国殊ニ独乙国《ドイツ》ノ如キハ、決テ英国ノ如キ十分之権力ヲ議院ニ与ヘ、立法之権而已《のみ》ナラス、

併《あわせ》テ行政ノ実権ヲモ付与スルニ至ラス、彼レ秘書ノ如キハ、其主義全ク英国ニ依リ、改革セントスルモノニシテ、一蹙《いっけつ》シテ欧州各国之上ニ凌駕セント欲ス」

と記して、この「秘書」すなわち「意見書」が、イギリスの「政党内閣制」を範とするものであることを指摘した。井上の懸念と批判は、イギリスに範をとればこのように立法権のみならず行政権をも議会の手に託すことになる点に向けられていたのである。ここでイギリス型の対極として「独乙」が暗に示唆されているように、井上は引き続き詳細な「憲法意見」を提言する中で、プロイセン憲法に範をとるべきことを岩倉に進言していく。プロイセンの立憲君主制はこのとき初めて、明治日本の立憲政化の進むべきモデルとして登場したのである。井上は「英国王ハ自ラ政治ヲ行ハズシテ、専ラ内閣宰相責成シ、内閣宰相ハ、即チ議院多数ノ進退スル所」(「憲法意見(第一)」明治十四年六月)という「英国ノ習慣法」にプロイセンを対置し、「均シク立憲王国」でありながら、

「独乙王国ノ内閣ハ国王ノ内閣ニシテ政党ノ内閣ニ非ス。政府ハ国王ノ政府ニシテ議院ノ政府ニ非ス。執政各大臣ハ国王ニ属シテ首相ニ属セス又議院ノ多数ニ属セス。政府ハ政党ノ外ニ立テ全局ニ統臨シ一党ノ左右スル所タラズ」(「政党論」明治十五年)

図3 井　上　毅

と、プロイセン国王が「政党」に左右されず「憲法ノ範囲内ニ於テ親裁活断スル所ノ主治者」であることを

強調し、これが天皇をいただく日本の採るべき政体とする意見を進言していた。岩倉から絶大な信頼を得た井上はさらに、大隈と共にイギリス流の議院内閣制の採用を協議していた伊藤博文や井上馨に対し、プロイセン政体の利を繰り返し説いて説得し、こうして日本の立憲政化はプロイセン型立憲君主制への道を歩むことになったのである。

明治十四年政変の経過をたどれば一応このように説明できるが、井上のイギリス政体に対する強烈な対抗意識、危機意識の陰には、実はもう一人の「イギリス派」、井上にとって最大の敵福沢諭吉の存在があった。終生、「政党内閣則チ議院制内閣」に強く批判的であった井上は、大隈の意見書を問題とした先の岩倉宛書簡に「福沢之民情一新《みんじょういっしん》」を添え、暗黙裡に両者を結びつけたのである。だとすれば、日本の立憲政化と政党内閣の問題を明らかにするためにも、福沢の『民情一新』（明治十二年）を検討することが必要となるであろう。

福沢諭吉の政党内閣制論　福沢は『民情一新』において「よく時勢に適して国安を維持するもの」としてイギリスの「治風」をあげ、「守旧」と「改進」の二党派が常に相対峙・対立しながら、それらが決して極限的対立に陥らず、「人民の所見」の相違が党派によって政治に反映される様子を次のように描き出していた。

「此《この》人民の中より人物を撰挙《せんきょ》して国事《こくじ》を議す、之《これ》を国会と云ふ。故に国会は両派政党の名代人《みょうだいにん》を会《かい》するの場所にして、一事一議大抵皆所見を異にして、之を決するには多数を以《もつ》てす。内閣の諸大臣も固《もと》より此両派の孰《いず》れにか属するは無論、殊に執権の太政大臣たる者は必ず一派の首領なるが故に、此の党派の議論に権を得れば、其《その》首領は乃《すなわ》ち政府の全権を握て党派の人物も皆随《したがっ》て貴要の地位を占め、国会多数の人と共に国事を議決して之を施行するに妨あることなし。」

このように国会で多数を占めた政党が「政府の全権を握」る、言い換えれば「行政と議政とを兼る」が故に、政府は人民の意向を反映するばかりでなく、強力な政権となりうるのであり、それがまた政党内閣制の長所とされる所以であった。福沢においてそれは「自から勢力も盛にして事を為すに易し」と高く評価されるのであるが、しかし福沢にとってより重要だったのは、この政治機構に組み込まれた「政党の両派一進一退機転の妙処」と表現される政権交代のシステムであった。「されども歳月を経るに従ひ人気の方向を改め、政府党の論に左袒《さたん》する者減少して一方の党派に権力を増」すならば、政府は不信任をつきつけられ、「執権以下皆政府の職を去て他の党派に譲り」新たな政権が誕生する。そしてこの政権交代について、とりわけ福沢が強調していたのは、

図4　福沢諭吉

「但し政府の位を去ればとて其言路《げんろ》を塞《ふさ》ぐに非ず、前の執権は即ち今の国会中一党派の首領にして、国事に心を用ひて之を談論するは在職の時に異ならず。唯全権を以て施行するを得ざるのみ」

ということ、すなわち二政党が鎬《しのぎ》を削って互に政権を争うとしても、その交代はあくまでも一時的相対的であって、政権を失った「党派」はただ「全権」を失うだけであり、

「言路」をもって「政府党」に対峙することは変わらないというメカニズムであった。福沢をひきつけた「政権の受授平穏にして其機転滑」なる秘密は、政党内閣制がこうした緩衝機能を備えているところにあったのである。

もともと福沢がイギリスの政党を不可解と評したことははじめに紹介したとおりである。その後『学問のすすめ』や『文明論之概略』を著す中でも、福沢は文明の進展とともに「理」が「情」を抑え「条理」の貫く社会が成立していくことを論じており、その関心は自主独立や精神の発達にあって、「政党」という事象はむしろ関心の外にあった。その福沢が、このように『民情一新』を著し、日本において初めて「紹介」という試みを離れ、実現すべき政治のあり方として「政党内閣制」の大原則を主張したのは何故だったのであろうか。『民情一新』にそって福沢の関心の動きをみてみたい。

福沢が『民情一新』で描き出そうとしたのは、「恰《あたか》も人間社会を顛覆《てんぷく》するの一挙動」とまで表現した一八〇〇年代の「近時文明（モデルン・シウィリジェーション）」の内容とそれがもたらした衝撃、動揺であった。福沢は一八〇〇年代における「蒸気船、蒸気車、電信、郵便、印刷の発明工夫」が、文明化の源となる「人民交通の便」を飛躍的に拡大させ、それが人間の生活上の便宜のみならず「精神を動かして智徳の有様をも一変した」ことに注意を促している。「蒸気」を原動力とするそうした「近時文明」は、「活潑進取《かっぱつしんしゅ》の気風を養成」し社会を急速に進歩させた一方で、同時にその逆説的な結果として「進歩するに従て社会の騒擾《そうじょう》」を生み出したというのが、福沢が剔《えぐ》り出した歴史の皮肉であった。福沢によれば、文明化の進展は予想外に、利害や関心など人々の間の異質な要素を多様化し、社会の中の貧富貴賤や智愚強弱の差を拡大する。そうして生まれた不公平は文明の利器を通して広まり不平は加速的に増加する。そこから生ずる「新奇変動」への傾向は不可避に「社会の騒擾」化をもたらし、その中で人々は、もはや「理」を求めるのではなく「常に理と情との間に彷徨《ほうこう》」し、ときに「情海の波」に翻弄されて「非常の挙動に及ぶ」——これが「近時文明」という特定の文明に直面した福沢の新たな文明認識だったのである。

「近時文明」がもたらしたものへの福沢独自のこうした認識は、この後、彼の政治観を規定することになる。人間が「条理」よりむしろ非合理的感情に動かされるとすれば、政府と人民の対立は、もはや強まることはあっても弱まることはない。そうしたいわばマイナスの展望を前提として、福沢はあえて「騒擾」や「対立」をなくそうとするのではなく、それを組み込んだシステム、すなわちそれを吸収して逆に活力にかえる仕組みを作り上げることを自らの課題としたのである。そこに見出されたのが「政権の受授平穏にして其機転滑」なるイギリスの「政党内閣制」であった。それは単に安定的政治の模範としてのイギリスという以上に、「近時文明」のもとで増大し続けるであろう不満や対立を緩衝、吸収するメカニズムとして倣うべき制度とされたのである。

こうした文明観、政治観を通して、「政党」は福沢の政治論の中で初めて重要な位置を占めることになった。「文明開化は即ち競争の間に進歩する」とすれば、「政党」は「権謀術策」を尽くし、「機に投じ勢に乗じて、人心の多数即ち輿論を占有」しようと闘うのである。であればこそ、その闘いは「天下の顕場」すなわち「国会」という公の場で公然となされなければならず、その勝敗は先にみたように、一時的相対的でなければならない。福沢が、政党内閣制のもとで政府に対抗する党派を「非政府党」と呼び、それを「反政府」というネガティブな表象から、政治に本質的な要素として安定的に位置づけようとしたのも、そうした考えの一端であった。同時に、「政府党」という言葉に象徴させたように、政府もまた超然として在るのではなく、その特権的地位からひきずりおろされることが示唆されていた。こうした政党内閣制論によって、福沢は日本で初めて、政党とは距離をおいた立場から、「政党」を政治の中枢に位置づけ、しかもその意味と存在の条件を克明に解き明かしていたのである。

政党内閣制と天皇の位置　福沢はこうして、「政党内閣制」の採用を主張するようになると、それといわば表裏をなす形で「帝室」を「政治社外」におくことを考え始めていた。政党内閣制において政権争奪が激しくなればなるほど、特定の政治党派が自らの政治的立場を「天皇の意思」に添うものとして正当化したり、あるいはまた自らの「尊皇心」を強調して「帝室」の名を排他的に専有しようとする傾向が強まることを恐れた福沢は、「帝室」をその渦中から救い出しておかなければならないと考えるようになったからである。『民情一新』やさらにそれを発展させた『国会論』に続いて著した『帝室論』（明治十五年）において、福沢は「帝室は万機を統《す》ぶるものなり、万機に当《あた》るものに非ず」として「帝室」を直接的な統治機能から撤退させると同時に、「帝室」を政権争いの外におくことによって、逆にそこに、政府には果たしえない「日本人民の精神を収攬《しゅうらん》する」役割を期待したのであった。

井上毅がイギリスの政党内閣制に激しい敵愾心をもってその排撃へと暗躍した理由は、何よりもそここにあった。井上が「英国王ハ自ラ政治ヲ行ハズ」、議院の多数が「内閣宰相」の進退を決すという イギリスの政治を批判し、プロイセンの立憲君主制採用に力を尽くしたことは先に述べたとおりである。井上の見るところ、イギリス政体にあっては国王の権限はひとえに「議院多数」に制せられ、

「一左一右、宛《あた》カモ風中ノ旗ノ如キノミ、故ニ名ハ行政権専ラ国王ニ属スト称スト雖《いえど》モ、其実《そのじつ》ハ行政長官ハ即チ議院中、政党ノ首領ナルヲ以テ、行政ノ実権ハ、実ニ議院ノ政党ノ把握ノ中ニ在リ、名ハ国王ト議院ト主権ヲ分ツト称スト雖モ、其実ハ、主権ハ専ラ議院ニ在リテ、国王ハ徒《いたずら》ニ虚器ヲ擁スルノミ」（「憲法意見（第一）」明治十四年六月）

ということになる。イギリスは立憲君主制でありながら、「国王ハ統ヘテ而シテ治メズ」と言われるように、実際は「政党」が行政権を握り、「主権」は君主ではなく「議院」にある。「政党内閣制」とは、まさにそのようにして国王を「虚器」に貶めるものにほかならなかったのである。

フランス留学も果たし西欧の法制に関する知識も抜きんでていた井上は、近代的政治のあり方を十分理解していた。その点で、彼は日本の政治を古のままに再現しようなどと考えていた守旧派とは異なる。しかし、日本が西洋をおいかけて近代化、立憲政化へと進む中で、日本の固有性として守らねばならないこと、それを井上は、他国にはない万世一系の「天皇」による親政、すなわち「天皇」自身が自ら政治上の主体として統べかつ治めることに求めていたのである。そうであればこそ、「万機を統るものなり、万機に当るものに非ず」という福沢の、「帝室」を制限するが如き主張は、井上にとって許容できるものではなかった。「政党内閣制」のもとで天皇を「政治社外」の存在とすること

は、福沢にとっては天皇が国民の精神的支柱でありうる不可欠の仕掛けであったのとは対照的に、それこそが、井上にとっては許すべからざる最大の難点であり、イギリス流の議院内閣制を徹底して排除せしむべき理由だったのである。

明治十四年政変の結果、近代日本の政体モデルはこうしてプロイセン流の立憲君主制に決まり、同時に一八九〇年（明治二十三）の国会開設が約束されて、政府も民権派も一〇年後を目指しての準備期間に入ることになる。短い間に政党は次々と簇生《そうせい》し、民権運動は再び華やかな最盛期を迎えるが、しかしそれは長く続かなかった。そうした政党の興隆と凋落の陰で「政党」をめぐり何が起きていたのか、次節で考察していくこととする。

4　政党の成立と凋落——政党の抱えた問題

政党の結成から解党へ　民権派の運動に目を転じれば、国会期成同盟は国会開設を求める上願書こそ却下されたが、開拓使官有物払い下げ問題を捉えて国会開設の必要性をかかげ、藩閥政府を批判して世論を高揚させていった。そして十月十二日に国会開設の詔書《しょうしょ》が発せられると、すでに自由党結成に着手していた旧愛国社系を中心とする人々は、即座に自由党結成大会を開き自由党盟約・自由党規則を決定し、総理に板垣退助を選出した。国会期成同盟は全国的なつながりをもった運動であったが、自由党結成にあたって九州派、東北派が抜け、役員の大多数を土佐出身者が占める自由党が誕生した。

日本で最初の政党誕生である。一方明治十四年政変で政府を追放された大隈や共に下野《げや》した大隈系官僚は翌一八八二年（明治十五）三月に立憲改進党《りっけんかいしんとう》を結成して、自由党と民権派の勢力を分かつことになる。その数日後には福地源一郎らが保守系の政党として立憲帝政党《りっけんていせいとう》を結成し、ここに三大政党が成立した。その間に大阪では立憲政党、そして九州改進党が、五月には東洋社会党も長崎で結成され、この一年間にその実態は様々であったにせよ多数の政党が結成されていった。

こうした活発な動きに対し政府が弄した弾圧策はよく知られるところである。簡単に紹介すれば、六月の集会条例改正によって、従来条例の対象とされた「政治ニ関スル事項ヲ講談論議スル為メ結社スル者」に、「何等ノ名義ヲ以テスルモ」という注を付し、名称の如何を問わず政治的色合いを帯びた結社すべてを取り締まりの対象とした。さらに「支社ヲ置キ、若《も》クハ他ノ社ト連結通信スルコトヲ得ス」として、結社あるいは政党が地方に支社をおいて全国的に活動したり結社同士が交流することを禁じ、興隆期の政党に決定的なダメージを与えることになった。政府はこうした厳しい弾圧策をとる一方で、自由党の党首板垣を外遊させ懐柔策による政党の弱体化もはかったのである。そうした政府の対政党政策に加えて、大蔵卿《おおくらきょう》に就任した松方正義《まつかたまさよし》の緊縮財政が物価下落や経済不況をもたらし、自由党支持の豪農層にも経済的苦境が広がり、政党の資金は枯渇していった。また、より困窮した自作・小作農の中には動揺する者も現れ、それを背景に一八八四年（明治十七）春以降、自由党員の先導によって群馬事件ほか一連の激化事件（加波山事件《かばさんじけん》、秩父事件《ちちぶじけん》など）が相次ぎ、板垣を中心とする自由党幹部は十月に解党を決定した。一八八一年（明治十四）の結成からわずか三年での解党であった。

その前年三月、立憲政党は集会条例の拘束を脱するためにすでに解党しており、立憲帝政党も九月に解散、立憲改進党は解党には至らなかったが、自由党解党後間もなく総理大隈と副総理河野敏鎌《こうのとがま》とが脱党している。

国会期成同盟という政治運動の全国的盛り上がりから、国会開設の詔勅《しょうちょく》という一応の目的達成の後、急速に成立した政党はこうして短命に終わった。無論政府の弾圧策や経済不況による困窮がその大きな原因であったとしても、政党側にも強固に根をはることができなかった問題が伏在していたといえよう。明治十年代の政党はまだその存在の意味や性格を十分に把握していたとはいえず、具体的問題への対応の中に彼らの「政党」認識や政治意識の問題性が浮かび上がってくる。それが何であったのか、さらに検討をすすめることにする。

「偽党」撲滅　板垣が政府の懐柔策と知らなかったとはいえ、その洋行は党の内外に大きな波紋をひきおこすことになった。自由党内では板垣外遊に対し、馬場辰猪《ばばたつい》、大石正巳《おおいしまさみ》、末広重恭《すえひろしげやす》らが、結党後まもないことと、外遊費が政府から出ているのではないかという疑惑から強く反対した。しかし板垣はひかず、最終的に馬場たちが常議員《じょうぎいん》を辞任し自由新聞社から去ることで一応の決着がついたが、後に自由党分裂にまで至るしこりを残すことになった。

一方、自由党外部からは改進党系新聞『東京横浜毎日新聞』と『郵便報知新聞』が板垣の外遊を非難し、とりわけその資金の出所が政府筋からではないかと追求した。それに対し自由党は、逆に改進党と三菱会社《みつびしかいしゃ》との関係をとらえて、「多数国民の租税を一私会社に横奪せしむるの不当」と激しく批判し、「三菱会社の専横」を擁護する改進党を「偽党」と断じて、「天下公衆ノ前ニ於テ其偽ナル所以」を明らかにしてこれを「駆除」する、と「偽党撲滅」を宣言したのである（「我党ノ境遇如何」明治十六年五月十五日十六日）。「全党を挙げて明かに正偽相両立せざる」ことを決した自由党は演説会も開いて「偽党撲滅」を大々的に喧伝し、改進党を「政党ノ名ヲ冒シテ天下ノ辱《はじ》ヲ為サシムル」と攻撃した（「公徳ト私徳トノ別」明治十六年五月二十三日）。自由党はこうして、改進党を「偽党」と非難することによって、両党の争いを「政党ノ真偽」如何に持ち込んだのである。「偽党ノ偽ナル所以ンヲ明ニス」（明治十六年五月二十五日）と題した社説の中で、『自由新聞』記者は、さらに「君子ノ党」と「小人ノ朋」の区別に言及し、「君子」を装って「小人ノ毒計ヲ成ス」ことの非を唱え、改進党の行動がまさしく「其ノ君子公党ノ名ヲ冒シテ小人私朋ノ実ヲ行ハント欲スル」と批判した。自由党がこのように、欧陽修を思い起こさせる「君子小人」の別をも援用して政党の「真偽」を争おうとする限り、「偽党」改進党の存在は根底から否定されることになる。

自由党が新しい政治のあり方をめざして結党されたにもかかわらず、その「党」の観念には、こうした排他的攻撃のレトリックを通して、儒教に淵源する「党」観念が大きく影を落としていたのである。そこには、ブルンチュリが主張したような多様な政治態度に由来する複数の「政党」の共存的競争も、あるいはまた流動的相対的な力関係を常態とするイギリス政党内閣制における「政党」も、新しいあるべき「政党」観として自由党を触発する余地はなかったようである。皮肉なことに、彼らが西洋の政党から取り入れようとしたのは、その最新の動き、すなわち政党の「組織化」であった。以後自由党が抱えることになるこの問題の検討に入る前に、自由党とは別に、「政党」と「組織」について着目していた人物とその意図にふれておくことにしたい。

「政党」「政社」の別　「政党」と「組織」の問題を正面からとりあげようとしたのは、明治十四年政変を画策した後、政党政社の興隆に対応を迫られていた井上毅であった。政変の結果として国会開設が決まると、「政党」に関する翻訳や著作は急増し、他方結成される政治結社も「党」を名のるものが「社」や「会」を上回り、「政党」は急速に言葉としても実体としても定着していった。そうした状況下にあって、政党内閣制に強い危惧を抱いた井上毅は、集会条例改正のおよそ一ヵ月ほど前『東京日日新聞』に「政党論」と題する社説の掲載を指示していた。そこには次のような「政党」「政社」の区別が論じられている。

「政党ハ政社ト同カラザルナリ。政党ハ同志相感ジ主義相同ジク意気相投ジ以テ合シテ一党タルニ止マルノミ。而シテ政社ハ則チ然ラズ。其姓名ヲ簿籍ニ録シ規約制置結テ一社ヲ成シ或ハ秘盟アリ或ハ明約アリテ以テ相ヒ要束ス。是レ二者ノ組織ヲ殊ニスル所ナリ」（「政党論（上）」『東京日日新聞』明治十五年五月二日）

そもそも「政党」「政社」の区別が意識されることはほとんどなかった中で、ここではその区別があえて強調され、その違いが名簿や規約によるメンバーの拘束性の有無、すなわち「組織」のあり方に求められている。主義を同じくする者が「合して一党」をなすのみの「政党」に対して、「政社」は名簿・規約を備えた「組織」を形成していることが区別の要とされている。こうした区別論が現実の集会条例改正後の取り締まりといかなる関係をもっていたのかは定かではない。そもそも集会条例が規制の対象としたのは「政治ニ関スル事項ヲ講談論議スル為メ結社スル者」であり、文言としては「政党」も「政社」も用いられてはいなかったのである。いずれにせよこれまで「政治ニ関スル事項ヲ講談論議スル」ものではないとして、この条例の適用を逃れていた政党政社は「名義」の如何にかかわらず、条例の統制下に入るか解散することを余儀なくされた。実際、『明治政史』を見る限り、取り締まる側でも混乱していた様子がうかがえる。

一方政党の側でも、理解は一致していなかった。例えば改進党系の新聞には、「政社」について「政治ニ就キ人々有スル所ノ意見ヲ相闘ハシメ相争ハシメテ之ヲ講究スルモノ」として、討論や講究をおこなう集団とする一方で、「政党」は「政治ニ就キ同一ノ意見ヲ有スル人々相結合シテ其意見ヲ貫徹センコトヲ求ムルモノ」と定義して、共有する政治的課題の実現をめざして結合する組織体と捉える論を掲載していた。他方、集会条例の拘束を脱するために他の政党にさきがけて解党した立憲政党は、本来政党とは政治上の信仰をともにする形而上のものであるにもかかわらず、現実の日本の政党が名簿を備え、役員を選挙し、規則をつくり政社のようになっている、それが故に集会条例の適用をうけると批判していた（大日方純夫「政党の創立」『自由民権と明治憲法』一九九五年）。政党政社の側にとって重要だったのは集会条例の適用対象となるか否かであり、原理的理論的に「政党」「政社」がいかにあるべきか、どう違うのかについてつきつめる必要性はうすかったのではないかと考えられる。

しかし、井上が先の「政党論」に見るようにこの区別にこだわったのは、政党政社に対する法的取り締まりを考えていたとはいえ、政府の側にあって「全国之結社を禁ずる」ことを目指していた内務卿山田顕義《やまだあきよし》との距離を意識していたからである。井上は、山田とは異なり、全国の結社を禁ずることは「徒ニ激動を引起し、変して秘密之結社と成り、内攻之毒種を蒔」くとして反対し、むしろ問題は一般に「政党と政社之区別を知らず、各地に於而政党之名を以而結社同団」することにこそあるとみていた（伊藤博文宛井上毅書簡、〔明治十五年〕五月二十日付け）。政党内閣制に対しては終生非常な危惧をいだいた井上であったが、彼の場合「政党」を根本的に否定するのではなく、それが問題化する条件をおさえようとしたのであり、「組織」の有無をメルクマールとした「政党」「政社」の区別はそこに関わるものであった。井上が外国人顧問に発した質問書からは、井上の第一の関心が、法規制の対象とするための線引きにあったことがうかがわれる。顧問の回答には、法で規制すべきなのは、拠金や規約を有し構成員を管理している団結すなわち「結社」であり、そうした団結の形態をとらない「政党」は「精神上の栄誉」にとどまるが故に規制の対象とはならないことが説かれていた。井上がこれらの答議書にそって、「政党ハ国法ノ問ハザル所ニシテ政社ハ国法ノ管スル所」と判断していたとすれば、この区別論が、既成の政党政社にその存立を左右するものと受けとめられたのも当然のことであった。しかし「組織」の有無にこだわろうとした井上の「政党」「政社」論は、彼の意図を超えたところで問題化していくことになる。

自由党の組織化と独立党　すでに述べたように、板垣外遊問題は改進党との争いの引き金になったばかりでなく、自由党内部にも分裂にいたる禍根を残すことになった。自由党内で板垣の外遊を批判した馬場や末広らは党役員そして自由新聞からは退いたが、党を離脱することはなかった。その彼らが板垣帰朝後、自由党を脱党し新たに独立党を結成するに至った理由が、政党の「組織化」をめぐる対立、すなわち「有形上ノ組織」と「無形上ノ結合」をめぐる対立だったのである。末広は独立党の立場を

「我々ハ専ラ無形上ノ結合ヲ目的トスルニ因リ、契約書ヲ作ラズ党員簿ヲ製セズ総理常議員幹事等ノ如キ役員ヲ設ケズ、苟《いやしく》モ政事ノ思想ヲ有シ一党ノ議論ニ偏セズシテ公平ノ意見ヲ懐《いだ》ク者ハ皆我ガ同志ナリ皆我ガ政友ナリ」（「独立政党ノ必要ナルヲ論ズ」『朝野新聞』明治十六年九月二十九日）

というように、「政事の思想」に関し公平な意見をもつ者すべてを「同志」とする「無形」の結合をめざすことを強調していた。馬場や末広らの考えるところ、政党は「有形上ノ組織ニ因ラズシテ思想上ノ一致」を必要とするのであり、また「各個人ノ徳義上ニ立チ入リ譏謗《ぎんぼう》誹毀《ひき》ニ渉《かかわ》ル可《べ》」きではない。彼らの脱党と独立党の結成は、そうした彼らの考えがそのときの自由党の組織や行動と相容れない限界にまできたことを語っている。

では馬場らが訣別を余儀なくされた自由党の状況はいかなるものだったのであろうか。自由党は、板垣外遊問題で馬場たちが党幹部を退いた後、そのいわば後任としてイギリス留学の経験とバリスターとしての知識を備えた星亨《ほしとおる》を誘って入党させた。知識のみならず財力をも有する星は資金に枯渇していた自由党ですぐさま中枢的存在となり、先の改進党攻撃、すなわち三菱との関係をあばき「偽党撲滅」を主導した。星はまた組織的に脆弱だった自由党を、板垣の党内指導力を強化して強力な組織

として再生するよう尽力し、自由党はこれ以降、「自発的結社」性を後景に退かせ、「大義への献身」を強調する「同志盟約」的な原理で組織強化をはかることになる。『自由新聞』は、独立党の主張を批判した論説において「政党員タルモノ其政党ニ向フテ忠實ナルベキ」ことは、社会に役立つ政党に不可欠であるとし、共通の「主義」のためには、己の意見が党に容れられずとも、結合を守り党のために尽くすべきことを党員

図5　星　亨

に要請していた。こうした党中心志向は、自由党内で短期間のうちに急速に強まり、

「政党ナルモノハ恰《あたか》モ三軍ノ衆ノ如シ。其協力一致ノ力ヲ以テ飽《あく》マデモ反対党ヲ挫折シ遂ニ勝ヲ政治上ニ占メントスルニ於テハ亦固《またもと》ヨリ一定ノ規律ナクンバアラザルナリ」（「政党ノ働キハ一定ノ規律ヲ要ス」『自由新聞』明治十七年四月二十五日）

と、政党組織のあり方を軍隊とのアナロジーで説明するまでに至っている。多くの党員が一つの主義によって団結したとしても、その主義を実行する手段を各自が勝手に選択するならば、それは「烏合《うごう》ノ軍」と同じであり、「党派組織ノ利益」は抹殺される、それを防ぐためには軍と同じく「一定ノ規律」が必要という論理であった。

　さらに論者は、このような「一定ノ規律」への帰依を担保し、自党の力を政治上に伸ばすには、

「機軸ヲ掌《つかさ》ドルノ人」に全党の力を委ね権力を集中せねばならないとして、本来「道ニ与《くみ》」して集まった者に対し、「人」への結合に転換すべきことを強調していた。ここで、自由党の結成に際し、板垣が「衆力の結合」の急務であることを説きながらも、「若《も》し其人に党せば是私党のみ」として、「人」への結合を禁じていたことをふりかえれば、この間における自由党結合原理の逸脱ともいえる強化は明らかであろう。こうした転換を促したのは、「情」を燃え立たせなければ「交情ハ極メテ冷淡」であり、そのような状況では「焉《いずくん》ゾ能《よ》ク安危ヲ共ニシ死生ヲ同フシテ」「公道」に進めようか、という危機感であった。

このようにして、本来「自発的結社」として誕生したはずの自由党は、一方における規模の拡大と、他方における外部との敵対関係の激化を背景として、党派組織の強化を第一義的課題としていくことになった。その結果、組織それ自体に整然とした軍隊のモデルを設定し、内部的には党への忠誠と党首の絶対化の陰で党員の独立の否定や個別性の抹消を、外に対しては排他的攻撃性を特徴とするようになったのである。

だが、ここまでに及んだ自由党における組織化の進行は、自由党のおかれた特殊な歴史的文脈によるものだけではなかった。自由党も無論西欧における政党、とりわけ「英国自由党」には強い関心をよせていたのであり、その新たな動きに敏感に対応していた。当時イギリスでは、一八六七年の第二次選挙法改正によって有権者が急速に拡大し、政党は十八世紀的な「名望家政党」から近代的な「組織政党」へとまさに移行の途上にあったのである。イギリスの政党は、拡大した有権者の票を効果的に集めることをめざし、有権者が平等に参加できる機会（パブリック・ミーティング）をベースに、それを下から上へ積み上げるピラミッド型の組織を創りあげようとしていた。それが、英国自由党において「一糸乱れぬ戦闘隊形を整えて行動することに習熟した規律ある兵士達の軍隊」（オストロゴルスキー『民主主義と政党組織』一九〇二年）と表現される軍隊型の組織だったのである。

馬場らに脱党を強いることになった自由党の急速な組織化は、一面では「同志盟約」的な結合原理の一方的強化であったが、他面それはまさに同時代に進行中であったイギリス自由党の組織化の原理に呼応するものだったのである。集団全体への忠誠を要求する内的規制の強い伝統的な結合原理は、自由党の組織強化を支える重要な要素であったが、それがはからずも西洋でもっとも新しい「組織政党」の原理と対応したことになる。井上がこだわった「組織」の問題は、単に政党政社取締りのための外からの問題にとどまらず、「政党」の本質に絡む問題だったのであり、それは、次節で検討する大同団結運動《だいどうだんけつうんどう》の中で、また陸羯南の「政党」認識の中で改めて問い返されることになる。

5 国会開設を前にして

大同団結運動の展開　一八八四年（明治十七）に自由党が解党、改進党も活動停止に至り、相前後して多くの政党政社も解散を余儀なくされて民権運動は勢いを失っていった。そうした状況を一変させる動きをおこしたのが、自由党解党に反対していた星亨である。解党時新潟で拘引《こういん》されていた星は、出獄後、逼塞《ひっそく》状態にあった運動を再生させるために民権派の再結集を呼びかけ、一八八六年（明治十九）十月には発起人総代となって「全国有志大懇親会」を開催した。星はこれまでの民権運動が政党間、派閥間の争いによって失敗したことをふまえ、党派をこえた在野諸勢力の糾合をめざして、「既往を顧れは、皆其熱心の余り些細のことより相軋轢せりと雖も、此の如くにては結局毫末《ごうまつ》の利益も生せされは小異を捨て、大同を採らさるへからす」と演説し、四年後に迫った議会開設に向け大団結をなすことを提唱したのである。これが大同団結運動と呼ばれる運動の萌芽であり、翌八七年（明治二十）五月には大阪でも板垣退助を迎えて有志懇親会が開かれた。

こうした運動の追い風になって、大同団結運動を全国的に盛り上げることになったのが「条約改正問題」である。条約改正をめざす政府がおこなった「欧化政策」は、政府内外で批判を呼んでいたが、一八八七年（明治二十）七月、外務大臣井上馨の不平等条約改正案に政府内部から反対意見があがると、民権派はすかさずそれに乗じて政府の外交政策を激しく批判し、反政府気運を高めていった。政府はやむなく条約改正を無期延期としたが、星は政府側の反対意見を秘かに印刷して配布するなど反対運動をもりあげ、「外交策の刷新」を唱えて政府を追及した。民権派は地方の関心を高めるためにこれに「地租軽減」「言論集会の自由」を加えて建白運動をおこすことを申し合わせ、ここに、大同団結運動は三大事件建白運動という形をとって全国をゆるがすことになったのである。

その首領に担ぎ出されたのが、新しい民党の基礎を地方名望家の組織を通じて作り出そうと、すでに東北遊説を始めていた後藤象二郎《ごとうしょうじろう》であった。後藤は十月、旧自由党、改進党、国権派などの有力者に呼びかけ丁亥倶楽部《ていがいくらぶ》を設立して大同団結運動の先頭に立つことを表明した。改進党はこの運動への参加には消極的であったが、土佐派をはじめとして各地から代表が集まり、「日一日より旺盛に至」る勢いで政府に迫り、追いつめられた政府は十二月二十六日、突如保安条例を発布して民権派有志を皇居外三里に追放することで応じた。その後政府はさらに、運動の勢いをそぐため仇敵大隈を外相に迎え条約改正を任せるが、大隈の改進党系はもともと大同団結運動に消極的であったため、効果はあがらなかった。

一方、保安条例によって東京を追われた民権派有志の多くは、地方での団結形成に尽力し、改めて大同団結運動の基礎を築くかたわら、追放を免れた後藤やその側近と目された大石正巳、末広重恭らは東京に残って大同団結運動を主導し、機関誌『政論』を創刊して理論的指導にあたった。また後藤の東北地方を中心とした大規模な地方遊説は「驚天動地」と評されるほど地方の有志を動かし、二年後に迫った選挙への思惑もあって、大同団結運動は全国的な政治運動として展開することになったのである。

「懇親会」の思想的意味　保安条例により東京を追われた民権派の一人中江兆民《なかえちようみん》は、大阪に居を移し同郷土佐の仲間と『東雲新聞《しののめしんぶん》』を発行して政治意識の高揚を促すと共に、地元有志との交わりにも力を尽くし、植木枝盛《うえきえもり》らと全国有志大懇親会を開いて大同団結を進めていった。フランス共和主義の政治思想に深く通暁した兆民は、すでにルソーの『社会契約論』も訳出しており、いわゆる民権派の「天賦人権」論や「参政権」要求とは一線を画して、人間の基本的な権利や自由の問題を「社会の自覚的な形成」という問題を通して捉えようとしていた。こうした認識に基づく政治観、言葉をかえて言えば、国民一人一人が「公的」事柄に日常的に参与することこそが「政治」の本質であるとする兆民の政治観は、「懇親会」を人々の政治的交わりの場として高く位置づけ、その意味を以下のように説いていた。

すなわち兆民によれば、人間は長い間同じ景色を眺め、同じ街を歩き同じ人々と活動して「家族的生活」にひきこもっていると、やがてその心には「思想的炭酸《たんさん》瓦斯《がす》」が生じ、それは知らぬ間に考えや決断、行為に入り込んで、その人を「思想上」死に至らしめることもある。あるいはまた「家族的生活」はややもすれば「各人の心を収縮」させ、いつとはなしに「利己的の黴《かび》」を生じさせる。そうした「家族的生活」に生ずる内向きの「有毒瓦斯」を撲滅し、「再び心思の鮮活を得る」ための機会こそが、様々な意見の人達が「相ひ互に交際談話」する場としての「懇親会」であり、それは同時にまた、利己に対する「社会的生活の情念を養ふ」にも最適の場だったのである（「懇親会」『東雲新聞』明治二十一年九月二十七日）。

図6　中江兆民

さらに兆民は「嗚呼懇親会は其れ政治的身体の浴室と謂ふ可き歟《か》」と述べ、「懇親会」を通して「家族的生活」のみならず、党派の違いや対立によって偏頗《へんぱ》になった有志らの心思を解きほぐすことも考えていた。

これまで激しく対立もしてきた「各政党の分子」に「小異同は固より有る可く」と、その違いを認めながら、それ故に「政敵」ではあるとしても決して「仇敵」ではないことを強調し、それらを集め「更に親密なる抱合を為さしむる」という喫緊の役割を、兆民は「懇親会」に期待していた。

そうした「懇親会」の政治的意味づけは、兆民が本来「政党」という新たな存在について理想としたあり方に立ち戻ってみるならばより一層明らかになるであろう。兆民にあって「政党」とは、「政治ノ区域」に関わる事柄について「苟《いやしく》モ自ラ信ジテ真理ヲ得タリト以為《おも》フトキハ之ヲ言論ニ騰《あ》ゲ以《もっ》テ他人ノ同意ヲ求索」して「一党」をなすというように、「学術ノ党派」同様、「真理」の探求と結びつけられていた。それ故に、自らの党に「非」を見出し、他人の党に「是」を認めるならば「幡然《ほんぜん》志ヲ改メテ之ニ従フ」ことが要請されている。自由党、改進党に限らず帝政党から虚無党まで、政党の名称が何であれ、重要なのは、「自ラ心ニ信ズル所有ルトキハ皆真理ヲ愛好」し、各々「一片ノ真理」をもって「完全ノ真理」を求めて「相討論琢磨」することであった。こうした形で政治社会のあるべき姿を構想した兆民にとって、「懇親会」とは、それら政党が「相共ニ政治ノ要領ヲ討議」する格好の場にほかならなかったのである（「政党ノ論」明治十五年七月十一日）。

大同団結運動が「有志懇親会」を萌芽とした所以はここにあったと言えよう。「小異を捨てて大同に就く」という星の論には、単にかつての違いをおいて結集するというにとどまらず、「小異同」をもって集まり「交際談話」「相討論琢磨」することによって、常に新鮮な結合であり続けることが意図されていた、少なくとも兆民はそれを期待していたのである。

大同団結運動の分裂——再び「組織」問題をめぐって　民権派の追放は、こうして政府の意図とは逆に、地方での運動を活性化し全国化をすすめることになった。対応を迫られた政府は一八八九年（明治二十二）三月、運動の中心である後藤に逓信大臣《ていしんだいじん》のポストを提供してこれを引き抜き、大同団結運動の勢いをそぐことに成功した。もともと大同団結運動は、民権派が分裂したままでは政府に対抗する有力な勢力にはなりえないことから連合したもので、無論その自発性に支えられた活動の意味は大きかったにせよ、概ねの実態としては地方の政社や倶楽部《くらぶ》がそれぞれの利害や関心からそれぞれに関わって全国的に展開していたにすぎなかった。それだけに地方によって運動の形態や関与の度合いも様々であり、全体を一元的に統括する機関も、また全体を拘束する規約もない、いわば「無形」の運動体だったのである。それが大同団結運動としてまがりなりにも一定の求心性をもっていたのは、中枢にあった後藤象二郎というパーソナリティのゆえであり、後藤の入閣によってたやすく崩れたのも無理はなかった。

後藤入閣問題をめぐる動揺が一応おさまると、大同団結運動は再び「組織化」をめぐって対立し、この運動をそのまま「政社組織」に改めようとする「政社論」とそれに抵抗する「非政社論」とに分裂することになった。「政社論」をとる河野広中ら東北勢を中心とする多数派が大同団結のゆるやかな連合をそのまま全国的な政治結社として大同倶楽部を結成すると、それに抵抗する大井憲太郎《おおいけんたろう》は関東勢とともに、各団体を拘束しない「非政社論」を主張して大同共和会を設立したのである。この対立は、外相となった大隈の条約改正に対する中止運動で一旦影をひそめるが、改正が大隈の遭難で頓挫すると、両派の対立は再び深刻化する。両派ともに板垣を領袖《りょうしゅう》にかつごうと動くが、あくまで調停をはかろうとする板垣の姿勢に、大井ら大同共和会は単独で自由党再興を決議し、それをみた大同倶楽部は、板垣の調停案を放棄して独自の路線をとることを選択、その愛国公党案を土佐派がとりあげ、一八八九年（明治二十二）大同団結運動は三派鼎立で幕を閉じることになった。

このときの対立が、無論、運動の主導権をめぐる政治的争いの表れであったことは確かだが、そればかりではなく、国会開催を間近にひかえ、それに備える「政党」イメージ、言い換えれば、政党の果たすべき役割についての考えが異なってきたことも、議会における「政党」を考えるうえで見過ごすことはできない。両派ともに議会開会という時機を捉えて政党形成を考えていた点では共通しながら、「政党」結合の要となるものが「主義」か「実事」かで分かれたのである。大井らがあえて「自由党」を名のったように、自由党再興派は、政党の「手段方便」は時勢と共に変化するとしても、「主義目的」は容易に変わるものではないと、これまで通り「自由主義」を政党結合の核として主張したのに対し、大同倶楽部はいまや「抽象的な主義」の時代ではないとして、「実事問題」への対応こそが時勢の変遷に応じた今日的な「主義」であるという立場を鮮明にした。

大同倶楽部におけるこうした政党観の転換は組織上の変化にも及ぶことになる。すなわち抽象的「主義」の放棄は党組織におけるイデオロギー的凝集力の低下をもたらし、かつてのように主義のために全人格的に結びついた「盟約」原理は退いて、「実事問題」に関わる意見の異同によって組み替え可能なゆるやかな組織へと転換したのである。議会がない時代の「準備的の政党」から議会の場を前提とした「実効的の政党」への移行という変化に、大同倶楽部は最も敏感に対応していたといえる。一方旧来通り「自由主義」をかかげた自由党再興派を、新しい政党へと転身させていったのは、大同団結運動に「懇親会」の効用を見出した中江兆民であった。すべての人が対等に意見を交わし政治に関わることを理想とした兆民は、ピラミッド型の組織を否定し、構成メンバーの対等性を前提として「首領をおかず、常議員三十名による合議制」構想に則って組織化をすすめた。あくまでも「主義」に準ずる自由党再興派は、時勢に柔軟に対応するというより、むしろ「自由主義」を新しく「平民主義」との連続線上に位置づけて議会開会にのぞむことになったのである。

政党組織のあり方としてそのいずれもが、帝国議会の経過とともに消滅していったにせよ、「政党」の果たすべき役割や国民との関係が少なくともそこで真摯に考えられていたことは振り返って確認しておくべきであろう。

「政党」に対する期待と忌避と　明治十年代に政党を結成しそれを活動拠点とした民権派において「政党」に関する十分な理論的考察がなされなかったことは四節で検討したとおりだが、大同団結運動は、それら政党の外部に「政党」についての新たな考察を呼び起こすことになった。「国民主義」を主張し、その思想故に、「党派」的存在に終始疑念を抱き続けた陸羯南である。大同団結運動が条約改正反対に沸き立つ、ちょうどその頃、羯南もまた政府の条約改正に反対して内閣官報局編集課長を辞し、『東京電報』を創刊して政論記者の道を歩み始めた。羯南はしかし政府を批判する一方で、民権派からも距離をとり続けたジャーナリストであり、現実の政党とは全く無縁であった。むしろ

図7　陸　羯　南

「党派」には批判的であった羯南が、議会開会を前にして、「政党」についてどのように考えていたのか、議会直前のもう一つの政党論として、簡単に追っていくことにしたい。

大同団結運動の最中、羯南は「地方的団結の勢力」（明治二十一年八月四日）と題する論説を著し、「地方人民の意見」を代表する団結が「全国の大団結」へと連合するならば、遠からず「完全なる集合体」が形成されるであろうと論じていた。大同団結運動を目の当たりにした羯南は、「輿論《よろん》の勢力」を国政上に及ぼすには、「流動散漫」な「輿論を陶冶鍛錬」して政治家を動かす「運動活発なる人民の集合体」すなわち「真正の政党」が不可欠であると認識するに至ったのである。政治が一部の人間の特権から「国民的政治」に進展していくとするならば、「政党」は輿論をまとめあげる存在としていわば政治の中心に位置することになる。羯南はそれを「藩閥政治」から「政党政治」への移行として、その意味では評価していた（「政党及内閣」『日本』明治二十二年十一月八―十日）。

しかしその一方で、政党は、羯南にとってアンビヴァレントな存在であることに変わりはなかった。というのは、「国民主義」を主張し「国民の統一と特立」を第一義とした羯南にとって、「政党」は常に「一国家」の中にさらに「国家」をつくる危険性をはらむ「分派」的存在でなくなることはなかっ

たからである。「社会に党派の起る」ことを事物の必然としながらも、「国民の統一を希望する」と断言した後に、彼は

「故に政治上に於ける党派の樹立は吾輩の敢て望まざる所なり。（中略）願くは一国民の腹中に党派の存在せざらんことを勉めんのみ」（「国政の要義」『日本』明治二十二年十一月三十日、十二月一日、三日）

と続けていた。「政党」はときとして自党のみを絶対としその勢力拡張を専らにして国政を私物化する。そうして「一党派を以て一国と為し、一国の政権を以て一党派の特有となす」が故に、「国民の統一」を破壊しかねないのである（「政党の弊、国益と党利」『日本』明治二十二年六月二十八日、三十日）。それが「党派の存在は人類の弱点に基因して社会腹中の病」と羯南が言わざるをえなかった所以であり、最大の懸念であった。

従って羯南において「政党」は常にそうした問題状況を抑制する理論で捉えられていく。「国民的政治」にあって「国民の政治上の意見」が分裂することが当たり前であるとすれば、「政党」とは、それに対応して国民の多様な意見を議会で表出し「国民全体の利害」を求めて意見をぶつけあう役割を担う。こうした存在として、「政党」を理解する手立てを羯南に提供したのが、政治的態度の多様性に焦点を定めたブルンチュリの「政党論」であった。ブルンチュリへの羯南の共感は、例えば「政党」をその語源「pars」にさかのぼることによって「一党が国民や国家と同一になる」ことを否定した論にも寄せられ、羯南自身「政党は必ず国民の一部を代表するものにして全体を代表するものに非

ず。如何に一の政党が勢力を有する場合に於ても、其党派は必ず国民の大多数を代表するに止まるのみ」（「政党及内閣」）と論じて、「一党派を以て一国と為」す傾向に警告を発していた。

またすでに、井上毅や自由党によってそれぞれの立場から論じられていた政党組織の問題についても、羯南はそうした「政党」観から批判的に論ずることになる。すなわち議会開会直前、「政党と自称するもの」が、実は一社をつくり名簿を備え会費を集め役員を定め党の議決でメンバーを拘束する「政社」であると指摘した羯南は、「其の団に加はれば称して入党と曰ひ、視て以て軍門に降るの兵卒と為し、苟も之より脱するときは則ち称して脱党と曰ひ、之を視ること叛逆の徒を視るが如し」と、痛烈な批判を浴びせていた。羯南にとってあるべき「政党」とは、こうした「自称政党」とは対照的に

「無形のものなり。一面の識なきも言論を聞きて之に同じ、半言の約なきも挙動を見て相ひ合す。故に政党には名簿を記すなく費用を徴するなく、往くものは追はず来るものは拒まず、唯だ議場に於て言論に於て其の人員の多寡其の統制の強弱を見るのみ」（「政社ありて政党なし」『日本』明治二十三年十月二日）

でなければならなかったのである。ここに描き出された「政党」「政社」の区別は、まさに「一国全般の利害を標準として自由に進退する」無形の「政党」と、閉鎖的な組織をつくりそこに党員を拘束して「他」を拒絶する「政社」の違いであり、後者は羯南にとって「国民の統一」を破壊する「社会腹中の病」にほかならなかった。こうした区別論に、これまで見てきた、井上の「政党」「政社」論や

独立党の政党認識が、異なる立場、関心からなお有効性をもって主張されていたことを確認できよう。

こうした羯南の「政党」観はもう一つの争点であった「政党内閣」論にも連動していく。組織をもたない無形の「政党」とは、本来自然に形成されるものであり、固定的でも、また「国法」上に規定された存在でもない。従って「国法上の制規」たる「内閣」と関わることはなく、「政党と内閣との関係は憲法上に非ずして政治上自然の慣習に在ること明かなり」と断言される（「政党及内閣」）。「政党内閣」を井上のように忌避し、拒絶するわけではないが、逆に福沢のように政治的対立の吸収メカニズムとして積極的に位置づけるのでもなく、それはその時々の状況や政治家の能力に応じて現れる「一の慣習」にすぎないと論じられている。羯南にとって重要なのは、「国民の統一」と両立しうる「政党」の無形性と相対性であり、その自由な結合と無拘束性こそが、政党が「国民主義」において機能する「政党」であるための最重要の課題だったのである。

明治初期から議会開会までを通して政党を振り返るならば、西南戦争以後数多く誕生した結社が、日本における新しい政治活動の形であり、その後の運動へとつながるものを用意したことは確かであるが、それらはなお「政党」ではなかった。政党が短期間のうちに成立し、いわば自明の存在となったのは明治十四年政変後になるが、急速にできあがったその「自明性」は、「政党」とは何かという根本的な問いかけやその役割についての深刻な議論をおきざりにしていた。政府が、「政党内閣」に対する強烈な危機感から政党を弾圧する一方で、民権派政党の側ではイギリスの自由党をモデルとしてめざしながら、「朋党」的党観をひきずって争い、近代的「政党」の意味を真摯に追求するには至らなかった。しかし、散発的であったにせよ、ここまで検討してきたように、政党の内外でなされた「政党」認識のいくつかの試みや、実際の運動に残された軌跡は、日本の「政党」を考えるうえで重要な示唆を残していよう。

二　大日本帝国憲法下での政党の発展（一八九〇―一九三二年）

1　憲法と政党

一八八九年（明治二十二）二月十一日、大日本帝国憲法《だいにほんていこくけんぽう》、いわゆる明治憲法が発布された（施行は翌年十一月二十九日）。以後、日本国憲法が施行される一九四七年（昭和二十二）五月三日までの五八年間、改正されることなく国政の根幹として機能した。この憲法が、専制的権力を排除し議会制度や自由を中心に据えた啓蒙主義的な英米流憲法よりも、各民族の歴史・伝統・文化を重視するロマン主義的なドイツ系学説の影響を受けて伊藤博文《いとうひろぶみ》・井上毅《いのうえこわし》らが起草したことはよく知られており、また本書のテーマでもない。しかし憲法は、一般の法律とは異なって国家のあるべき方向を示し、それに沿った形で政治・行政の基本的枠組みを条文化したものであり、また最高法規としてすべての法律・制度を拘束する。だからこそ、国家方針の変更を意味する憲法の改正は慎重な手続きが要求され、実際に戦前においては一度も変更されることはなかった。つまり、憲法を知ることはそのまま国家のめざす方向を知ることでもあるので、ここで簡単に触れておく。

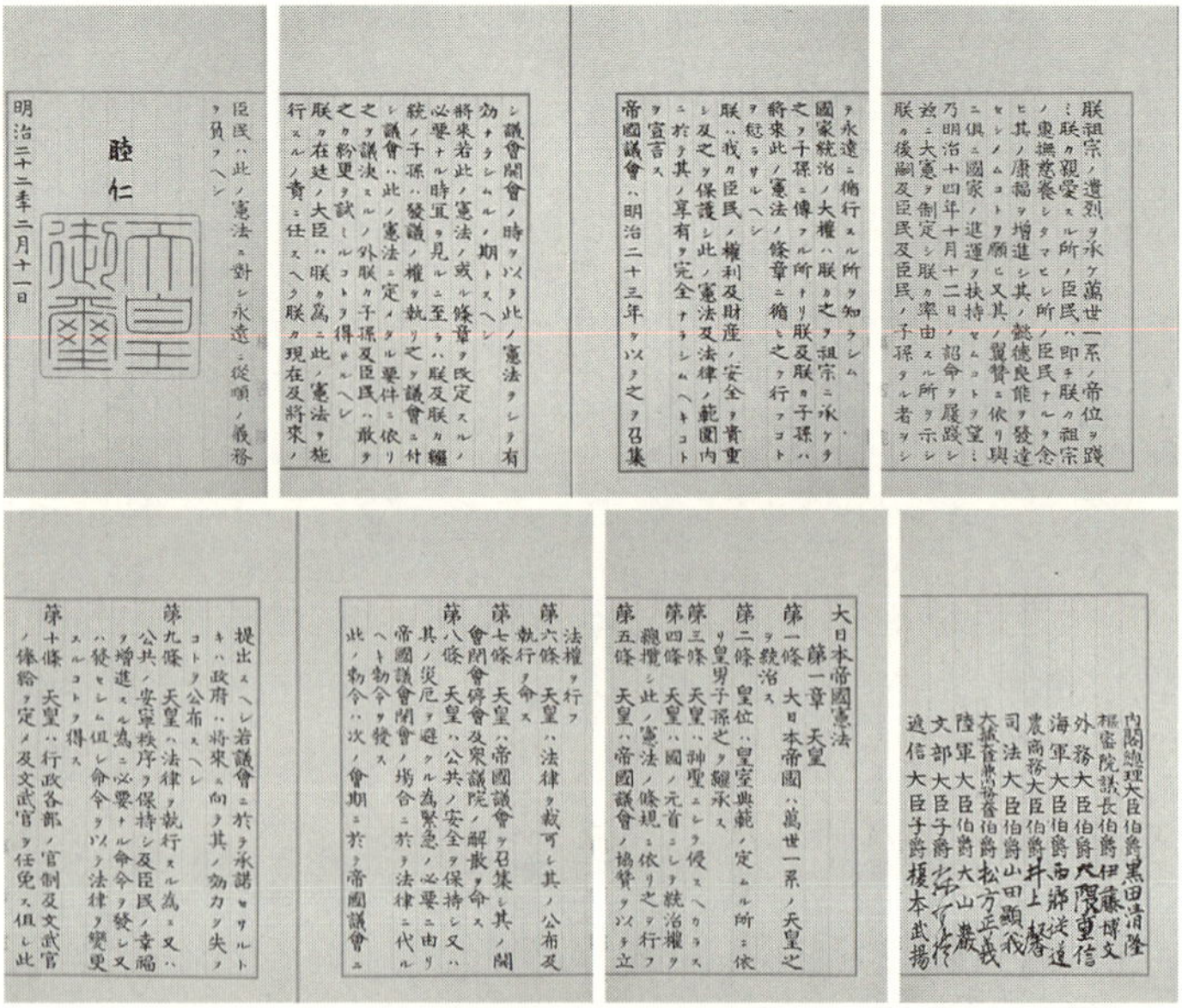

朕祖宗ノ遺烈ヲ承ケ萬世一系ノ帝位ヲ践
ミ朕カ親愛スル所ノ臣民ハ即チ朕カ祖宗
ノ恵撫慈養シタマヒシ所ノ臣民ナルヲ念
ヒ其ノ康福ヲ増進シ其ノ懿徳良能ヲ發達
セシメムコトヲ願ヒ又其ノ翼賛ニ依リ與
ニ倶ニ國家ノ進運ヲ扶持セムコトヲ望ミ
乃明治十四年十月十二日ノ詔命ヲ履践シ
茲ニ大憲ヲ制定シ朕カ率由スル所ヲ示シ
朕カ後嗣及臣民及臣民ノ子孫タル者ヲシ
テ永遠ニ循行スル所ヲ知ラシム
國家統治ノ大權ハ朕カ之ヲ祖宗ニ承ケテ
之ヲ子孫ニ傳フル所ナリ朕及朕カ子孫ハ
將來此ノ憲法ノ條章ニ循ヒ之ヲ行フコト
ヲ愆ラサルヘシ
朕ハ我カ臣民ノ權利及財産ノ安全ヲ貴重
シ及之ヲ保護シ此ノ憲法及法律ノ範圍内
ニ於テ其ノ享有ヲ完全ナラシムヘキコト
ヲ宣言ス
帝國議會ハ明治二十三年ヲ以テ之ヲ召集
シ議會開會ノ時ヲ以テ此ノ憲法ヲシテ有
效ナラシムルノ期トスヘシ
將來若此ノ憲法ノ或ル條章ヲ改定スルノ
必要ナル時宜ヲ見ルニ至ラハ朕及朕カ繼
統ノ子孫ハ發議ノ權ヲ執リ之ヲ議會ニ付
シ議會ハ此ノ憲法ニ定メタル要件ニ依リ
之ヲ議決スルノ外朕カ子孫及臣民ハ敢テ
之カ紛更ヲ試ミルコトヲ得サルヘシ
朕カ在廷ノ大臣ハ朕カ為ニ此ノ憲法ヲ施
行スルノ責ニ任スヘク朕カ現在及將來ノ
臣民ハ此ノ憲法ニ對シ永遠ニ從順ノ義務
ヲ負フヘシ

睦仁

天皇御璽

明治二十二年二月十一日

内閣總理大臣伯爵黒田清隆
樞密院議長伯爵伊藤博文
外務大臣伯爵大隈重信
海軍大臣伯爵西郷従道
農商務大臣伯爵井上馨
司法大臣伯爵山田顯義
大藏大臣兼内務大臣伯爵松方正義
陸軍大臣伯爵大山巖
文部大臣子爵森有禮
遞信大臣子爵榎本武揚

大日本帝國憲法
第一章　天皇
第一條　大日本帝國ハ萬世一系ノ天皇之ヲ統治ス
第二條　皇位ハ皇室典範ノ定ムル所ニ依リ皇男子孫之ヲ繼承ス
第三條　天皇ハ神聖ニシテ侵スヘカラス
第四條　天皇ハ國ノ元首ニシテ統治權ヲ總攬シ此ノ憲法ノ條規ニ依リ之ヲ行フ
第五條　天皇ハ帝國議會ノ協賛ヲ以テ立法權ヲ行フ
第六條　天皇ハ法律ヲ裁可シ其ノ公布及執行ヲ命ス
第七條　天皇ハ帝國議會ヲ召集シ其ノ開會閉會停會及衆議院ノ解散ヲ命ス
第八條　天皇ハ公共ノ安全ヲ保持シ又ハ其ノ災厄ヲ避クル為緊急ノ必要ニ由リ帝國議會閉會ノ場合ニ於テ法律ニ代ルヘキ勅令ヲ發ス
此ノ勅令ハ次ノ會期ニ於テ帝國議會ニ提出スヘシ若議會ニ於テ承諾セサルトキハ政府ハ將來ニ向テ其ノ效力ヲ失フコトヲ公布スヘシ
第九條　天皇ハ法律ヲ執行スル為ニ又ハ公共ノ安寧秩序ヲ保持シ及臣民ノ幸福ヲ増進スル為ニ必要ナル命令ヲ發シ又ハ發セシム但シ命令ヲ以テ法律ヲ變更スルコトヲ得ス
第十條　天皇ハ行政各部ノ官制及文武官ノ俸給ヲ定メ及文武官ヲ任免ス但シ此

図１　大日本帝国憲法

明治憲法の構造　憲法前文に当たる憲《けん》法《ぽう》発布《はっぷ》勅語《ちょくご》には、憲法制定の目的が「国家の隆昌《りゅうしょう》と臣民の慶福《けいふく》」を図ることであると述べられている。そして、それを実現する具体的担い手として天皇の重要性が強調される。「第一条　大日本帝国は万世一系《ばんせいいっけい》の天皇之《これ》を統治す」と冒頭にあるように、天皇に統治権（主権）が与えられた。そして「天皇は神聖にして侵すへからす」（三条）、「天皇は帝国議会の協賛を以て立法権を行ふ」（五条）、「天皇は法律を裁可し其の公布及執行を命す」（六条）、「天皇は帝国議会を召集し其の開会閉会停会及衆議院の解散を命す」（七条）、「天皇は行政各部の官制及文武官の俸給を定め及文武官を任免す」（一〇条）、「天皇は陸海軍を統帥す」（一一条）、「天皇は戦いを宣し和を講し及諸般の条約を締結す」（一三条）、「司法権は天皇の名に於て法律に依り裁判所之を行ふ」（五七条一）と、立法・行政・軍事・外交・司法等すべての国家的政務（国務）において大権を有した。

しかし、だからといって天皇がスーパーマンとして、すべてを自由に決定できるわけではなかった。まず第一に、主権は「憲法の条規」（四条）に従わなければならなかった。第二には、すべての国務において天皇は国務大臣《こくむだいじん》の「補弼《ほひつ》」（補佐すること、五五条一）を必要とした。つまり国務大臣は何かを決定するのではなく、天皇の意志や国務の執行を補助する者であったが、しかし彼らは、国務行為に関し天皇の代わりに責任をとらなければならなかった。したがって、責任者である彼らの同意が必要であった。もちろん、国務大臣を任命するのは天皇なので、意に沿わなければ罷免することも可能であったが、後述するようにそれも簡単ではなかった。

図2　伊藤博文

ちなみに内閣《ないかく》について述べれば、憲法には内閣も内閣総理大臣も登場せず、代わりに内閣官制という勅令《ちょくれい》でその制度が定められた。これ自体もまた重要な問題であるが、ここではとりあえず、当初は独立性の強かった国務大臣に対し、しだいに総理大臣の監督権が強まったこと、国務大臣は総理大臣を首班とする閣議《かくぎ》の決定に拘束されていったこと、を指摘しておく。

第三に、憲法は議会・軍部・枢密院《すうみついん》・裁判所についても規定しており、これら機関の意向にも天皇大権は拘束された。議会には「凡て法律は帝国議会の協賛を経るを要す」(三七条)と協賛権が与えられ、軍部には天皇の統帥権を補佐するための軍令機関として陸軍に参謀本部《さんぼうほんぶ》、海軍に軍令部《ぐんれいぶ》が設置された。枢密院も皇室・司法・教育・官僚・教育および帝国議会など各機関の制度の根本に関わる重要な変更に関しては天皇から諮詢《しじゅん》(諮問)を受けるとされ、また憲法解釈を巡る問題もここに持ち込まれたので「憲法の番人」とも呼ばれた。

以上を整理すれば、つぎのようになろう。すなわち憲法には主権者としての天皇、その国務行為全般を「補弼」する内閣、限定された国務において一定の権限を与えられた議会などの機関、という三者が登場し、たとえば法律を例にとれば、議会が多数決によって可決(協賛)し、それに天皇が裁可を与え国務大臣がそれに同意(憲法五五条二には「凡て法律勅令其の他国務に関る詔勅《しょうちょく》は国務大臣の副署《ふくしょ》を要す」とあり、法律には関係諸大臣の副署つまりサインを必要とした)して初めて実行に移されるのであり、三者のいずれかが不同意ならば実行できない仕組みだったのである。この点で、主権者である国民を頂点に、国会→内閣→官庁という単純な縦の構成となっている日本国憲法と大きく異なり、大日本帝国憲法下の各機関はそれぞれ独立性が高く、並列的関係にあったといえよう。

「和衷協同」理念　では、なぜこのような複雑な構造にしたのか。憲法発布勅語には「我が臣民は、即ち祖宗の忠良なる臣民の子孫なるを回想し、其の朕が意を奉体し、朕が事を奨順し、相与《とも》に和衷協《わちゅう》同し益々我が帝国の光栄を中外に宣揚し」とあるように、天皇の下に官も軍も臣民も「相与に和衷協同」する、換言すれば挙国一致《きょこくいっち》して国家の発展、国民の福利増進に協力することが期待されていた。この憲法がしばしば「君民共治」と表現されるのは、このためである。

このような発想は、「国家有機体説」という欧州の学説に基づいているといわれる。ここでいう「有機体」とは生物体のことであり、つまり国家とは生物のようなもので、消化器官など多様で独特の機能を有する複数の器官によって構成される生物が、その各器官が十分に自己の機能を発揮することで、たとえば人間社会の中で個人が出世するように、国家も帝国主義という競争的国際社会の中で躍進するには、各国家機関がその機能を高めつつかつ天皇の下で有機的に結合しなければならない、というものであった。もっとも、日本古代律令制の政治にも類似した面があった。たとえば奈良時代の政治は、天皇と五位以上の官僚化した上級貴族の合議という形で進められ、天皇の機能は律令で規定された官制改廃権・人事権・叙位叙勲・軍事権・刑罰権（特別な場合）・外交権などであり、副署という形式もあった。したがって、日本の伝統的な政治形式に復古したという側面もあり、和洋両者が融合的に理解され受容されていったと考えられる。

以上のように、大日本帝国憲法は天皇と官・軍・民の「和衷協同」によって国家を建設しようとするものであり、国王と国民の対立・妥協から生まれたイギリス憲法ほど議会の位置付けは高いものではなかったが、しかし議会は決して無力なものでもなかった。

このように精緻に構成された憲法であるが、他方で困難な問題も包含していた。すなわち各機関を有機的に統御し結合させることこそ大権保持者天皇の重要な仕事なのだが、並列的関係にある諸機関を統御すること自体が困難であるばかりでなく、日本ではさらに「天皇不親政」という考え方も伝統的に存在した。

平安時代以降、政治は摂関政治・院政・武士政権と「大政委任」されるようになり、天皇が高度の指導力を発揮する場面は減少した。このことは確かに天皇権力の低下をもたらしたが、同時に政治的責任を負わないがゆえに非難されることもなく、長期間にわたって地位を維持してきた大きな要因となった。そして、近代においてもこの考え方は根強く、したがって憲法の条文がどうあろうと、実際には天皇が直接政治に関与することはなるべく回避しようと、周囲は常に慎重な配慮を払ってきた。もっとも最近の研究で、三代にわたる近代の天皇たちが政治的に緊張した場面で、全体の統御者として重大な発言をした事実が明らかになっている。とすれば、天皇・内閣・各機関の三者による「和衷協同」という憲法の理想は、思った以上に機能していたのかもしれない。

元老政治　しかし、具体的な局面ではいつも理想どおりというわけにはいかなかった。つまり、現実に政治を安定的、継続的に運営するには、誰かが主導権を持って全体を統御する必要があり、それは精神的、象徴的意味合いが強い天皇には相応しい役割ではなかったのである。もちろん、機関の間に軋轢が起こらなければよいのだが、残念ながら現実はそのような軋轢で充ちあふれており、常に統合者を必要とした。しかし、すでにみたように憲法には天皇以外にそのような存在は記されていなかった。そのため、統合者たる者は憲法の外に求めざるを得ないのであり、大日本帝国憲法期の政治を概観すれば、いわばこの統合者の席を巡っての権力争いが、政治史の底流をなしていたといえる。このような点から、同憲法は実質的な統合者を決めていないという点で柔軟性に富んでいたが、同時に無責任でもあったといわれるのである。

憲法が布かれ、とりあえず全体統合者の席を占めたのは元老《げんろう》たちであった。憲法制定直後の時期は、内閣・官僚機構・軍部・貴族院・枢密院を握る薩摩・長州など藩閥勢力と、衆議院の過半数を得た民党の間で激しい衝突が起こり、憲法が理想とする「和衷協同」とはほど遠い状態が続いた。その中で覚悟をきめた藩閥側は一八九二年（明治二十五）、第二次伊藤博文内閣を「明治政府末路の一戦」と位置付け、藩閥有力者総出で不平等条約改正、日清戦争という重要案件を解決しようと試みた。

結果的にこの試みは成功した。諸列強に治外法権を撤廃させ、日清戦争という国家的危機を無事乗り切り、さらには自由党有力者板垣退助《いたがきたいすけ》を内務大臣に迎えることで藩閥・民党接近の端緒を掴むこともできたのである。しかし、この後も混迷は続いた。三国干渉への不満から対ロシア復讐論が盛り上がる中、日露戦争を視野に入れた戦後経営問題で両者は妥協点を容易に見い出せず、一八九八―一九〇一年の約四年間でじつに五度も内閣が替わり、しかも藩閥有力者による超然内閣から、隈板内閣という政党内閣まで多様な形態が出現した。すなわち、この時期は「和衷協同」の方法を求めて迷走していたのである。このような中で漸く安定した内閣が生まれたのが、一九〇一年成立の第一次桂《かつら》太《た》郎《ろう》内閣であった。この内閣の特徴は「緞帳《どんちょう》（客席から舞台を隠すための幕）内閣」とも揶揄《やゆ》されたように、伊藤博文・山県有朋《やまがたありとも》らそれまでの藩閥有力者が大臣ポストから退き、元老として背後から内閣を指導するという形式をとったことである。このような形式は元老政治と呼ばれた。

図3　美濃部達吉

元老とは、天皇から私的な相談相手として指名された人物で、具体的には長州系の伊藤・山県・井上馨《いのうえかおる》、薩摩系の大山巌《おおやまいわお》・松方正義《まつかたまさよし》・西郷従道《さいごうつぐみち》らであった。彼らの共通点は維新の際に新政府側で活躍したこと、維新以来政府内において常に第一線で指揮を執り国家建設に重要な役割を果たしたこと、そして彼らの育てた人材が各機関で中枢を占めるようになったことであり、簡単にいえば創業者としての権威と、現役への影響力を備え持っていた点にあった。そして、外交・財政上重要な国家案件が生じた場合は天皇から彼らに個人的に諮問が下り、彼らは集まり元老会議を開催して「大所高所《たいしょこうしょ》」から基本方針を決定、それを内閣初め各機関の現役幹部に伝達して全体の統合を図ろうとした。では、問題の衆議院との関係はどうなったかといえば、それは一九〇〇年に伊藤博文が立《りっ》憲政友会《けんせいゆうかい》を創設したことによって、衆議院も広くこの体制に包含されていった。この点は後述する。とにかく、この元老政治の下で日露戦争に勝利し、最終的には一九二一年（大正十）の原敬《はらたかし》内閣崩壊まで機能した。

しかし、元老という個人に依存する制度が、彼らが老境に入り死去する者も出てくれば権威が低下するのは必然であった。創業者という資格があるため人的補充は困難だったのである。さらに、元老に対する国民の意識も時代とともに変化した。その象徴的な例が、元老への「怨嗟《えんさ》の声」が高まった一九一二年の第一次護憲運動《ごけんうんどう》であった。こうして元老に替わり、政党を新たな全体統合者として期待する声が一段と高まるのであった。

天皇機関説と政党内閣　政党も、元老と同じく憲法上に規定があるわけではない。政党に関する法律としては、帝国議会開設を前にした一八九〇年（明治二十三）七月二十五日に公布された集会及政社法《しゅうかいおよびせいしゃほう》が重要である。同法はのちに治安警察法（一九〇〇年三月十日公布）に替わるが、いずれにしても政治結社たるものは「安寧秩序」維持のため、警察の厳しい監視下に置かれることが規定された。まず結社後三日以内に党名・党則・事務所所在地・主幹者名を警察署に届け出なければならず、秘密結社は禁止された。その他、議会の議員に対しその発言表決につき議会外で責任を負わしめてはならない、安寧秩序を乱す虞《おそ》れのある場合は内務大臣が結社禁止とすることができる、警察官から尋問があった場合は責任者は回答しなければならない、などの規定も盛り込まれた。構成メンバーに関しては現役および召集中の予備後備の陸海軍軍人、警察官、神職僧侶その他諸宗教師、官公私立学校教員学生生徒、女子、未成年者、外国人らの参加は認められなかった。このように、政党という存在は法律上では「公」的存在ではなく、個別的な利益を追求する民間の「私」的団体とみなされたのである。

このような政党を、全体を統合する「公」的存在にまで高めようとしたのが美濃部達吉《みのべたつきち》・吉野作造《よしのさくぞう》らの理論であった。天皇＝日本国家と捉え天皇大権を重視する穂積八束《ほづみやつか》らと異なり、主権は法人である国家にあり、国家に包含される天皇は他の機関から補佐されながら主権を行使する、最高ではあるが一つの機関に過ぎないという「天皇機関説」で有名な美濃部は、同時に国務大臣という天皇の補弼者が憲法上存在するのであるから元老のような私的顧問は不要であり、内閣が全体を統合すべきであると主張した。さらに吉野は、憲法発布勅語中の「国家の隆昌と臣民の慶福」のうち特に後者に注目し、国民の福利増進にこそ政治の重点があるとすれば、国民の意思が政治に強く反映されるべきであり、それが反映される場は議会しかないのだから、議会での多数者＝多数党が補弼者として内閣を担当すべきであるという民本主義を主張した。こうして、国民代表＝多数政党＝内閣担当者＝輔弼者＝全体統合者と定式化されたのであった。

もっとも、すでにみたように、各機関が並列的関係に立っている大日本帝国憲法では、衆議院多数派がその他の機関を単純に力で抑えることも不可能であった。この点を補ったのが官僚・軍人からの入党者であった。戦前期において政党が最も力を持ったのは大正期から昭和十年頃であるが、この時期の有力政党総裁・幹部には官僚・軍人出身者が多く含まれていた。彼らは自らの人脈を活かし、衆議院以外の諸機関を統御しようとしたのである。このように、学説によって高く位置づけられた政党であるが、その地位を奪ったのが一九三五年（昭和十）の天皇機関説排撃を意図する国体明徴運動であった。

2 民党と吏党——横断的名望家政党の発展（一八九〇—一九〇〇年）

憲法が制定され一八九〇年（明治二十三）に帝国議会が開会してから、日清戦争を挟み立憲政友会が成立する一九〇〇年頃までの一〇年間は、薩長藩閥政府と民党が激しく対立する時代であり、一般に初期議会と呼ばれる。両者は超然内閣か責任内閣（政党内閣）か、財政積極主義か民力休養《みんりよくきゆうよう》か、あるいは軍拡《ぐんかく》・対外硬《たいがいこう》か否かで激しく対立し、その対立はさらに町村レベルの混乱とも連動して社会全般におよんだ。この節では、その対立の実態を明らかにし、名望家による全国的な横断的大連合として収束していった様相を記述する。

精選された三〇〇代議士　帝国議会開会に先立ち、同年七月一日に第一回衆議院議員選挙（総選挙）が実施された。選挙を規定するのは、憲法と同じ日に公布された衆議院議員選挙法であった。その特徴を以下に列挙してみよう。

・有権者資格　直接国税一五円（現在でいえば約一一万円）を納めかつその府県内で一年以上納税する二十五歳以上の男子で、国民全体の約一％に相当した。一五円とは、教育も財産もなく権力・金力・情実によって簡単に投票が左右されるであろう「下層民」、および高い教養を持つが社会への不満が強く急進主義に走りやすい下級士族を排除することが目的といわれ、居住要件は有権者が候補者を熟知している（候補者も一年以上そこで納税しなければならなかった）ことを前提としたものであった。また、年令が高ければ思想も穏健になるであろうという意図があった。

・小選挙区制度　一人区二一四、二人区四三（合計三〇〇議席）という変則であった。これも小選挙区制度ならば候補者と有権者の個人的関係が近いため、候補者の人格識見を有権者がよく理解しているであろうことが期待された。

・記名投票　開票に際しては、投票者名が朗読されたあとに投票した人名が朗読されるため、誰が誰に投票したのか明らかとなる。これは投票者が権力・金力・情実によって投票した（たとえば自分の親に）とすればすぐに分かるわけであり、それは当時は罪悪として認識され恥ずべき行為とされた。

・非立候補制度　その候補者が何をするかというよりも、選挙区内から人格識見の高い人物を無私公平な立場から探し出し、その人物たちが国政の場で協力しあって国家を運営することが期待されたため、非立候補制度が採用された。

このように簡単にいえば、穏健で金力等の影響を受けない財産家たちが、公平な観点から人格識見に優れた選良を選び出すことを想定して藩閥政府有力者が考案したのがこの制度であったのである。

こうして行われた第一回総選挙の結果は、弥生倶楽部（立憲自由党）一三〇、議員集会所（立憲改進党）四〇、大成会七九、国民自由党五、その他であった。

混乱する議場　一八九〇年（明治二十三）十一月二十九日帝国議会が開会した。通常、大日本帝国憲法下での議会を帝国議会といい、日本国憲法下で開催される議会を国会というが、この帝国議会は

第九二回帝国議会が閉会する一九四七年（昭和二十二）三月三十一日まで続く（以下、帝国議会をたんに議会と略す）。

開院当日の天気は曇り、午前一一時頃貴衆両院議員および各国公使・高位高官が集まった貴院本会議場の玉座に明治天皇が就くと満場一同最敬礼、山県有朋総理大臣が「朕即位以来二十年間の経始する所、内治諸般の制度粗其綱領《あらあら》を挙げたり、庶幾《こいねがわ》くは皇祖皇宗の遺徳に倚《よ》り、卿等と倶《とも》に前を継ぎ後を啓《ひら》き、憲法の美果を収め以て将来益我が帝国の光烈と、我が臣民の忠良にして勇進なる気性とをして、中外に表明ならしむることを得む」と記された勅語を献呈すると、天皇はそれをとりあげ声高かに読み上げた。終わると伊藤博文貴族院議長が進み出てその勅語を拝受し、天皇は還幸《かんこう》した。この後、衆議院議員は衆議院本会議場に集まって奉答文《ほうとうぶん》を上ることを決定し、この日は解散した。しかし、順調だったのはこの日だけであった。

翌日が日曜日であったので、衆議院の実質的な議事は十二月一日より始まった。召集日であった十一月二十五日にすでに議長中島信行《なかじまのぶゆき》、副議長津田真道《つだまみち》は決まっており、この日の重要案件は議事進行に関する規則の審議であった。午前に原案起草委員を選出することとし、午後一時に委員が決定、そして二時半に二百三十条からなる原案が印刷され配布された。そしてただちに号鈴がなって第一読会が開催され、簡単な説明が終わると、第二・第三読会を省略して賛否を採ろうという意見が出された。これに対し一部の議員は、未だ読んでもいない原案に可否はいえないと反論したが、多数で否決された。じつは立憲自由党・立憲改進党・大成会という有力会派によって事前に合意ができていたようである。

その翌日には、全院委員長選挙が行われた。当日の出席者二九二名、最初の投票では河野広中一三〇票、島田三郎一〇一票、その他と割れ、誰も過半数に達しなかったので上位二名による決選投票となったが、無効票もあり、やはり共に過半数に達しなかった。ここで無効票の取り扱いを巡って議論が紛糾、議事規則の修正案も飛び出して議場は混乱し、ついに議長が大喝、休憩を宣言した。再開後、議長は決選投票においても過半数を必要とするか否かの採決をとり、やはり過半数が必要であるということになった。そこで再度決選投票が行われ、やっと一四九票を得た島田三郎が当選した。

こののちさらに常任委員選挙をして解散したが、散会の際も大変であった。議員を乗せて来た人力車は、議員を降ろしたあと一度は構外に出たが、終了と同時に三〇〇台が一斉に入門、江戸時代の大名・旗本の登城風景の如く、我れ先を争うので大混乱となった。

県会で経験を積んだ議員も多かったであろうが、県会規則には全国的な統一性がなかったため、以上のような混乱が生じたのである。これに輪をかけたのが党派間の激しい主導権争いであった。以下、各政党別にその実態を概観していく。

自由党　立憲自由党が正式に結成されたのは、一八九〇年（明治二十三）九月十五日であった（一八九一年三月十九日自由党と改称、以下自由党と略す）。同党は過半数には達しないものの、常に第一党の立場を維持しかつ民党であったため、藩閥政府にとって最大のライバルであった。民党とは、自由民権運動の流れを汲む反藩閥政府的傾向を強く持った代議士グループ全体を指す。自由民権運動は当初士族が中心であったが、次第に豪農と呼ばれる地主・上層農民が台頭し、明治十年代後半では彼らを中心に各地で族生した地方政社から選出された県議が府県会で知事と激しく争うという、いわゆる県議路線が主流となった。さらに一八九〇年の議会開設を前にして、議員選考を目的にそれら地方政社が合従連衡《がっしょうれんこう》し始めて大同団結《だいどうだんけつ》の大きなうねりとなり、その中から愛国公党・大同倶楽部・再興自由党・九州同志会が結成された。第一回総選挙ではこれらのグループを基礎に選挙が戦われ、愛国公党三五、大同倶楽部五五、再興自由党一七、九州同志会二一議席をそれぞれ獲得した。そして、この四派が合同して結成されたのが自由党であった。

その趣意書には、従来の所属党派間の感情的対立を一掃して新党を組織し「自由の大義に依《よ》り改進の方策に循《したが》ひ以《もっ》て君民上下の福祉を増益し、以て与論の勢力を亢揚《こうよう》せんと欲す」とあり、綱領として皇室の尊栄、民権の拡張、官憲による政党への干渉排除、対等条約の実現、政党内閣の成立を挙げている。また組織としては、党首は置かず田中賢道《たなかけんどう》・重野謙次郎《しげのけんじろう》・片岡健吉《かたおかけんきち》・石塚重平《いしづかじゅうへい》・石坂昌孝《いしざかまさたか》が幹事として「党務一切の責任に任ず」ることになり、府県ごとに二名選出される常議員《じょうぎいん》が「党務に参議し役員を監督し、及び大会に附すべき議案を起草」することとした。そして、最高決定機関である党大会は、各府県でその議員数に倍する数の党員によって構成されることになった。こうした上で第一回議会には、党の政務調査機関であり代議士によって構成される弥生倶楽部を会派として届け出た。

なぜ、このような複雑な形式をとったのであろうか。これを理解するには当時の自由党の構造を知る必要がある。以下、おもに鳥海靖氏の研究によりながら整理してみよう。まず第一に、いまみたように一定の政治思想の下に全国から同志が集まったというよりも、全国のまちまちの政社が寄り集まって前述の四つの団体となったのだが、それがさらに合流したため、党本部の強い指導力は存在せず、緩やかな連合体とせざるをえなかったのである。第二にはそもそも地方政社自体も、寄せ集め的状態であった。その中心は近世では村の指導者であった庄屋《しょうや》など地主・上層農民たちで、いわゆる地方名《めい》望家《ぼうか》と呼ばれ、彼らが血縁地縁関係を基盤に地域的に連合した。それを土台に個人的声望や政治イデオロギー的連帯感を織りまぜつつ、さらに士族・平民などさまざまな階層が集まって緩やかに結合していた。したがって、未だ代議士の地位も確立していなかった。第三には、自由民権運動以来の壮士が依然として影響力を持っていた。彼らはそれまで藩閥政府に身体を張って対抗し陣頭に立って戦ってきたのであり、地主・上層農民はそれに金銭的援助を与えていたのだが、徐々に制度が固まり社会が安定していく中で、温厚篤実な紳士である地方名望家と、実力行使を得意とする壮士の間での対立が顕在化してきた。このような壮士の代表者が大井憲太郎《おおいけんたろう》であった。

以上、創立当初の自由党は、全国的に名の通った有力政治家、一般代議士および院外の壮士を中心とした構成であったため、妥協の産物としてこのような組織形態をとったのである。

しかし、この体制では藩閥政府に十分に対抗できないことは、早くも第一議会で明らかとなった。すなわち、自由党の一部（土佐派）が政府の切崩しにあって裏切り、予算案が通過してしまったのである。そのため、一八九一年には板垣退助・星亨《ほしとおる》の指導の下で二度にわたり組織の大幅な改正が、大井派を排除する形で行われた。この結果、まず党名を自由党とし板垣退助が総理（党首）に就任した。

総理は党大会において推薦され本部一切の事務を総理し、任期は特に定めず、幹事を推薦することができた。幹事は総理を補佐する最高幹部であった。党大会は年二回を一回とし、それまで「党務を議定」するとされていたのを「党務の大綱を議定」すると曖昧なものとなった。大会構成メンバーも一般党員代表の数が代議士数を下回るように設定された。また常議員会（参務会と改称されていた）は廃止され、替わりに政務調査部を設け各代議士が六部に分かれてこれに所属し、ここで政策決定が行われるようになった。さらに代議士総会を制度化し、「党議及び重大の党務」はここで意見を聞いて総理が決定することになった。こうして総理・幹部の権限が強化され、同時に代議士の党員に対する優位が確立して中央集権的な議員政党となったのである。

つぎに彼らの政治戦略であるが、それは地方主義と表現される。藩閥政府が中央集権による開発独裁的志向であるのに反し、地方主義とは各地の「地方的団結」を推し進めて「更に全国の一大団結を成し右の団結より出《いづ》る国会議員は其の団結の勢力に憑りて飽くまで責任内閣、即ち議院政治の目的を遂ぐる」ということであり、村→郡→県→国家と下から団結を積み上げ、最終的に政党内閣を樹立しようという構想であった（スティール「地方政治の発展」）。

政策面で第一として挙げられるのは、政費節減・民力休養論である。これは民党に共通するもので、藩閥政府が地租を中心に税金をとり、それによって交通網拡充・教育機関拡大・殖産興業《しょくさんこうぎょう》・軍備拡大など積極的な施政を展開しようといういわゆる積極主義を主張したのに対し、民党は税負担の軽減を主張したのである。そのため、この時期の議会は予算案をどこまで削減するかが最重要問題であった。

しかし、第四議会を境に自由党の態度はしだいに変化した。一八九二年末開催の同議会では、日清戦争を前にして軍艦製造費を予算に盛り込んだ政府原案に対し、民党は例により否決しようとしたが、明治天皇から政府・議会間の「和衷協同」を求める詔書《しょうしょ》が出され両者は妥協した。これ以後、自由党は政府の積極主義（鉄道敷設、航路改良、工業発達、農事改良、蚕業奨励、茶・生糸・綿糸の輸出奨励など）に賛同を示すようになった。他方、対等条約実現については、綱領に掲げながらも、他党と比べあまり固執していなかった。おそらく、星亨と親しい陸奥《むつ》宗光《むねみつ》外相が進める条約改正交渉への配慮があったのであろう。このような自由党の転換の背景には、政府と接近し単独過半数を獲得しようという意欲があった。

立憲改進党　一八八二年（明治十五）三月十六日大隈《おおくま》重信《しげのぶ》を総理として結成された立憲改進党は、その趣意書に「王室の尊栄と人民の幸福」のために急激の変革を避け漸進的に改良するとあり、イギリス流の立憲君主政治をめざしたといわれる。都市の実業家・知識人が主な基盤であり、大隈に個人的に近い早稲田系（小野《おの》梓《あずさ》・矢野《やの》文雄《ふみお》）、慶應義塾系や嚶鳴社《おうめいしゃ》系（沼間《ぬま》守一《もりかず》・島田三郎）などの流れがあったが、一八八四年大隈や早稲田系が脱党し、慶應義塾系と嚶鳴社系が党の中心となった。その後、議会開設を前にして大同団結運動など民党大合同気運があったが、ついに改進党は合同せず独立を守り通した。第一回総選挙以降一八九六年に他会派と合同して進歩党を結成するまで、改進党の議席数は概ね四〇前後で推移した。また、同党の総選挙での議席の増減は自由党のそれと同じ傾向であったことから、客観的にみれば、同党は独立性の強い政党というよりも民党の一翼を担う存在であったといえよう。にも拘わらず、五百旗頭薫氏によれば、独立を維持し続けたところに改進党の特徴があった。以下、同氏に依りながら紹介しよう。

まず党の組織について。議会開設時の党の中心は三〇名から構成される評議員で、彼らが「党務を議決」し、さらに緊急の場合は評議員からなる代議総会が党大会と同じ役割を果たすこともできた。また、評議員中から七名の事務委員を互選し、彼らが毎日一名ずつ交替で党本部に出勤し事務を執行することにした。このように、組織という点では結束力は弱いものであったが、それでも評議員制度は同党が設置した中央常設の最初の全権機関であった。

同党代議士の特徴として、議場において個人的能力を発揮したといわれる。特に予算審議の場では学識を活かし、民力休養論に基づき原案を削除したり妥協点を見出したりと活躍し存在感をアピールした。しかし党首を置かず、地方組織力においても自由党に比べ大きく見劣りする同党が、議席数を維持することは困難であった。その打開策として、まず第一は大隈を擁立することであった。一八九一年十二月二十八日党務にタッチすることを嫌う彼を担ぎ出し、代議会長という事実上の党首に据えた。第二には、自由党のような議員政党化ではなく、地方党員や院外団を重視する方向で組織改正を行った。これは同党の場合、もともと議員の立場が強かったことが理由であった。また一八九三年四月十四日に集会及政社法が改正され地方支部を設置することが可能となったことも、同党の地方組織充実に有利に作用した。このように、地方政社が寄り集まって形成された自由党に対し、立憲改進党の場合は大隈という核を中心に議員、党員が結集する構成であった。

つぎに同党の政策論であるが、他の民党と同じく政費節減・民力休養論を主張しながらも、大隈は外債導入・積極主義論も主張しており、経済状況さえ許せば積極主義・民力休養論の同居が可能であったという。このことと前述の各議員の学識に由来する誇りが、改進党を自由党の下風に立たせるのではなく、独立し続けさせた原因であったようである。しかし、多数党である自由党が積極主義に転換し藩閥政府に接近すると、彼らの立場は困難となった。すなわち、自由党以上に積極主義によって藩閥政府に接近するか、あるいは逆に民党主義を貫徹するかの選択に迫られたのだが、組織力が弱いため地方党員や院外団の意向を重視しなければならない同党の選択は、対外硬論《たいがいこうろん》（外国に対し、強硬な姿勢で日本の国益を主張せよという論調）を軸にした後者であった。

吏党　吏党《りとう》の「吏」とは官吏＝藩閥政府であり、藩閥政府を支持する、ないしはそれに近い代議士グループである。その淵源は一八八二年（明治十五）一月十三日に福地源一郎《ふくちげんいちろう》（桜痴《おうち》）・丸山作楽《まるやまさくら》・水野寅次郎《みずのとらじろう》らが結成した立憲帝政党で、旧幕臣系知識人・高級官吏・宗教者（神官僧侶）・国学者の間に支持者が多かった。幕末以来の尊王攘夷《そんのうじょうい》論に基づき、永遠に国体を護持し、民衆の幸福・権利を守り、海外に日本国の力を扶植して国際的地位を上げることを目的とし、政治的には漸進主義を採り決して守旧的保守主義にも急進主義にも陥らず、常に秩序を維持しながら欽定《きんてい》された憲法に従って改進を図ることを綱領とした。すなわち、政策的には積極主義、対外硬的傾向が強く、政治的には民党の急進的政党内閣論に反対し欽定憲法を重視するのであるが、ここで重要なことは彼らも決して政党内閣そのものに反対したのではなく、社会秩序を維持しながら、換言すれば天皇を中心とした伝統的国体の中で安定的にそれを実現しようと考えていたことである。

さて議会開設が近づくにつれ、政府内には民党に対抗するための吏党育成が問題となった。たとえば井上馨や陸奥宗光は、中等以上の穏健な財産家を集め、町村においては町村治の中核として独立自治の基礎を固めさせ、中央政治の場では彼らを与党代議士として安定的な政治運営を行おうという自治党構想を持っていたが、結局は藩閥政府自らが打ち出した超然主義（議会には関与せず超然とする）に拘束され、組織的に育成することはなかった。

そのような中で、反民党的意識の強い者たちが集まり、一八九〇年八月二十二日に院内会派として大成会を結成した。そのなかには杉浦《すぎうら》重剛《じゅうごう》・元田《もと だ》肇《はじめ》・津田真道・末松謙澄《すえまつのりずみ》などが含まれていたが、彼らは政府が超然主義である以上、自分たちも不偏不党を標榜せざるをえなかった。集会及政社法で定められるところの政党ではなく単なる院内会派としたのは、政党では民党と同じく政権奪取を目的としているように思われてしまうからであった。ちなみに、無所属の内にも吏党に近い者が多かった。

もっとも、第一議会を経験し議会対策に苦慮した藩閥政府内に吏党育成の声が再び挙がり、その結果明治二十年代でも中央交渉部（一八九二年四月二十七日結成、末松謙澄・元田肇・大岡育造《おおおかいくぞう》ら八四名）、国民協会（一八九二年六月二十二日結成、西郷従道・品川弥二郎《しながわやじろう》らの指導で佐々《さ さ》友房《ともふさ》ら六七名）と組織を改めつつ再編成され続けた。特に国民協会は、西郷・品川という藩閥政府内でも大物を起用して本格的に育成しようとした形跡はあるが、結局はこれも超然主義と不偏不党の壁を破ることはできなかった。

しかし、だからといってこのグループを軽視することはできない。まず第一に、彼らは少数派ながらも、その後の時代に比べれば多数の議席数を確保していた。特に、後述するように、地域社会においては民党の地方的基盤が未だ弱かったこともあって、彼らもそれに対抗する程度の力は持っていた。第二に、議員は量こそ少ないものの高級官僚や全国的大実業家が多く、個人としては地方名望家が多い民党を圧倒していた。第三に、藩閥政府から見放されたことによって逆に彼らは自由になり、臨機応変の対応が可能であった。このため、当初は積極主義によって政府を支持していた彼らであったが、自由党が政府に接近して以降は、彼らの政策のもう一つの柱である対外硬論に傾き、むしろ第二次伊藤博文内閣には敵対する道を選択するのであった。

選挙干渉事件　以下では、地域社会の中における政党の在り方という観点から、憲政党内閣成立までの過程をみていく。第二議会において予算案を巡って内閣と議会の折合いが付かず第一次松方正義内閣は議会を解散、一八九二年(明治二十五)二月十五日に第二回総選挙が実施されることになった。この選挙は、品川弥二郎内務大臣・白根専一内務次官が中心となって民党に激しい弾圧を加え死者二五名、負傷者多数を出したことで、のちに選挙干渉事件として有名になったのは周知のとおりである。

さて、一八九一年十二月二十五日に解散が決定されるや民党各派は、小選挙区制なので交渉会を開き候補を一名に絞って互いに競争しないこと、前代議士の再選を最優先すること、民党は今後ともさらに連繫を強めることをただちに決め、さらに板垣退助・大隈重信が会談して交情を暖めた。前述したように、この時期は民党という枠組みが大きな意味を持っていたのである。そして、年を越した一月五日から全国遊説《ゆうぜい》を開始した。たとえば板垣退助一行は埼玉・福島・山梨県そして京阪神地方に遊説したが、彼らが汽車から降りると出迎えの者が花火を上げて「自由党万歳」と叫び、旗を靡《なび》かせつつ数十台の人力車を連ねて演説会場に向かい、演説が始まると敵側吏党の妨害行為もあっていっそう闘争意欲が掻き立てられて場内総立ちとなり、異様な熱気の中でまた別の会場に向かうという状態であった。そして、会場の内外では双方壮士たちが刀や銃を携えて屯集し、しばしば暴力沙汰が起こるのであった。

民党側はこれを藩閥政府の組織的妨害と捉えた。彼らは、十二月二十七日松方首相と品川内相が知事に密かに命令して吏党候補を応援する一方、内務省→県知事→郡長・警察という行政機構を利用して民党に投票しないよう一般有権者を暴力的に脅迫した、あるいは日本銀行各支店に、民党に投票しようとする者に対しては金融上において差別するよう呼び掛けた、と主張した。しかし現在の研究では、このような組織的行為が実際にあったとは確認されていない。ただし筆者の見る限りでは、組織的干渉ではないかもしれないが、何人かの官選知事《かんせんちじ》（戦前では内務大臣が事実上知事を決めていた）たちが陰に陽に吏党候補を助けたことは確実であろう。それが政府側の暴虐さとしてマスコミにとりあげられ、大々的に喧伝されてその後長く人口に膾炙し、現在でも選挙干渉の代表的事例とされたのである。しかし、よく考えれば、この程度のことならばよくあることであり、歴史的大事件となるほどではなかったのだが、にも拘わらずそうなったのには別に理由があった。じつは、たんに藩閥政府対民党という対立に留まらず、より深くて広い所、すなわちムラにおいてすでに激しい騒擾が存在しており、それがこの対立と結びついて予想以上の激化を招いていたのであった。

ムラの騒擾　選挙干渉が最も激しかった高知県は、自由党総理板垣退助の地元であり自由党が強い勢力を誇っていたが、同時に坂本龍馬も参加したことのある土佐勤王党の流れを汲む吏党である「国民派」も一定の勢力を持っていた。県知事調所広丈は同郷の松方首相のため吏党系議員を当選させようと考え、そもそも解散とは天皇の詔勅によるものであり、前議員に対する天皇の不信任なのだから再選させるべきではない、と巡査を各戸に巡回させて説得させた。こうした中、たとえば足摺岬《あしずりみさき》に近い第二区の幡多《はた》郡の約三六〇戸、有権者でいえば六〇名の宿毛《すくも》村は、すべて自由党派であり「我が村民にして若《もし》も吏権党の如き穢《けがら》はしき者輩出候時は、一大珍事を醸生するに至らん」（民友社編刊『選挙実録』一八九二年）と意気込んだが、周辺地域すべてが「国民派」であったため彼らは孤立して生活物資もままならず、さらに投票後の投票箱の運搬も妨害したという。

この背景を簡単に説明しよう。明治二十年代初期に府県制・郡制・市制町村制が相次いで公布され地方自治体が誕生しつつあった。もちろん、その自治には多くの制限が付されたが、それでも自らのことは自らが決め、かつ責任を持つことになった。しかも、たとえばこの衆議院議員選挙もそうであったように、地方団体は否応なく他の地域と事を共にしなければならない作業が増えた。そこにさまざまな軋轢が生じたのである。

当時を回想致しますれば、町村治に及ぼした弊害は実に甚しいもので、単《ひと》り町村会議員の選挙ばかりでない。役場の取合の争ばかりではない。随《したがっ》て此刑事訴訟等まで及び、郡として五六若くは七八の裁判事件の起って居らぬ郡はなかった（大津淳一郎、一九一九年の議会での発言）

これは、明治二十年代に小選挙区制度が導入されたために起きた現象を述べたものである。選挙ばかりではない。地方税の取り方、道路・学校等の設置場所と予算措置、村役場の位置、選挙における不正行為、村役場人事など、当時の町村内部ではもめ事が絶えなかった。

一八八八年（明治二十一）市制町村制が施行され、翌年までには従来七万あった市町村が一万五〇〇〇ほどに統合された（現在は約一八〇〇）。それまで一町村概ね一〇〇戸程度であったのを、五〇〇戸を標準としたのである。つまり、十六―七世紀に確立しその後数百年にわたってほぼ同じメンバーで固定され分断的に統治されてきた近世農村が統合され、習慣の異なる周辺町村と多くの面で関係を持たなければならなくなった。したがって、明治十年代の自由民権運動の時代と比べても、社会的結合の危機の根はより深かったといえよう。このようなムラの騒擾と、民党対吏党の対立が結びついたので、事態はいっそう深刻になったのである。

ここで、吏党について若干の補足をしておく。まず高知県の例で分かるように、彼らは「国民」を自称したが、他府県でも「国民」という字を冠する例がみられ、おそらくこれが「国民」協会につながっていったようである。また、彼らの思想は尊王攘夷運動に由来していた。これらのことと前述したことを合わせて考えれば、尊王攘夷思想を保持し国家の発展を実業の立場から政府と協力して遂行しようとする国家本位の国民、が吏党支持者の自己イメージであったと思われる。無所属を含めた吏党候補者が一定数存在したことは、このような思想が社会において一定の説得力を持っていたことを意味しよう。

また、民党が村の団結を積み上げて全国的団結を達成しようという地方主義であったことは前述したが、実は吏党も同じ発想を持っていた。吏党の場合はそれを藩閥政府と協力して達成しようとするところに民党との違いがあったが、どちらにしても町村制施行以来、鋭い対立を抱える町村を団結させた形で自陣に組み込もうとした点では一致しており、逆にそれゆえに中央レベルでの両者の対立は譲れないものがあり、激しさを増幅させたのである。

政党は宗教・人種・階層階級・地域など社会的亀裂に応じて編成されるという捉え方があるが、これをこの時期の日本に適用すれば、宗教・人種による亀裂はあまりみられず、また階級階層やたとえば藩とか九州・東北というレベルでの地域的亀裂はあるものの表面化しなかったが、このような町村という原子レベルの地域内亀裂に沿って民党・吏党という政党が生じたといえよう。そして、民党・吏党ともにその亀裂を解消してムラの団結を築くという点で一致していたのであった。ただし、ここで団結するのは地方名望家の大連合であり、壮士の大連合ではなかった。

日清戦後の政党　結果的に彼らの努力は報われ、地域間・地域内の対立状態が長く凍結することはなかった。ここでは、日清戦後期の地方社会の変質と政党の変質をみることにする。

民党と吏党の町村レベルの対立が急速に解消されたのは、日清戦後であった。その証左として、総選挙における選挙区内の候補者同士の対立が減少し、一人の候補に票が集中するようになったことを挙げることができよう。簡単にいえば、対立の原因であった近世以来の分断された地域間の習慣の違いが時間の経過とともに薄れ、しだいに負担・分配での合意が形成されたのである。村ばかりでなく郡・県レベルでも同様で、それまで山党・河党などに別れて争っていた県会でも、大同団結に向かう場合が増加した。地方自治は民主主義の学校としばしばいわれるが、確かに地方自治体は統治の経験を積むことによって習熟し、配分ルールを作り上げていったのである。この合意形成を実現させ統合の核となったのがいわゆる地方名望家であった。すでに近世から名主など上層民は、生産流通関係や縁戚関係などを通してムラの外へ人的ネットワークを広げつつあった。そして近代に入ってからも、彼らは政府から地方自治の中心と期待される一方で、たとえば自由民権運動のように、自らすすんで広域的あるいは全国的な大会に代表を送り込み、終了後には酒宴の懇親会で各地の同志といっそう懇親を深めた。

対立解消のもう一つの契機として、殖産興業化という合意を挙げることができる。日清戦後、各地の地方名望家の間に殖産興業に対する期待が膨らんだ。このような名望家の要望をまとめ上げていったのが自由党であった。第四議会の頃から自由党は積極主義に転じる傾向をみせたことはすでに述べたが、日清戦後も藩閥政府には戦後経営のために軍拡や産業化を進める必要があり、そのため予算決定権を握る議会に接近する必要があったが、それに応えたのも自由党であった。自由党は一八九五年（明治二十八）十一月二十二日第二次伊藤博文内閣との提携書を発表し、さらに翌年四月十四日には総理板垣が内相として入閣したのであった。

他方、改進党であるが、日清戦後に露・仏・独による三国干渉が起き、日本は遼東半島を返還したことは有名であるが、この結果、日本国内には対ロシア復讐論が沸き上がり対外硬運動が盛んになった。これを利用したのが改進党であった。同党は同じく対外硬論を主張する立憲革新党《りっけんかくしんとう》、中国進歩党《ちゅうごくしんぽとう》（犬養毅《いぬかいつよし》）、帝国財政革新会《ていこくざいせいかくしんかい》、大手倶楽部《おおてくらぶ》を吸収し一八九六年三月一日進歩党を結成、これによって規模の点では自由党に肩を並べることになり、二大政党としての体裁も整うことになった。そして、同党も一八九六年九月二十二日に大隈重信を第二次松方内閣に外相として送り込み、藩閥政府との距離を縮めていったのである。

また、このような中でそれまで積極主義、対外硬論を主張してきた吏党代議士は、各々の立場に応じて両党の中に吸収されていった。こうして、民党と吏党の対立は、政党と藩閥の接近の中で、自由党と進歩党の対立に変化する傾向を示し始めたのであった。

憲政党の結成　しかし、その前に藩閥と民党の間で最後の大事件が起こった。一八九八年（明治三十一）六月三十日隈板内閣（首相兼外相大隈、内相板垣）が成立した。この前の同年三月十五日第五回総選挙が施行され自由党九八、進歩党九一議席と民党が過半数を獲得、その後の議会で第三次伊藤博文内閣が戦後経営のため提出した地租増徴案を否決、それに対し内閣は六月十日解散で応じたが、民党は結束を強めるべく六月二十二日自由党・進歩党・山下倶楽部・同志倶楽部などが合同して憲政党を結成、これによって政局への展望を失った伊藤内閣が総辞職するという経緯があった。すなわち、藩閥政府と民党は妥協できない隘路に陥っていたのである。

さて、同内閣の下で八月十日に施行された第六回総選挙では、その憲政党が三〇〇議席中二四〇議席以上を獲得して圧勝した。しかも、その多くの選挙区で憲政党候補が圧倒的多数で選出された。デュベルジェの法則では、小選挙区制度の下では投票は二極化していくとされるが、ここではむしろ一党に集中していったのである。これを別の角度から表現すれば、民党が主張した村↓郡↓県↓国家と下から団結を積み上げようという地方主義が実現し、いわば全国規模のムラの横断的大連合が選挙の場で実現したといえる。この意味で、憲政党結成は歴史上の重要な到達点として特筆に価しよう。ただし、この場合のムラとは地方名望家に代表されるムラのことであり、名望家の権威がムラの中に浸透し、同時に村民の支持を得ていることを前提としている。

こうしてせっかく出現した憲政党であるが、同年十月二十九日には旧自由党系が新たな憲政党を結成し、他方旧進歩党系は憲政本党（十一月三日）を結成して分裂、隈板内閣も十一月八日には崩壊したように、地方主義が達成され一党優位政党制が確立したというには、あまりに短期間であった。では、いったいこの憲政党内閣をどう評価すればよいのであろうか。積極的に評価すれば、幕末以来の尊王攘夷運動、維新後の自由民権運動、対外硬運動など国民運動が全国大のムラの大連合として収斂したのであり、隈板内閣はいわばその象徴といえよう。しかし、その大連合は未だ観念的な寄せ集めであり、実体性に乏しく組織的にも整備されていなかった。したがって、日本の政党制度が一党優位制に向かうのか、それとも多党制に向かうのかは、この時点では流動的であった。ところで他方、第二次伊藤内閣（超然内閣）が日清戦争の遂行に成功したように、軍部・行政機構も政党と同じように日本社会の中に自らの力を浸透させていき、その末端では地方名望家も組み込んでいった。つまり、藩閥も政党も力を伸張していたがゆえに、地域社会では藩閥・政党双方の後押しをうけた名望家の合意が進み安定に向かっていたのに反し、中央政局での両者の関係は未だ対立的であり流動的だったのである。一八九八年から一九〇一年までの四年間で五度も内閣が交替したように政治が不安定であったのは、このことと関係していた。以上を総合すれば、一八九〇―一九〇〇年の日本の政党は、地方名望家が急速に全国横断的に団結していき、それを背景として民党が大躍進した時代であった。ただし、名望家は民党だけに立脚するものではなく官僚機構とも深く結びつき、社会の中核的存在となったのである。

3 縦断的名望家政党の発展（一九〇〇―一二年）

初期議会期では民党対吏党という対立構造の中で、名望家の大連合を背景として民党の拡大、自由党・進歩党の組織の確立と議員政党化が進んだ。つづく明治三十年代から四十年代では、立憲政友会対非政友系政党という対立に移行していく。立憲政友会（以下、政友会と記す）は積極主義を標榜して全国的に近代化政策を推進し、議席においてもほとんどの時期で過半数を獲得して政界の中心的存在となっていき、他方憲政本党・立憲国民党はさまざまな点からそれを批判する形で自らの存在を示し続けた。また、両者は対抗しつつも、地方名望家を介在して縦断的に中央から地域への系列化を進め、社会の中に浸透していった。この節では、一九〇〇年から第一次護憲運動まで、主として両党が縦断的な名望家政党として発展する姿を記述する。

大選挙区制の採用　一九〇〇年（明治三十三）三月二十八日第二次山県有朋内閣は衆議院議員選挙法を改正した。有権者の納税要件は一五円から一〇円に引き下げられて有権者は国民の約二・二％となり、記名投票から現在と同じような秘密投票に変わった。しかし、非立候補制度や居住要件、および年齢・性別に関しては変化がなかった。

この改正の最大の眼目は、小選挙区制から大選挙区制に改めたことであった。大選挙区制度とは各府県を全県一区とし、人口に比例して定員を割り当てる（この場合は人口一三万人に定員一名）もので、このため三名（鳥取）から一二名（新潟）と府県によって定員が異なった。改正の理由は、小選挙区制度によって選出された代議士たちはおもに地主つまり地方的名望家であり、そのため地主的利害、換言すれば個人的あるいは地域的利害に汲々とし、国家的見地からの判断が下せなかった、そこで選挙区を大きくし全県的さらには全国的視野を持つ名望家を当選させ、世界に雄飛する日本帝国の発展の一翼を担わせようというのであった。ただし、人口三万人以上の市は独立選挙区とされ、やはり人口一三万人に一名の定員が充てられたが、三万人でも一名の定員が得られるため、当時三―五万人程度の地方県庁所在地クラスの市は、少ない人口でも一名の定員を得た。しかも、当時の国税は地租が中心であったため、一般都市住民は納税要件に達せず、有権者はごく少数の有力商工業者であった。このため、一票の重みは現在とは逆に都市部で極端に有利で、実態以上に都市商工業者の意見が議会の場に反映されるようになったのである。

この結果、実際の選挙の場面では以下のような変化があった。第一は、確かに改正の意図通り、従来のような一郡だけから圧倒的票数を得て当選する代議士（地方型議員）がしだいに減少し、広域からの支持を集める代議士が増加した。ただし、ではいったい誰がその全国的名望家（中央型議員）に該当するかといえば、厳密にはほとんどいなかった。それに代わったのはおもに当時勃興しつつあった大都市部で活躍する有力商工業者であり、彼ら輸入候補が豊富な資金で幅広く買収を行う光景がしばしばみられるようになった。第二には、実際の選挙活動においては県単位で地盤協定が行われるようになった。地盤協定とは、隣接する数郡の同政党支持者たちが、ほぼ順番で候補者を出し合い相互に投票し合って当選を図ることである。これならば、地域限定的名望家でも当選することが可能であった。こうして、大選挙区下では有力実業家と地方名望家が共存することになった。また、郡の組合わせ数を調整することで、少数派でもそれなりに多数派（多くの府県の場合、政友会）に対抗することが可能で、複数政党制に適合的であった。つまり、中央型議員と地方型議員の混在、複数政党の共存が容易となったのである。また、この方法を監視し保障する政党の存在意義も増した。以下、このことがどのような結果をもたらしたのかをみていこう。

立憲政友会の結成　一九〇〇年（明治三十三）九月十五日伊藤博文を総裁とする政友会が結成された。大日本帝国憲法の作成者である伊藤は、これまでも数度に亘って政党結成を試み、いずれも周辺人物の反対で失敗したが、今回は強い決意の下で時間を掛けながら進められ、それに憲政党および日吉倶楽部、帝国党議員ら一五五名が呼応し、過半数政党として成立した。同党の特徴はその創立趣意書にもあるように「余等同志は国家に対する政党の責任を重んじ、専ら公益を目的として行動」するのであり、「党派の私に殉ずる」のではなく「国運を進め文明を扶植」するために与論を指導し、みだりに政党内閣制を主張したりせず、地方公共施設の建設の際にも「公益」を最優先させなければならない、というものであった。つまり、民党的な責任内閣論を否定し、国家公党であることを謳った。その上で、個人の権利自由の保全、友好外交、国防充実、教育振興、産業発展、交通網充実、地方的団結の向上等を掲げた。

図4　立憲政友会発会式

伊藤が特に熱心に入党を勧誘したのは実業家であった。市会議員・商業会議所会頭・会社社長・弁護士・銀行頭取など、従来は地主であったが寄生地主化して実業家となり都市部に住むようになった人物がしだいに増加したが、そんな都市部実業家を積極的に取り込み、文明普及（交通・教育等近代的諸施設の整備）→商工業発展→国家発展をめざしたのである。役員として、大会で選出される任期七年の総裁、総裁を助け党務を処理する総裁指名の若干名の総務委員、総裁に指名され庶務会計にあたる幹事長と幹事、重要事項を議決する五〇名の常議員（三〇名は大会で選出され、二〇名は総裁指名）がおかれ、大会は年に一度開かれ帝国議会議員および各府県支部より選出された二名の委員から構成される。この制度の特徴は、総裁の権限が非常に強く（総裁専制）、院外壮士を徹底的に排除した点にあった。総裁伊藤が、党外の他元老と国政全般について協議した結果に基づいて党を指導し、伊藤とともに政友会に入党した側近有力者、および憲政党以来の党人派実力者で構成される総務委員が党員を説得するために奔走する、という場面が実際にしばしばみられた。

この政友会を「模範的政党」としようという伊藤の意図には、二つの意味が含まれている。第一は、党派性を否定し国家公党を謳っているように、国民すべてから支持を受ける単一政党として一党優位政党制をめざしたことである。第二は、前述の綱領から明らかなように、官僚勢力と協調する吏党路線を継承することにあった。しかし、吏党以上に権力志向欲も地方利益欲求も強い一般党員は簡単に納得しなかった。一九〇〇年十月十九日伊藤は政友会を背景に第四次内閣を組織したが、渡辺国武蔵相を首相がコントロールしきれず翌年五月二日総辞職、変わって第一次桂太郎内閣が出現し対露交渉問題が緊迫化すると軍拡財源として地租増徴問題が浮上、これに対し伊藤は独断で内閣と妥協したとして党内から批判され、脱党者が相次いだ。結局伊藤は枢密院議長に転じ、一九〇三年（明治三十六）七月十四日総裁を西園寺公望《さいおんじきんもち》に譲った。ちなみに、旧自由党系の党人指導者として積極主義を推進し党内をまとめていた星亨は、一九〇一年六月二十一日に暗殺された。こうして政友会は世代交代し、比較的政治に淡泊な西園寺総裁を、伊藤系官僚出身の豪腕原敬と旧自由党系で人望のある松田正久《まつだまさひさ》が支える体制となった。

野党化する憲政本党　一八九八年（明治三十一）十一月三日、憲政党を脱した旧進歩党系代議士たちが憲政本党を結成した。綱領は政党内閣の実現、地方自治の発展、通商貿易の拡張、健全財政、産業振興、適正規模の軍備、交通機関の速成、教育振興等で、党組織は、党首を置かず、大会において選出され一切の党務を総理する総務委員五名、やはり大会で選挙され重大事件を評決する評議員、総務委員によって指名され党務を担任する幹事を置き、大会は議会召集直前に開催され、代議士、前代議士および各府県から選出された四名の代議員で構成され党議の大綱を議定するとされた。これは、日本の保守党史上最初の近代的な党則といわれ、さらに一九〇〇年十二月十八日大隈重信が党首（総理）に就任して、政党として一応の完成をみたのである（以下、五百旗頭薫『大隈重信と政党政治』に依る）。

しかし、党組織の近代化に反し、同党の政界での役割は縮小した。この時期の大隈は金本位制下でのインフレーションを恐れて外債募集に反対していたといわれ、政友会が力強く積極主義を打ち出したのに対し、同党は選挙対策用の消極主義、民力休養論に固執する結果となった。これは、藩閥への対決という政治イデオロギー的面では急進的であるが、彼らが擁護する階級はむしろ保守的な地主であり、立憲改進党以来の重要な支持者であった都市商工業者の利害と矛盾するものであった。そして、この矛盾を内包したまま臨んだ議場では、政府案に対し有効な対案を提出することができなかった。そのため同党の急進性は非現実性となって信頼感を失い始め、純粋野党化していった。もっとも、野党色を打ち出すことは大選挙区制度下の選挙界で一定の支持を得るには、それなりに有効であった。ちなみに政友会は憲政本党のこのかたくなな態度を巧みに利用し、政権に接近することが容易となった。地租増徴反対で憲政本党と提携し桂太郎内閣に圧力を加えながらも、土壇場で内閣と妥協することで内閣から利益を引き出すとともに、与党化さらには政権への道を拓いていったのである。

こうして野党化し行き詰まった憲政本党にとって、残された方法は対外硬運動であった。実際に日露戦争は目前に迫っていた。

政友会と情意投合　一九〇三年（明治三十六）七月十五日西園寺公望が第二代政友会総裁に就任した。そして、同年末の議会では憲政本党と提携して政府攻撃の姿勢を示し、開院式での河野広中衆議院議長の弾劾的上奏文《じょうそうぶん》を巡って議会は解散となった。しかし、翌年二月十日に勃発した日露戦争によって事態は一変する。

日本では通常、戦争期間中は挙国一致《きょこくいっち》を標榜し内閣と政党が足並みを揃えようとするが、総選挙後の第二〇回臨時議会召集を前にして両党は伊藤博文・井上馨の斡旋で会合し、予算について協議を行った。また、一九〇四年末からの第二一通常議会でも両党は事前に政府との妥協の道を探った。特に、政友会と政府の接近が目立つようになった。その結果同年十二月八日桂太郎首相と原敬が会見し、桂が、政友会を信頼し断乎《だんこ》として政友会の案に従うと述べると、原敬は、我々からは政府に対し金銭を含めいっさい求める所はない、要するに政府が提携を求めれば我々もそれを考慮する、露骨にいえば連立政権を樹立してともに政治の局に当たるというのも一つの方法であり、政府が政友会の意見を容れて政友会も政府の意見を容れると宣言するという程度に止まるのも一つの方法であると答えると、桂は、日露戦争が終了しても自分がこのまま首相であれば、政友会と連立内閣を組織するだろう、またもし自分が辞職した際は、政友会総裁西園寺を総理に推薦する決心であると述べた（『原敬日記』第一―六巻、福村出版、一九六五―六七年。以下、『原敬日記』と略記する）。

結果的にみれば、このののちの政局はこの会見の通り進んだ。政友会は日露戦争遂行のため政府に協力し、一九〇五年九月五日ポーツマス講和条約が締結され、賠償金を獲得できず群衆が日比谷焼打《ひびややきう》ち事件を引き起こすが、その際にも同党は政府に協力し鎮静化させるべく務めた。そして、約束通り桂太郎は政権を西園寺に譲り、一九〇六年一月七日第一次西園寺内閣が成立した。ただし、これを政党内閣とは言わない。政友会から入閣したのは西園寺の他に原内相、松田正久法相だけであり、また桂が自分が政策の大枠を決めたのちに西園寺に譲ったと述べているように、政友会の意向がそのまま内閣に反映される体制にはほど遠かったからである。たとえ衆議院で政友会が自己の意思を通しても（郡制廃止案など）、山県閥（山県有朋を中心に政党に対抗しようとする文武官のグループ）が強い影響力を持つ貴族院で否決されてしまうのであった。こうして、山県閥と政友会の間で、ねじれた形のいわゆる桂園時代が展開されることになった。

第一次西園寺内閣は第一〇回総選挙を遂行したのち、一九〇八年七月四日に総辞職し桂に政権を譲るが、政友会は今度も内閣と提携して議会運営を円滑に進め、次期政権の禅譲の約束を得ることに成功した。そして原の希望通り、「政府が政友会の意見を容れて政友会も政府の意見を容れると宣言」する懇親会を開くという、情意投合宣言が行われたのが一九一一年一月二十九日であった。桂首相は築地精養軒に政友会代議士二〇〇名を招待し午餐会を開催、席上桂は、維新以来四十四年国家も思想も変化し、今や新たな時代を迎えるにあたって朝野を問わず協力すべき時代に入った、政友会は穏健なる政見によって国家に貢献する所大であり、その政策、方針は私と揆を一にしている、今後は情意投合して憲政の美果を収めるようにしたいと述べ、政友会を国家運営の重要なメンバーと認め、同時に自分のパートナーとして賞賛した。さらに、桂はこのことを明治天皇にも奏上し、天皇も「ご満悦で安心」したという。これをうけ、同年八月三十日第二次西園寺内閣が成立し、翌年の任期満了衆議院総選挙を遂行するのであった。西園寺内閣は、自ら執行した二度の総選挙でいずれも過半数程度を獲得し、安定多数勢力として衆議院議場を完全に支配したのであった。前述の情意投合宣言について、原は自らの日記の中で「我憲政史に一新紀元」(『原敬日記』)と珍しく手放しで喜んだが、それはまさに彼が立憲帝政党以来追い求めてきた、政府との提携による漸進主義的安定的政治運営に基づく積極主義の展開が、ここに実現したからであった。

以上のように、一九〇四年から大正政変が起こる一九一二年までの桂園時代は、政友会が万年与党として一躍政界の中心に躍り出た時期であった。

政友会の積極主義　ここで政友会の積極主義の意味について少し考えてみたい。第一に指摘しなければならないのは、残念ながらこの時期は、積極主義を展開するには財政的余裕があまりなかったということである。日露戦争の戦費約二〇億円は、外債一〇億円、国内債六億八〇〇〇万円で賄われたといわれ、戦後には膨大な元利払いが残った。したがって、原敬・高橋是清《たかはしこれきよ》らが外債募集を提案しても受け入れられることはなかったのである。しかし第二に、殖産興業による国家の発展という点は官僚たちも同意するものであった。幕末以来、国家の独立を維持しさらに列強の仲間入りをめざした日本は、日露戦争によって軍事的には一応その目標を達成した。そして、次なる国家目標として経済的国際競争に打ち勝ち列強たらんことをめざすようになったのである。特に、未だ重化学工業が勃興していないこの時期では農業・繊維産業が中心であり、ともに地方が舞台となるので地方の発展が国家の発展に直結した。官僚が地方改良運動を展開するのもこのためである。こうして、両者には共通する部分が多くなった。

第三に、確かに財源こそ不足したが、中央、地方ともにさまざまな分野で長期計画を立て、安定的かつ確実に実現していった。鉄道でいえば、一九〇六年鉄道国有法を公布して全国の幹線鉄道は政府が建設することに決まり、また鉄道敷設法にしたがって急を要する路線から順次建設していった。水道事業の場合は、予算外国家負担契約（国の財政状況如何に拘わらず、数年間にわたる補助金額年度割をあらかじめ保証しておく制度）という形で年間一二〇万円を補助金として支出することが認められていた。この他、道路・河川・港湾でも計画的に建設が進められた。これらの計画は、技術上、予算上あるいは速成を求める地方民の陳情など政治上の要請からしばしば改正され、予定通りに進むことはまずなかったが、予定より多少遅れつつも実現していったのである。このことは各府県レベルでも同じで、県議たちの合意によって長期計画が立てられた。このため、この時期の各地府県会は概ね穏やかであった。

以上のように日露戦後期は、財源こそないものの、中央・地方を通して主義としての積極主義が広く採用された。そして、たとえ実現しなくとも外債導入など他のどこよりも積極的に積極主義を主張することで、他政治集団の先を行き政局をリードしたのが政友会だったのである。この意味で日露戦後から第一次大戦後までの時期の政友会は、時代の推進力であったといえよう。

政友会の地方組織　ここでは、名望家政党としての政友会の構造について記す。一般に名望家政党とは、政治イデオロギーで結合するというよりも、人格識見に優れた個人が地域指導者層の代表として選挙で選出され、中央に寄り集まって緩やかに結合する政党で、選挙機能、個人代表、大衆組織不在などがその特徴とされる。そこで、これらの点を検証してみよう。

第一の選挙機能であるが、これは選挙時期において多数派を形成し勝利することが最優先され、逆に日常的、継続的な宣伝・党員獲得活動はあまりしないという意味も含まれるが、このことは、確かに政友会にあてはまる。彼らがもっともエネルギーを発揮するのは総選挙の際であり、候補者・前元代議士・県議・町村長・町村議が隊列を組んで、地盤協定で決められた地域を遊説して回り、さらに戸別訪問《こべつほうもん》をして票を固めるのであった。しかし、だからといって他に何も無かったというわけではない。全国の地域から道路・河川・鉄道など多様な積極主義的欲求が強く噴出していた時代において、これら欲求を吸い上げ調整し実現する機能は、政友会ならではのものであった。しかも、このような地方利益の実現を求める動機を、単なる物理的欲求としてでなく、施設建設など近代化を進めることこそが人類の幸福につながるという文明論に基づく一つの政治思想と考えれば、一般に名望家政党はイデオロギー性が弱いといわれるが、これらを一定の政治イデオロギーに基づく政党の政策立案行為としての利益表出機能や利益集約機能（社会諸団体の利益を代表したり多様な利益を調整する役割）として捉えることも可能であろう。

第二の個人代表についてであるが、筆者は以前に代議士を、官僚出身者・大物財界人など東京に住所を置き中央で活躍し党幹部ともなる中央型の有力議員と、地元に住所を置き主として地元選挙区で活動する地方名望家的な地方型議員に分類し、各府県ともに多数の地方型議員と少数の中央型議員が存在すること、中央型議員の割合がしだいに増加すること、両者の間には密接な連絡があること、を示した。大正初期の政友会が「深く内部に入りて之《これ》を踏査するに、善き意味に於《おい》て秩序整然たる軍隊組織也《なり》。同会の代議士は、之を全国八個軍団の下に配属す。曰《いわ》く九州、曰く中国、曰く四国、曰く近畿、曰く北信、曰く東海、曰く関東、曰く東北、即ち是《こ》れ。而《しか》して、此《こ》の八団体には、百戦を経て自《おのずか》ら其の地位に進める領袖《りょうしゅう》あり。庸器《ようき》なるも衆望の帰する古老あり。機智縦横の謀士あり、策士あり。三面六臂の怪物あり」（吉野鉄拳禅『党人と官僚』大日本雄弁会、一九一五年）と評されていたことなども併せて考えれば、政友会が個人代表政党というよりも、中央型議員と地方型議員の間の密接な関係によって、中央・地方を有機的に結びつける集団として機能的に組織されていたことがわかろう。

第三の大衆組織不在について。政友会の前身憲政党の党員は約一万人といわれ、政友会発足時に一万人程度の新規入党者がいたので、発足時政友会党員は約二万人であったと推測される。そして、明治末頃には六万人弱になっていた。当時の人口が約五〇〇〇万人、有権者が一五〇万人なので、総人口の約〇・一％、有権者の四％であり、そのほとんどは各地の有権者であったと思われる。これを戦後の自由民主党と比較すれば、同党の最盛時（一九九一年）の党員が五四七万人なので人口の四・三％、有権者の五・五％、二〇〇九年時点では約九〇万人なので人口の〇・八％、有権者の〇・九％となり、したがって政友会党員数が人口中に占める割合は自民党よりも低いが、有権者数と比べればほぼ同じか、自民党よりもやや高い程度である。しかし政友会の場合、選挙に限っていえば、男性ならば選挙権の有無に拘わらず老いも若きも村を挙げて活動し、味方候補の演説会に出席したり、あるいは敵陣営の候補者が夜陰に紛れて村に侵入し戸別訪問をして買収するのを防ぐため、徹夜で監視にあたるのであった。かれら村民は、地元利益のために活動する名望家の候補者を、その所属党派とは関係なく団結して支援したのである。

以上をまとめれば、政友会という政党は、文明論に基づく政治イデオロギー的なものを共有し、上から下へと系列的機能的な組織を有し、さらに底辺には大衆をも動員する能力を持っており、選挙期間という限定付きではあるが、大衆政党的要素も持っていた。しかしとにかくも、初期議会期では主として横に向かって拡大した政党が、この時期は上から下に縦方向に拡張し、その結果、下にも開かれた縦断的名望家政党となっていったのである。ただし、その名望家の寄生地主化が進行し、また地方利益要求が一定水準に達しかつそれ以外の社会問題が噴出してくると、このような開かれた名望家政党は機能を失っていった。この点については次節以降で触れる。

その他の政党　一九〇〇―一二年の衆議院の議席は政友会が四〇―五〇％、憲政本党がその半分ほどであり、その他の議員が常に二〇％以上存在していた。彼らは旧吏党系、実業派議員団および「国民主義的対外硬派」グループに大別できる。

初期議会期の吏党国民協会は、前述したように政友会・進歩党に吸収され議席数を減らしたが消滅することもなく、一八九九年（明治三十二）七月五日には帝国党（代議士一八名）に改組した。その所属代議士の大半は、佐々友房・安達謙蔵《あだちけんぞう》を中心とする熊本県や岐阜・島根県選出の議員で、その職業は地方名望家が多いが、その他は尊王攘夷思想を保持する教員・弁護士・ジャーナリストであった。このため、同党の将来には先細りが予想された。しかし、日露戦後になると実業家を中心とした甲辰《こうしん》倶楽部《くらぶ》と合同し、八六名で大同倶楽部《だいどうくらぶ》（一九〇五年十二月二十三日）を結成し、さらに一九一〇年三月二日にはその大同倶楽部と、実業家中心で桂内閣を支持する戊申倶楽部《ぼしんくらぶ》の一部が合同して五三名の中央倶楽部を結成し、桂内閣与党の役割を果たした。つまり、実業家議員を吸収することで、吏党はむしろ拡大したのである。換言すれば、吏党的発想の実業家議員が多く当選するようになったのである。

じつは、これこそ伊藤博文が大選挙区制度の採用によって期待したことであった。この場合の実業家議員とは、外国会社を相手にして日露戦後に勃興し比較的大規模に事業を展開する有力実業家たちであった。そんな彼らの主張は、地方名望家が多い政友会が主張するような地域社会に近代的設備を建設するという意味での積極主義ではなく、より通商面での政府による支援に重点が置かれていた。そして、彼らの具体的政治行動様式は、一、党議拘束を嫌う（政治的意見の自由な表明）、二、「政権争奪」的行動を嫌う（権力欲という「私心」の排除）、三、反政府的行動を嫌う（政府への非協力すなわち仲間割れは国家全体の利益を損なう）、という三点に集約できよう。この意味で、吏党と重なる部分が多かったのである。

ただし、安達らの考え方は多少異なっていた。彼らは山県有朋を中心とする官僚閥に対し、もっと積極的な政治的支援を期待した。すなわち、倶楽部組織ではなく、党首（大浦兼武《おおうらかねたけ》が想定されていた）を置き政党組織として将来の政権奪取を望んだ。しかし、これに対する官僚閥の態度は冷たいものであった。官僚閥はやはりたとえ吏党であっても、政党的なものが勢力を拡大することを望まなかったのである。そのため、ある程度の議席を獲得することはできても、それ以上に大きく発展することはなく、しかも一九一一年一月の情意投合宣言によって桂内閣と多数党政友会の提携が明らかになると、彼らの存在意義は著しく減少し、結局は桂新党に吸収されるのであった。

「国民主義的対外硬派」とは、急進的民党主義と対外硬論が同居し、特に官僚閥との提携を嫌うグループであった。彼らの院内会派は政交倶楽部《せいこうくらぶ》（一九〇五年十二月）→猶興会《ゆうこうかい》（一九〇六年十二月）→又新会（一九〇八年十二月二十一日）と変遷するが、概ね四〇名前後で構成され、河野広中・島田三郎などが含まれていた。このうち、政交倶楽部の母胎である国民倶楽部を例にとれば、その創立趣旨には、立憲主義と帝国主義を世界の二大潮流と捉え、内には憲政を振張し外には日本の力を扶植するため、官僚閥の専横や一部政党の私利私欲を打破し、国民を統一して挙国一致の実を挙げるべきであるとあった。かれらは、その挙国一致のために政党合同を策した。具体的には、政友会、憲政本党や吏党系も含めた大合同から、憲政本党との非政友系合同まで多様な構想が存在しており、逆にいえば統一性もなかった。そして、最終的には一九一〇年三月十三日に憲政本党、又新会、戊申倶楽部の一部が合同し九二名の立憲国民党を結成するに留まった。

ところで、本来ならば日露戦争の勝利によって日本の国際的地位が確立し、対外硬論は後退すると思われたが、事実は逆であった。一つの原因は、一九一一年の辛亥革命《しんがいかくめい》によって中国情勢が流動化し日本の介入する余地が生じたため、これが対外硬論者を刺激したことであった。もう一つは、都市生活の不満と対外硬論が結合し都市騒擾《としそうじょう》と呼ばれる現象が、日比谷焼打ち事件から米騒動まで続いたためであった。このように「国民主義的対外硬派」は、名望家層よりも下のレベルの特に都市部の大衆を動員する力を持っていたのである。

最後に、社会主義政党に簡単に触れておく。衆議院で議席こそ獲得できなかったが、社会主義政党の嚆矢《こうし》は一九〇一年五月十八日に安部磯雄《あべいそお》・片山潜《かたやません》・幸徳秋水《こうとくしゅうすい》らによって結成された社会民主党で、党則に「我党は社会主義を実行するを以て目的とす」とあったが、伊藤内閣は治安警察法に基づき、治安を乱すとして結社禁止を決定した。一九〇六年二月二十四日、堺利彦《さかいとしひこ》らが日本社会党を結成し届け出ると、西園寺内閣の原敬内相は今度はそれを認めた。堺らは「国法の範囲内に於て」と合法であることを強調していた。同党は『日刊平民新聞《にっかんへいみんしんぶん》』を機関紙とし、また東京市電値上げ反対運動などに加わったが、結局は翌年二月二十二日に結社禁止とされた。

4 動揺する名望家政党（一九一二―二四年）

明治後期の政友会は、積極主義を標榜して時代の推進力となり、万年与党として政界の中心に躍り出た。また、限定付きながらも下にも開かれた縦断的名望家政党としての機能と組織力を誇った。もっとも、大選挙区という制度も影響し政友会以外の勢力も一定の地歩を得ることが可能であった。しかし、大正期に入ると各方面から政友会への批判が高まり、しだいに名望家政党色を薄めつつ二大政党化していく。政友会への批判の第一は、国家官僚からの財政状況を無視した積極主義批判であった。第二には、国民の関心が自らの実際的生活に移っていき、政友会的な積極主義自体の魅力が減少したことである。そして第三は、名望家が寄生地主化して地域社会での権威を失ったことである。この節では、このような流れの契機となった第一次護憲運動から、しだいに変質を迫られる大正期の政党を取り扱う。

第一次護憲運動と立憲同志会の成立　話は少し戻るが、日露戦後の憲政本党には激しい党内対立が発生した。簡単にいえば、政友会のように政権に接近して党勢を拡張しようとする大石正巳らの改革派と、民党路線を堅持し官僚閥と対峙しようとする犬養毅らの非改革派が主導権を巡って対立したのである。本来ならば、指導力を発揮しなければならない大隈重信も一九〇七年（明治四十）一月二十日に引退し、収拾のつかない状態であった。議席数も六五議席まで減らしたが、一九一〇年三月十三日に非政友系の小会派を吸収し立憲国民党となることで、かろうじて命脈を保っていた。

このような状態の中で桂太郎の新党構想が浮上し、特に改革派を刺激した。桂の意図は、山県有朋ら元老に頼らず「国民全体が陛下を扶翼《ふよく》し奉つて、帝国の政治をやつて行く」（若槻礼次郎『古風庵回顧録』読売新聞社、一九五〇年）ために政党という装置を利用しようというものであり、伊藤博文が国家公党として政友会を創設したのと同じく、桂も国家政党をめざしたのであった。その構想の中には、名望家が中心の政友会を吸収することも予定されていたが、同時に国民党も取り込み、彼ら「国民主義的対外硬派」が動員できるような国民をも取り込もうという意図があった。すなわち、伊藤以上に幅広い国民政党をめざしたのである。政策的にいえば、責任内閣制（事実上の政党内閣制であり民党路線の継承）、国防の統一、行財政・国債・官業・地方財政等の整理、特殊銀行を活用しての健全財政下での産業発展（この点で大隈重信の路線を踏襲するものであった）、中国問題の解決（対外硬路線の継承）などであり、官僚閥と政党との「癒着《ゆちゃく》」、借金を多く抱え込んだ不健全な積極主義、無策な対外政策、という政友会イメージとの違いを強調していた。

図５　第一次憲政擁護運動

図6　桂　太　郎

さて、第二次西園寺内閣を「毒殺」し政権を奪ったとの印象を与えて成立した第三次桂内閣（一九一二年十二月二十一日）に対し、野党・ジャーナリズムは第一次護憲運動を起こした。桂は、翌年二月七日に立憲《りっけん》同志会《どうしかい》宣言書を、さらに二月二十四日には綱領と政策を発表し新党樹立でそれに対抗しようとした。そこには前述のような政策が盛り込まれていたが、これに参加を表明したのは国民党のうちの大石や河野広中・島田三郎・武富時敏《たけとみときとし》・箕浦勝人《みのうらかつんど》ら改革派、旧吏党系の中央倶楽部および桂系官僚政治家（加藤高明《かとうたかあき》・後藤新平《ごとうしんぺい》・大浦兼武・若槻礼次郎《わかつきれいじろう》）であり、政友会あるいは山県有朋に近い官僚政治家、貴族院などからの参加は得られなかった。結局桂は幅広く国民を組織しようとして、逆にその国民によって倒されることになったのである。さらに桂自身の病状が悪化して一九一三年十月十日志半ばで死去、結局立憲同志会が九三名の代議士を集めて結党式を挙げたのは十二月二十三日で、総裁には加藤高明が就任した。

他方、第一次護憲運動に対する政友会の対応は微妙であった。総裁西園寺公望や原敬は依然として桂との提携関係の維持を念頭に置いており、決定的対立は避けようとした。しかし、桂新党を早い段階から察知し危機感を持った野田卯太郎《のだうたろう》は尾崎行雄《おざきゆきお》に働きかけて護憲運動を開始、全国の政友会系名望家たちもそれを支持したのである。また、民党色の強い国民党非改革派の犬養毅らももちろんこれに賛同し一大運動となった。そのため、最終的には西園寺らもこれを黙認し、前述のように一名の新党参加者も出さずに組織防衛に成功すると同時に、久しぶりに民党色を発揮し国民の政友会イメージを改善することにも成功したが、代償も支払わなければならなかった。すなわち、第三次桂内閣が倒れ第一次山本権兵衛《やまもとごんべえ》内閣の与党になったまではよかったが、その次の第二次大隈内閣では政友会包囲網を敷かれ、大きなダメージを受けるのであった。

大隈選挙　第一次山本内閣がジーメンス事件という疑獄事件で倒れると、山県有朋を中心とする元老は悩んだ末に大隈重信を首相に推薦し、一九一四年（大正三）四月十六日第二次大隈内閣が成立した。与党には立憲同志会と尾崎行雄ら三五名の中正会《ちゅうせいかい》（政友会が第一次山本内閣の与党になったことを不満とした一部政友会代議士が一九一三年一二月二十四日に政友倶楽部《せいゆうくらぶ》を結成、同年十二月二十四日に亦楽会《えきらくかい》と合同して中正会となった）であり、大隈と古くから師弟関係にあった立憲国民党犬養毅は内相ポストを要求したが、それが受け入れられないとみるや中立を標榜することになった。犬養には、もともと与党となるつもりはなかったようで、彼の構想は政友会との合同（政国合同）による山県閥への対抗であった。

さて、その大隈首相が最も熱心に取り組んだのが多数派政友会の打破であった。一九一四年末から開かれた通常議会において、絶対過半数を維持したい政友会は解散を避けようとしたが、大隈や元老井上馨は強引なやり方で解散に持ち込んだ。翌年三月二十五日に実施された第一二回総選挙は、

与党　立憲同志会　一五〇　中正会　三五　その他与党系　五六
野党　立憲政友会　一〇四　立憲国民党　二七

と、大方の予想を覆し政友会の大敗北に終わった。

この予想外の結果を招いた要因は、選挙活動自体にあったといえよう。大隈は自ら全国を遊説して回り、通過するだけのはずであった駅でも車窓から演説を始めたことは語り草になった。また「憲政に於ける与論の勢力」と題して自らの演説をレコードに吹き込み、それを各地講演会で聴かせた。大隈だけではない。政治家を希望し大学の弁論部などに所属していた多数の青年たち（丁未倶楽部）を遊説隊として組織し全国各都市で一三〇〇回ほどの応援演説をさせた。若さで活気あふれる新鮮な演説は、従来、候補者が地元の前代議士・府県会議員らを帯同し、自党の政策方針と地元利益の実現をテーマに演説して選挙区内を巡回するという光景に慣れていた国民を驚かせ、大隈ブームなる現象を生み、政友会側の人間でさえもその効果を認めざるを得ないほどであった。

このブームの背景には、都市部を中心に理想選挙《りそうせんきよ》を求める声が高まっていたことがあった。理想選挙とは選挙で買収などせず言論・文書で戦うことを意味し、その対極にあるのは、名望家たち同士が買収で団結を固め当選を図るという、比較的政友会候補に多くみられた選挙手法であった。一九一一年十月の東京市における衆議院議員補欠選挙で古島一雄《こじまかずお》が行い、当選したのが理想選挙の最初であったといわれるが、じつはこの時も大隈はこの運動に関係していた。そして、大正時代に入り都市民衆の間ではますます理想選挙の声が高まっていたのである。もちろん、投票するのは納税要件をクリアした有権者なので、無産の一般大衆の声を聴く必要はないのだが、都市実業家たちは自らの事業発展の意味からも大衆の動向に敏感でなければならず（日比谷焼打ち事件以降の都市騒擾で大衆の支持をえない新聞社が焼打ちされた）、それが彼らの投票行為にも影響を与えたようである。

大隈ブームは与党側の当選者数の予想外の多さから分かるように、都市部のみならず農村部にまで伝播した。簡単にいえば、農村部でも寄生地主化によって地殻変動が起きており、大隈ブームはそれを刺激して農民の政治的活性化を促したといえよう。こののち、大隈のこの選挙手法は踏襲されていくのであった。

もっとも、理想選挙は決して選挙にカネが必要でないというのではなく、むしろ多くかかったともいわれる。そのため、党本部（実際は総裁個人が財閥などから工面する場合が多い）から候補者に公認料が配分された。これがいわゆる公認料の嚆矢であり、次回選挙以降、政友会も含め慣例化されていくことになる。大隈選挙の場合は、各候補に五〇〇〇円（現在の一八〇〇万円）が出されたといわれ、その資金は大隈のみならず財界に影響力を持つ井上馨も捻出したようである。与党側はカネの面でも政友会を圧倒したのであった。

ところで、これまでは自己資金で選挙戦を戦わなければならず、そのため三期以上連続当選する代議士は少なかったが、公認料の出現によって政治を職業とする若い世代がしだいに増加していった。先ほどとりあげた丁未倶楽部の青年たちは、大正初期の第一次護憲運動では反桂内閣側で活動し、第一次世界大戦後には普選運動《ふせんうんどう》の中心となり、そしてさらに代議士というコースを歩むことになるが、彼らは大学で西洋の進歩的知識を学ぶとともに、これらの運動を通して「国民主義的対外硬派」が得意とした民衆動員の手法も体得し、職業政治家となるのであった。

さて大隈選挙のもう一つの大きな特徴は、与党の構成をみれば分かる通り、同志会以外の与党代議士が多いという点であった。最終的に彼らの大半は一九一六年十月十日加藤高明を総裁とする憲政会《けんせいかい》に参加することになるのだが、それまでには紆余曲折があった。この点は項を改めて記そう。

三党鼎立論　前節で、日露戦後に政党に拘束されることを嫌い政府との協力を好む有力実業家が、代議士として多く登場するようになったと述べたが、その傾向は大隈選挙でも明らかとなった。そんな代議士を収容したのが、大隈伯後援会《おおくまはくこうえんかい》と公友倶楽部《こうゆうくらぶ》であった。

大隈伯後援会は、当初大隈個人を応援する早稲田大学出身者の校友会であったが、第一次世界大戦の勃発をうけ、難局を切り抜けるには国民が一団となって政府を後援しなければならず、政界も財界も協力しなければならない、として広く同志を募り、その結果各地の有力財界人が結集することになった。そして、大隈選挙で候補者を擁立し、大隈個人や青年演説家たちの支援を得て二八名が当選した。他方、やはり二八名で構成される公友倶楽部は、大浦兼武内相、下岡忠治内務次官が山県有朋の指示を受けて支援し当選させた代議士たちで、彼らの多くも実業家たちであった。つまり、純然たる吏党代議士である。このように両者は大隈系、山県・大浦系とそれぞれ全く系列は違うが、与党の実業家という点で共通していた。強いて両者の違いをもう一つあげれば、大隈伯後援会代議士はおもに東日本に、公友倶楽部は西日本に多かったということである。

ところで大浦であるが、彼は桂内閣で農商務相を務めるなど以前から全国の実業家とのネットワークを持っていた。その後、桂にしたがって新党（立憲同志会）に参加し加藤総裁を補佐する立場にあったが、この選挙では山県の意図に沿って行動していた。その山県の意図とは、いわゆる三党鼎立論《さんとうていりつろん》である。政友会と立憲同志会が対峙する中で穏健な実業家議員を糾合し、常にキャスティングボートを握ろうというのである。

さて、大隈内閣が倒れ一九一六年（大正五）十月九日に成立した寺内正毅《てらうちまさたけ》内閣でも、山県は三党鼎立論を望んだ。内閣はすぐに議会を解散、一九一七年四月二十日に第一三回総選挙を実施した。そして、今度は田健治郎《でんけんじろう》逓相《ていしょう》、後藤新平内相が中心になって第三党樹立に当たり、その結果六月十五日に四二名で維新会《いしんかい》が結成され、さらに無所属の一部も含め十月十五日に五四名で新政会《しんせいかい》が結成された。他方、政友会は一六〇議席、憲政会は一一九議席であったため、みごとに三党鼎立論が実現したのである。

しかし、松本剛吉《まつもとごうきち》や秋田清《あきたきよし》ら策士的野心的政治家が多いことに嫌気がさした金杉英五郎《かねすぎえいごろう》・若尾《わかお》璋《しょう》八《はち》ら一部実業家たちが、翌年二月十五日新たに清和倶楽部を結成したため、新政会は分裂してしまった。すでにみたように、吏党には構造的な弱点、つまり党に縛られることを嫌い政府との協調を重視する実業家グループと、吏党を拠点とし政治的影響力を強め党派的行動に出ようとする政治家グループの対立がここでも存在していたのである。ただし、従来の場合は対立しながらも分裂するには至らなかったが、今回はそれが現実化してしまった。この背景には、実業家議員の政治的自覚の高まりが

図7　原　敬

あったと思われる。他者に依存せず、自らの力を自覚し自らの政策構想を実現すべく自ら政治行動に出ようという気運が実業家議員の間で高まったということである。結果的にみれば、これ以後の実業界出身大物議員は二大政党に入党し、その中で権力を追求するようになる。久原房之助《くはらふさのすけ》・中島知久平《なかじまちくへい》らである。政党の政界での地位が向上し、この方がより権力に近づけると思ったからであろう。こうして、政友会にも憲政会にも属さなかった大物実業家たちは二大政党に吸収されていき、同時に政友会・憲政会の体質改善にも繋がっていくのであった。

原敬政党内閣の成立　シベリア出兵から米騒動が起こり、ついに一九一八年（大正七）九月二十九日原敬を首班とする政友会政党内閣が誕生した。日本初の政党内閣である。一九一二年の第一次護憲運動の際、政友会は桂内閣の倒閣には成功したが、総裁西園寺公望は大正天皇から事態を鎮静化させよとの勅語を受けたにも拘わらず、政友会の倒閣行動を抑えられなかったとして総裁を辞任した（違勅問題）。その後、暫く総裁は置かれなかったが、一九一四年六月十八日原が第三代総裁に就任、以後原の影響力は党内に行き渡ることになった。また、第一次山本権兵衛内閣が成立するに際し、原は閣僚に対し政友会に入党することを要求したため、高橋是清・山本達雄《やまもとたつお》という有力政治家が入党し、さらに次官で将来が期待される床次竹二郎《とこなみたけじろう》・橋本圭三郎《はしもとけいざぶろう》ら高級官僚も入党した。この結果、政友会は政策立案能力を著しく高めたのである。こうして、陣容を一新して再び山県閥に接近し、寺内内閣では与党的存在として信頼回復に努め次期政権の座を窺っていた。

一九一七年十一月十一日、原と山県は次のような会話を交わしている。

原「宗教も教育もなにもかも政府が放任しているため、国家にとっては危険である。したがって戦後経営の名義の下にすべての面で、明治維新の際に文明開化の名で一切の革新をしたのと同様の変革を断行すべきである」

山県「極めて同感である。自分は君と論旨が一致しないものはない。ただ一点のみ不満がある。それは君が多数の代議士を集め、その力で政治を行おうとすることである」

原「自分の目的は多数を背景とした政権獲得そのものではなく、伊藤博文と同じく政党改良の上での政治運営である。政党の改良は、圧倒的過半数を集めてこそ実行可能である。そして、政党の改良は政党自身の手で行うしかない」（『原敬日記』）

両者は、政党内閣制か否かを別とすれば、多くの点で一致をみており、米騒動でますます民衆の動きを恐れた山県が、原を後継首相に指名したのも理由があったのである。

原内閣が推進したのは、何よりも積極主義であった。すでに述べたように、日露戦時に発行した国債の元利払いで思い通りにはいかなかった積極主義であったが、第一次世界大戦期に輸出が急増し貿易収支が好転、税収も増加して財政状況が大幅に改善されたため、原内閣成立の頃は積極主義にとって最高の環境であった。それを利用して原内閣は、鉄道・道路・港湾など交通機関の整備拡充、大学・高等専門学校など高等教育機関の増設、八・八艦隊など軍事力の充実、産業発展のための諸施策、を四大政綱と称して政策の目玉にしたのである。

対外関係も原内閣には好都合であった。欧州諸国には、悲惨な大戦の直後だっただけに厭戦気分が強く漂っており、何世紀にも亘って追い求められてきた永遠平和の実現が叫ばれ、ついに一九二〇年には国際連盟が結成された。また、中国ではナショナリズムが昂揚し、加藤高明外相時の二十一ヵ条要求がやり玉に上げられていたし、朝鮮でも三・一独立運動が起きた。このような中、伝統的に英米協調主義を採り、東アジア諸国に対しては反対党から無策、軟弱と批判されてきた政友会の対外政策論は適合的だったのである。原内閣はワシントン体制に向けての準備を進め、中国に対しては新四国借款団構想を示し、朝鮮では文治政治への転換を促した。

以上、順調な原内閣であるが、ただ一つ難問を抱えこんでいた。普選問題である。

小選挙区制度と普選運動　原内閣は一九一九年（大正八）三月二十六日衆議院議員選挙法を改正した。その要点は、納税要件を一〇円から三円に引き下げ（全国民の二・二%から五・五%へ）、小選挙区制度を採用したことである。納税要件を残したことは、依然として名望家政党たらんとした意思の表れであるが、原敬が第二次西園寺内閣の頃からさかんに主張するようになった小選挙区制度については、少し説明が必要である。

政友会が結党以来積極主義を主張し展開してきたことは、すでに述べた通りである。ところで、そのような近代化政策の実行が地域社会にどのような影響をおよぼしたのかといえば、結論的にいえば、各地域間の均質化を推進した。全国で均霑的に同じような近代的諸施設が整備されただけでなく、行政の全国統一的展開やジャーナリズムの発達で、国民生活が画一化し情報が共有されるようになり、それまで固有の文化的伝統を維持してきた各地域社会はしだいに近似するようになった。このことを選挙との関連からみれば、小選挙区制度といえば現在でこそ、大政党の得票数が過大に議席数に反映されるということが自明になっているが、歴史的には必ずしもそうではなかった。つまり、各地域が文化的伝統を維持し個性的であれば、全国的には少数派であっても特定選挙区では多数派となるチャンスがあり、その代表が議会に選出されれば少数意見でも一定の発言権が確保されるのである。しかし、地域が均質化してくれば現在と同じ傾向が生じてくるだろう。つまり、政友会は自ら積極主義を実行して地域の均質化を促進し、そして小選挙区制度採用によって一党優位な状態を作り上げ、自らの権力基盤を強化しようとしたのであった。そして、実際に一九二〇年五月十日に実施された第一四回総選挙では得票率五六%、議席獲得率六〇%という結果となったのであった。

しかし、この時期には普選を要求する声も高まった。第四一・四二議会期では連日のように各地で普選実現を叫ぶデモ行進が行われ、特に東京では第一次護憲運動時のように群衆の力で議会に圧力をかけて普選案を通そうと、政治家・言論人・労働団体・学生・右翼が入り交じって活動した。政党では、憲政会（一九一六年十月十日、同志会と中正会、大隈内閣与党が合同して結成。総裁加藤高明）も立憲国民党も普選論を支持するようになっていた。

普選論そのものは明治時代からあり、衆議院を通過したことさえあった。ただし、この時期に急速に盛り上がった直接的な原因は、欧米の動向に触発されたことにあった。フランス・ドイツ・アメリカでは十九世紀中に男子普選が実現していたが、日本が議会制度の模範としてきたイギリスも一九一八年に実現した。このため、常に列強の仲間入りをめざしていた日本で普選論が高まるのもあり得ることであった。もっとも、欧米思想の流入は普選だけではなく、特に社会主義・共産主義思想の流入が政界で大問題となり、これと普選との関係が重要争点化した。簡単にいえば、政友会原敬は漸進主義を持して真っ向から新思想と戦う姿勢を示し、憲政会加藤高明は普選というアメを与えることによって過激的思想の蔓延を防止しようとし、国民党犬養毅は社会主義まではいかない程度で社会改造の流れを受け入れ二大政党を打破しようとしたのである。

これは、従来政党を支えてきた地方名望家にどこまで依存し続けるかの度合いに対応していた。一九一八年の米騒動に続いて一九一九—二一年には小作争議、労働争議が頻発した。これは、没落したりあるいは寄生地主化し産業資本家となった名望家の地域社会に対する統制力が弱まってきたことを意味していた。憲政会・立憲国民党はそれを受け止め、党の基盤を再編しようとしたのである。

二大政党の党内構造　ここでは、簡単に政友会・憲政会の党内の構造についてふれておく。

まず政友会について。さきほど、第一次山本権兵衛内閣成立の際に高橋是清・山本達雄・床次竹二郎ら有力官僚政治家が入党したことを記した。そして、彼らは内閣総辞職後も脱党することなく党に残り、領袖となっていった。また、明治末の政友会は地域別の軍団的な組織になっていたことも記したが、大正期の政友会にはこの両者が混在しつつ、二つのグループが形成された。その一つは党人系で、元来からの党人である野田卯太郎・横田千之助《よこたせんのすけ》、そして官僚出身ながら党人系に近い高橋らであり、もう一つは床次・山本らである。そして総裁原は、党人系にはおもに田中義一《たなかぎいち》・田健治郎ら山県系政治家と接触させて山県閥との連繫を固めさせ、官僚系には政策の立案を担当させるなど巧みに人材を活用した。ただ、比較的当選回数の浅い若手代議士たちには、当選回数に基づく従来の軍団式の党構造に飽きたらず不満を持つ者がいた。桜内義雄《さくらうちよしお》や鳩山一郎《はとやまいちろう》らである。そして、しだいに彼らと官僚系領袖が接近していった。この二グループの対立は原総裁が圧倒的権威を持って君臨している間は特に問題とはならなかったが、原が死去したのちに顕在化した。

では、なぜこのように野心的な若手代議士が登場したかといえば、それは代議士の質の変化にあったといえる。升味準之輔氏によれば日露戦後期に「地方企業＝党派の勃興と衰退、寄生地主の農村支配力の減退、自作地主層の政治的進出等はぜんたいとして集中化＝全国化」し、その結果「地方議員経歴をもつものが減少し、実業関係者が急増した。原は政友会のなかの自由党的伝統を払拭することを政党改良と考え、地方の産業開発を指導する地方名望家が総選挙に出馬するようにはかった」(『日本政党史論　第四巻』東京大学出版会、一九六八年）と述べている。ここでいう「地方の産業開発を指導する地方名望家」とは幅広く事業展開する大物実業家といった方が相応しいと思われるが、前述のように、このようなタイプの代議士は日露戦後から増加し、第一次大戦後からは二大政党に入り始めた。また、民衆動員は得意だがカネはあまりない若手職業政治家も登場し始めた。そんな彼らが陣笠的な先輩名望家代議士に対し、自己主張を始めたのである。

一方の憲政会にも、結党直後から幹部たちの間に二潮流が生まれた。若槻礼次郎・浜口《はまぐち》雄幸《おさち》・江木《えぎ》翼《たすく》ら桂太郎系官僚たちや安達謙蔵・下岡忠治など大浦兼武の下で第三党工作に参画した人物が総裁加藤高明周辺を固め、他方旧国民系の武富時敏・片岡直温《かたおかなおはる》・箕浦勝人・河野広中・富田幸次郎《とみたこうじろう》や尾崎行雄らは遠ざけられたという。特に憲政会の場合は「雌伏十年」と呼ばれ野党であることが長かったため、党内の不満は政友会以上であり、それがしばしば脱党騒動となって現れた。具体的には立憲国民党との非政友合同運動の形をとることが多かった。寺内内閣期では西原亀三《にしはらかめぞう》・大石正巳・富田幸次郎らが試み、原内閣期では国民党の秋田清が後藤新平総裁の下での新党結成を目論んだ。さらに第二次山本権兵衛内閣でも犬養毅・後藤を中心に普選を実現し非政友合同新党を樹立しようとする動きがあった。「国民主義的対外硬派」や若手職業政治家も、これに加わる傾向が強かった。このように、憲政会分裂・非政友合同運動は大正期の政党再編成の震源地だったのである。

以上のように、政友会・憲政会は、有力官僚政治家が入党したことによって政策立案能力を身につけ政権担当能力も確実に上昇させた。入党した官僚政治家たちも、日本の将来の政治のあり方を真剣に考え、自らの未来を政党に託したのである。しかし、彼らがその能力ゆえにすぐに幹部の地位に就いたことは、従来の党内秩序を乱す結果となり、さらに新しいタイプの代議士が出現し始めたことと連動してこのような二潮流が生まれた。ただし、原と加藤が総裁の間はそれが決定的な亀裂になることもなかったのであった。

通常、名望家政党では党内権力は分散的になりがちだが、首相が天皇によって指名される大日本帝国憲法の場合、政党が政権を握ろうとすれば議席数だけでなく、党首が首相に指名されるに相応しい人物でなければならず、首相に相応しいためにはその経歴、人望や政策能力が問われることになる。そのため、党首に推戴される人物はそれだけの大物であり、したがって党内への威光も強かった。それればかりではない。資金調達力も大きな要素であった。独自の財産をほとんど持たず、党費を集めようにも党員名簿は倉庫に入ったままという状態の中で、政党には建物管理、事務員・院外団等人件費、会合費用、調査費、遊説費、飲食費そして候補者公認料などの出費が必要であった。これを補ったのが総裁のポケットマネーで、原には古河財閥《ふるかわざいばつ》、加藤には三菱財閥《みつびしざいばつ》などがそれぞれ背後についていたといわれる。この点からも、両者が総裁の間は党が分裂することはなかったのである。

無産政党　大正後期になると、政友会・憲政会はジャーナリズムの間で既成政党《きせいせいとう》と呼ばれるようになった。そこには、保守的な既成体制の一翼を担うブルジョア階級の政党という意味が込められている。これに対し、勃興する新勢力を背景に持つ政党が出現する。一九二〇年（大正九）頃から小作争議、労働争議が急増、労働組合数も増加したが、官僚側ももはや力ずくで抑圧することはできないと感じ、争議（ストライキ）や示威行進（デモ）、組合結成に寛大な態度を示すようになった。その結果として、一九二四年（大正十三）段階で労働団体数は四六九、組合員数は「労使協調に依らむとし議会政治を信頼するものにして大体国家主義」である右派約九万人、日本労働総同盟など「社会民主主義系」とされる中央派約五万五〇〇〇人、「無政府主義系」で政治運動ではなく経済面での直接行動を主張する左派約五〇〇〇人、その他を含めて約二三万人であった（『日本労働年鑑』）。

こうして労働運動が高揚する中、第二次護憲運動を経て加藤高明内閣が成立するや、日本労働総同盟を中心として普選実施を見据え、合法的に小作人・労働者を組織し彼らの利益を基礎においた政策を実行しようという無産政党《むさんせいとう》（無産とは財産が無いの意）結成の試みが起きた。一九二四年六月二十八日に創立された政治研究会がそれであった。ここでは無産階級の利害に立脚した政党を樹立し「財閥中心の政治をして民衆中心の政治たらしむる」ことが宣言された。しかし、この大会が総同盟系と反総同盟系の対立から混乱し解散が命じられたように、統一的無産政党結成は困難な課題であった。左派と右派・中央派の主導権争いの中で、左派へ影響力を持ったのが日本共産党であった。一九二二年七月十五日堺利彦・山川均らがコミンテルンと連絡をとりながら秘密裡に結成したが、その後の検挙で解党（一九二四年三月）、再建（一九二六年十二月）、そして三・一五事件、四・一六事件の大検挙で事実上壊滅することになるが、各組合に対する思想的な影響力には強いものがあった。特に、一九二五年五月に総同盟から分離した日本労働組合評議会は共産党の指導下にあった。

最初の無産政党として結成されたのは日本農民組合が中心の農民労働党（一九二五年十二月一日、浅《あさ》沼稲次郎《ぬまいねじろう》書記長）であったが、これは対立する総同盟、労働組合評議会系をともに除外したものであった。ただし、同党は共産党との繋がりを警戒されて即日結社禁止となった。翌一九二六年三月五日大山郁夫《おおやまいくお》・杉山元治郎《すぎやまもとじろう》らが労働農民党を結成した。しかし、これも左右対立が生じ、右派で総同盟に近い安部磯雄・赤松克麿《あかまつかつまろ》・片山哲《かたやまてつ》らは同年十二月五日社会民衆党《しゃかいみんしゅうとう》を、中間派で単一無産政党創立を訴える麻生久《あそうひさし》らは十二月九日日本労農党《にほんろうのうとう》を結成、さらに日本労農党が呼び掛け各地の無産政党が集まって日本大衆党《にほんたいしゅうとう》（一九二八年十二月二十日）に発展、のちの社会大衆党《しゃかいたいしゅうとう》につらなっていくことになる。

もっとも、前述のように、これら無産政党に参加しない多くの労働者、労働組合が存在した。また、松尾尊兊氏が指摘したいわゆる地方的市民政社《ちほうてきしみんせいしゃ》も各地に出現した。地方的市民政社はある程度の学歴を持った次代のリーダーとなる青年層が中心で、既成政党を非難しながらも無産政党には参加せず、選挙においては既成政党色の薄い既成政党候補を応援することが多かった。このように、大正後期には全国的には組織化されていない小集団が労働者・農民・青年の間に族生したのであった。

5 政党政治と普選——多層化した大衆政党（一九二四—三二年）

第二次護憲運動が起こって政党内閣が成立し、五・一五事件が起きて政党内閣が終焉するまでの約八年間を政党内閣時代という。政友会と憲政会（立憲民政党）が交互に政権を担当する、戦前期日本憲政史の頂点をなす時期である。ただし、この時期は世界恐慌《せかいきょうこう》が起こり、さらに満州事変《まんしゅうじへん》が勃発するなど、内憂外患の時代でもあった。また、男子のみであるが、普通選挙が実施された。このため、既成政党としても単なる名望家政党でありつづけることは不可能であり、大衆政党にむけた編成替えを迫られた。このように本来ならば、政党内閣として「憲政有終の美」を飾るはずであったが、責任政党として、そして国民政党として大きな課題も抱えていたのである。ここでは政党内閣期の政党政治と政党の構造変化をみていこう。

第二次護憲運動　一九二四年（大正十三）一月七日清浦奎吾《きようらけいご》内閣が成立した。貴族院議員を主体とした同内閣に対する政党の思惑は複雑であった。政友会内閣崩壊後、三度に亘って政権は政党の前を素通りしたため、彼らには多大な不満が生じたと同時に、任期満了で翌年五月には必ず総選挙がありそれを如何に有利な立場で迎えるか、という実際的な問題もあった。そして、この実際的問題と従来二大政党内にあった党内対立の暗流が結びつき、政友会は清浦内閣を特権階級内閣として反対を表明した高橋是清総裁・横田千之助・野田卯太郎らのグループと、逆に同内閣を支持して脱党し一月二十九日に政友本党を結党した床次竹二郎・山本達雄・中橋徳五郎らのグループに分裂した。一方の憲政会も同様の意見対立が起きたが、結局は総裁加藤高明の強い指導力でまとまり野党として戦うことで一致、また犬養毅率いる革新倶楽部（一九二二年立憲国民党を解党し、普選を中心に再結成）も反清浦内閣を打ち出した。こうして、同年五月十日に行われる第一五回総選挙は与党の政友本党と、政友会・憲政会・革新倶楽部の護憲三派の間で戦われることになった。第二次護憲運動である。

選挙では、内閣・与党側は、例えば帝国経済会議を創設し進歩的民間人を召集するなど、漸進主義的立場からの政策実行を訴えたのに対し、護憲三派は特権階級打破、普選実現を標榜してジャーナリズムの支持を得、また三派の結束を固めて対抗、小選挙区制度であったため各選挙区で与党候補と護憲三派候補の一対一の激しい戦いが演じられた。その結果は政友本党一一四（解散前一四九）、政友会一〇一（同一二九）、憲政会一五四（同一〇三）、革新倶楽部二九（同四三）で、政友本党・政友会・革新倶楽部が議席を減らし、憲政会が一人勝ちして第一党になった。これを受けて元老西園寺公望は、第一党総裁の加藤高明を後継首班に推薦、加藤は大命を拝受するとともに、選挙戦をともに戦った政友会・革新倶楽部に予定通り入閣を要請、こうして六月十一日加藤護憲三派内閣が成立した。三党連立のため純然たる政党内閣とはいえないが、政党を基礎とした内閣という意味で歴史上では政党内閣として取り扱われ、以後の政党内閣の嚆矢とされている。

以上のように、第二次護憲運動から護憲三派内閣に至る過程では、民主化の達成が最重要課題であったことは明白である。明治初期以来ずっと主張されてきた責任内閣、政党内閣がついに実現したのである。この最大の要因は、やはり選挙の際に示された国民の意思であり、背後には国民思想の大きな変化があったことが認められる。また元老西園寺は、こののち内閣が政権運営にゆきづまって倒れた場合には野党第一党に政権を渡すという「憲政常道」の予定であったという。したがって、この変化した国民の意思を探りつつ、制度としての政党内閣を如何に定着させるかが、政党の使命となったといえよう。

憲政会・民政党内閣　護憲三派内閣は普選法・貴族院改革・行財政整理という共通の政策目標を達成し、一九二五年（大正十四）七月三十一日総辞職した。その後の第二次加藤高明内閣（一九二五年八月二日—二六年一月二十六日）、第一次若槻礼次郎内閣（一九二六年一月三十日—二七年四月十七日）、浜口雄幸内閣（一九二九年七月二日—三一年四月十三日）、第二次若槻内閣（一九三一年四月一四日—十二月十一日）が憲政会・立憲民政党が与党の政党内閣であった。なお立憲民政党は、一九二七年六月一日に憲政会と政友本党が合同して結成された政党である。

これら民政党内閣は、党幹部が固定されていたこともあって政策面では安定していた。すなわち幣《しで》原《はら》協調外交《きょうちょうがいこう》、緊縮財政が基本方針であった。それは、いずれの民政党内閣でも外相の座についた幣《しで》原《はら》喜重郎《きじゅうろう》が「我が国は、いずれの国の利益をも不当に侵害しない限り、極力日本の対外貿易を図ることが、何よりも急務であると考えます。吾々の目標とする所は、領土に非ずして市場であります。吾々の対外関係に於て求むる所は同盟に非ずして、経済上に於ける利害共通の連鎖であります」と述べているように、軍事的発展よりも経済的発展を重視するものであった（本宮一男「経済外交の展開」参照）。したがって対外的には、通商問題では強い態度に出るものの、政治的領土的問題では列国に対し比較的に協調的態度をとった。

また経済的には、主役はあくまでも民間企業の自由な活動であり、政府の仕事は極力財政規模を小さくして民間企業に余計な負担を与えず、かつ国内物価を引き下げて日本製品の国際競争力を高め、また民間の輸出をなるべく支援する、というのが彼らの考え方であった。この点で浜口内閣で実施された金解禁はその象徴であった。当時、世界恐慌そして昭和恐慌が起きつつあった中で、浜口内閣は旧平価による金解禁を実施したが、それは政府も支出を抑制し、また輸入を減らすため民間にも外国製品を購入しないよう呼び掛けるなど需要の抑制を求めるものであった。このため、さらなる不況になることが予想されたが、それでも政府は企業が努力して生産性を上げれば、いずれ日本製品の国際競争力は高まり明るい未来が到来するはずであるとして、官僚組織に連なる諸啓蒙団体（中央報徳会《ちゅうおうほうとくかい》や大日本連合青年団《だいにほんれんごうせいねんだん》など中央教化団体連合会に集まった団体）を通じ官民一体の国民運動として展開しようとした。以上簡単にいえば、民政党内閣は民間企業、全国民の協力を得て貿易立国による豊かな日本の将来像を提示したのである。そして、政党内閣でなければ、これを実現することはできないと主張した。

ただし、民政党内には別の考え方もあった。例えば、民政党結党の際の政綱には「国家の整調に由りて生産を旺盛にし、分配を公正にし、社会不安の禍根を芟除《さんじょ》すべし」「国際正義を国交の上に貫徹し、人類平等、資源公開の原則を拡充すべし」とあり、国内では富の分配を公平にして国民生活の安定、社会福祉政策の実現を図り、対外的には協調よりも「正義」「平等」を強く主張することが述べられていた。さらに「議会中心政治」を確立し「立法、行政及地方自治に浸潤せる時代錯誤の陋習を打破し、以て新興の気運に順応すべき改造の実現」ともあるように、官僚を通してではなく、議会から直接的に国民に働きかけることが述べられている。このような考え方は、中野正剛ら少壮の党人系代議士（前述の丁未倶楽部のようなタイプ）に多かった。彼らの革新的な姿勢は、選挙などで国民の支持を獲得するのに非常に有効であった。

以上の両グループはもちろん共存可能であり、実際にそうであったが、状況によっては分裂の火種ともなるのであった。

政友会内閣　立憲政友会が与党となったのは、田中義一内閣（一九二七年四月二十日—二九年七月二日）と犬養毅内閣（一九三一年十二月十三日—三二年五月十六日）であった。すでに述べたように、政友会の伝統的な政策は協調外交と積極主義であった。しかし、この時期の政友会内閣の政策は、民政

図8　犬養毅

党内閣と異なり継続性に乏しかった。そこで、まず田中内閣からみていこう。一九二五年（大正十四）四月十三日第五代総裁に田中義一が就任した。周知のように、田中は陸軍本流のエリート軍人であり、明治末期以来日本の大陸政策をリードしてきた人物で、張作霖《ちょうさくりん》を初め中国要人と個人的パイプ・個別的関係を持っていた。そして、陸相辞任後は自らの手で東亜国策を確立すべく、政界にも強い野心を抱いていた。政友会は、そんな彼に目を付け総裁に据えたのである。田中就任によって政友会の対外政策は大きく転換した。特に田中内閣期には、中国国民政府軍の北伐《ほくばつ》によって日本の権益が危機にさらされているという意識が強く、北伐軍が日本人の多く居住する山東《さんとん》省に接近すると、治安維持のために三度に亘って日本軍隊を派遣（山東出兵）、その際に起きた済南事件《さいなんじけん》が国際問題化するなど積極性が目立った。こうして、政友会と民政党の対外政策は逆転したのである。他方で同内閣の鈴木喜三郎《すずききさぶろう》内相は治安維持法を改正したり、三・一五事件など共産主義者取締りを強化するなど思想の動揺を強く警戒し、また山本条太郎《やまもとじょうたろう》など党人たちは産業立国《さんぎょうりっこく》主義による産業振興を高調した。

田中内閣が張作霖爆殺事件について虚偽の報告をしたということから昭和天皇の不興を買い総辞職したという経緯から、一九二九年（昭和四）十月十二日第六代総裁には犬養毅が就任した。そして、これを契機に別の政友会イメージを打ち立てようとするグループもあった。一九三〇年に海軍補助艦軍縮を討議するロンドン軍縮会議が開催されるが、その主導権をめぐって政府と軍令部が対立しいわゆる統帥権干犯《とうすいけんかんぱん》問題が浮上するが、党内には民政党内閣を支持して軍部を抑え込もうとする少壮グループと、軍部や枢密院と連繋して民政党内閣を打倒しようとする主流派グループが対立した。結局、政友会全体として明確な方針を打ち出せずに終わったが、このように自由主義、軍備縮小を訴える者もいたのである。

犬養総裁自身が最も力を入れたのは産業立国主義であった。簡単に説明すれば、貿易収支の黒字化と国民生活安定のために、政府は国民のエネルギーがこれに集中するようにし、また積極財政によって重化学工業を中心とする産業の振興に力を注ぎ、大企業のカルテル化を進めて計画的に生産力を上げようというものであった。一方、以前は対外硬派であった犬養であるが、この時期には外交についての積極的発言は控えていた。

このように、政友会は産業立国主義という面では一貫していたが、対外問題や思想問題では各人が各様に行動しているように思われる。このことは党内構造にも現れた。いわゆる派閥が生まれたのである。最大の派閥は司法官僚から政友会に入党した鈴木喜三郎を中心とするグループである。国本社《こくほんしゃ》の平沼騏一郎《ひらぬまきいちろう》に近い鈴木を中心に、森恪《もりかく》・鳩山一郎という行動力のある若手幹部が支える鈴木派は、強引な人事によって党内の主導権を握った。これに対抗したのが、原敬の後継者と目されながらも一度は政友会から脱党し、さらに民政党に転じてから復帰した床次竹二郎を中心とするグループであった。この他に、財界から田中義一の勧誘で政治家に転身した久原房之助を中心とするグループ、旧政友会系グループなどが存在した。

以上のように、民政党・政友会の基本方針は金解禁、産業立国主義と手法は異なるものの、厳しい国際的経済競争に対処し同時に逼迫する国民生活を改善することを最大の政策課題として掲げ、そのために政府自身はもちろん、経済界・国民全体に協力を呼び掛けようとしたのであり、ここにこそ政党内閣ならではの使命があると考えていた点で共通するものがあった。ただし、党内には様々な潮流もあり、一枚岩となっていたわけでもなかった。そして、これらの政策が十分な効果を上げる前に、大不況が到来したのであった。

普選と政党　一九二五年（大正十四）五月五日、改正衆議院議員選挙法が公布された。これがいわ

図9　普通選挙要求デモ行進

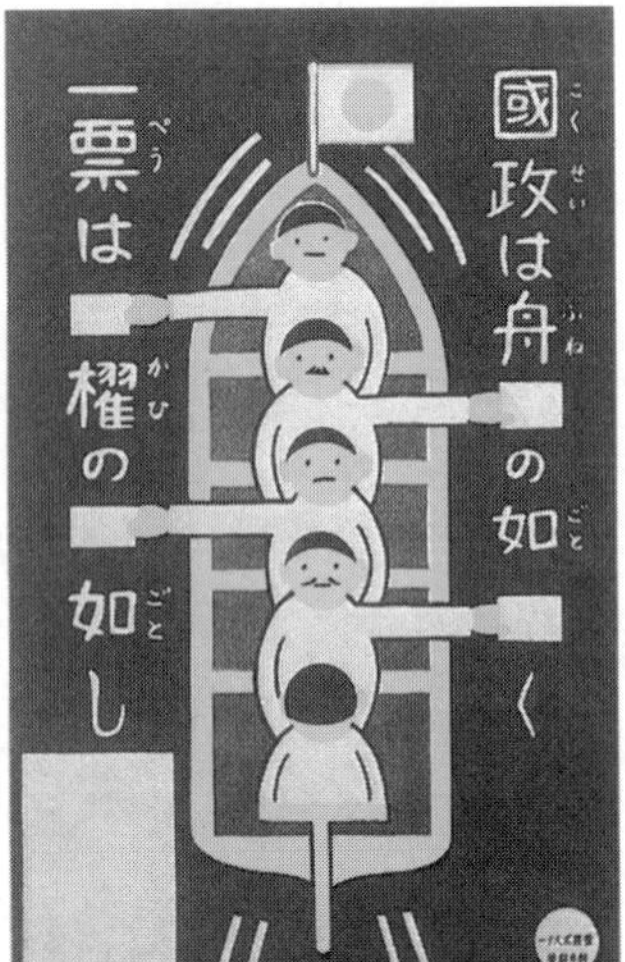

図10　普選ポスター

ゆる普通選挙法である。骨子は、一、二十五歳以上の男子に普選を実施、二、ただし「貧困に因り生活の為公私の救助を受け又は扶助をうける者」例えば学生などには選挙権を与えない、三、立候補制度を採用し選挙運動方法や選挙費額に制限を設ける、四、中選挙区制度とする、などであった。

この普選の実施によって選挙結果にどのような影響が出たかといえば、まず第一は、二大政党の躍進である。政党内閣時代に実施された第一六―一八回総選挙において、両党を合計すれば議席獲得率で九五％、得票率で九〇％に上った。普選実施によって予想されていた無産政党の進出がじつはそれほど進まず、逆に多くの青年・低所得者層を既成政党側がとりこむことに成功したのである。この要因として当然考えられることは、既成政党の努力であった。個々の候補者たちは、なりふり構わぬ形で票を集めた。政党政治家が当選をめざし、国民の要望を幅広く吸い上げ支持を調達しようとする方向で、自由に積極的にエネルギーを発揮するのは自然であるが、ただし、これには強い批判もみられた。すなわち、既成政党の勢力拡大の要因は買収など不正の結果であり、このまま放置してはいずれ政党政治そのものの信頼が損なわれてしまうというのである。実際に、普選になって選挙はこれまで以上にカネがかかり、選挙違反者数も増加した。欧米的議会政治を範とした前者の考え方ももちろん有力なのだが、当時の日本のジャーナリズムは、汚職・買収など不正を非難することの方が多かった。この非難に対して、例えば浜口雄幸内閣は選挙革正審議会を設置して防止に努めようとしたが、マイナスイメージを転換するには至らなかった。そして、これを利用してさらに既成政党と国民を引き離そうとする革新派勢力もしだいに力を増すのであった。

第二の特徴は、選挙のたびごとに政友会と民政党の得票率が大きく変動する、いわゆるナショナルスウィングが大きかったことである。政党内閣期も選挙結果によって政権が移動したということはなく、いずれも政権が選挙以外の要因で移動した直後に与党が総選挙で大勝するというパターンであった。特に、都市部での変動が大きかった。このことは、一体何を意味しているのであろうか。

翻って考えてみれば、従来の縦断的名望家政党は名望家を中核として党と国民を縦方向に結びつけてきた。しかし、すでに述べたように寄生地主化の進行により、もはや名望家によって社会を統御することは困難となっており、それは政党政治家ばかりではなく、多くの官僚たちの共通理解でもあった。その結果として普選が採用されたのであり、したがって前述のように政党は大衆の支持調達に励まねばならなかったのである。しかし、だからといって簡単に大衆的下部組織を形成できるわけではなかった。候補者たちは個人後援会を作ったり、族生する農民・労働者・青年の小集団に接近したり、あるいは以前と同様に名望家のネットワークを利用したりと、必死に国民に働きかけるのであるが、残念ながらその線は細く、また他方で国民の気まぐれさもあって、このような激しい流動性が生まれたのであろう。

以上のように、既成政党は青年をとりこみ、また選挙においては確かに国民の圧倒的支持を集めることに成功した。したがって、とりあえず大衆政党化に成功したといえよう。しかし、その線は細く、また国民の支持も両党の間を彷徨ったように不安定なものであり、それまでの縦断的名望家政党と比較すれば結合力は弱く、党と選挙民の関係は非常に緩やかだったといえよう。

党員と支部　以下、既成政党の組織についてみていく。党員数についていえば、残念ながら政党がきちんと党員を把握していないので正確な数は不明であるが、明治末頃の政友会党員数はほぼ六万人程度であり、その大部分は地方名望家であった。これに対し政党内閣期に党籍を持つ党員〈党員たるには党員二名以上の紹介が必要〉は政友会・民政党ともに五、六〇万人程度と非常に多くなっている。もっとも、実際に党員として活動するのは多くの場合選挙に際してであり「自由改進両党の当時はかかる種類の人物は一町村十名ぐらゐで、地主階級に限られてゐたやうだが、最近では下層階級が政治的に進出して来たと共に代議士等は『青年諸君の力でなければ』と煽て上げるので、之等《これら》の党員は夥しく増加して来た。〔略〕各代議士は選挙〔普選〕法が通過して以来これに向つて大いに努力し〈一代議士平均二千名の党員があるとして〉政民両派代議士四百四十名の分八十八万、外に落選者や今後代議士たらんとする者の後援者と単純な政党の共鳴者を約五十万とし、合せて百四十万の大衆が実質的党員」〈加藤正造『政党の表裏』〉であったという。当時の有権者が約一二五〇万人なのでその約一割強であり、かなりの数といえる。そしてその大部分は、地方名望家ではなく、前述の組合や地方的市民政社あるいは一般の青年たちによって占められていたと思われる。

地方支部は基本的に府県ごとに設置され、支部長・評議員・幹事・事務員等から構成、毎年一回は大会を開催し大会決議を行うことになっていた。支部長・幹部は代議士や県会議員から選ばれた。もっとも、支部事務所は概ね支部長の自宅に看板を掲げる程度であり、経費も支部長や支部幹部の個人的支出に依存していたという。ちなみに党費について記せば、大衆政党としては党費は党員から直接少額ずつ徴収するのが本来の姿であるが、これが実施されることは事実上無かったようである。また支部では、県会を初めとする地方議会に関する活動、党勢拡張のための広報・遊説など宣伝活動、各地陣情の受付などの仕事が行われた。ただし、支部が最もその存在意義を発揮するのも、やはり選挙の際での候補者選定作業であった。総選挙に即していえば、まず選挙区の党員が推薦会を開催して希望する候補者を指名、それを支部の選考委員会が追認して党本部に公認を要請し、党本部でも選考委員会を開いて可否を決定、公認されれば本部から多額の公認料が候補者に出されることになっていた。そして事実上は、選挙区党員が一致して指名した候補者はかならず公認されており、決定権は地元選挙区にあったといえよう。しかし、問題なのは候補者が乱立しそうな場合であり、その時は県支部が共倒れを防ぐ意味から調整機能を果たし、かつ地盤協定を行ってそれが守られているか監督する役割を果たすのであった。

このように、選挙に際しては地方支部の役割が非常に大きく、党本部はほとんど関与していない。言い換えれば、党内でも本部と支部の間の関係が緩やかとなっていたのである。

一般代議士　政友会・民政党ともに総裁・幹部の権限が強く、彼らの決めた党議に拘束されざるをえなかったので、一般代議士個人が自らの政治信念に基づいて行動するということは少なかった。もちろん、代議士も背後に選挙民を抱えており、その期待を裏切るような党議には不満を持ったが、その場合でも個人として脱党するというケースが実際に少なかったように、幹部の説得で渋々説得されるのが通常であった。党議に拘束され党に留まった場合、選挙においては党本部から公認料が、支部からは地盤が与えられるのに対し、離党した時は有権者からの同情は得られるが、カネと地盤を失うことになる。代議士はこれらを天秤にかけ留まることを選択した。そうした中で、代議士が政治家としての野心を満たそうとすれば、当選を続け階層的党組織の中で出世し自ら幹部とならなければならなかった。以下、当時の一般的な代議士像を挙げてみよう。

これに関しては升味準之輔氏の膨大な研究がある。一部を紹介すれば、一、平均年齢は五十─五十二歳（第一議会時は四十二歳、二〇〇九年時点では五十五歳）、二、新人が減り連続当選者が増加（従来の名望家政治家の場合は二─三期務めて後継者に譲る場合が多かった）、三、府県会議員を経て代議士になる者が減少（府県会議員から代議士になる者には名望家タイプが多かった）、四、実業・自由業（弁護士・新聞記者・教授など）から転出した者が多い、五、高級官僚出身者も絶対数は少ないが増加、などである。総じていえば、実業・自由業から府県会議員を経験せずに代議士になる者が典型的なタイプであった。このうち実業家という場合、連続当選に必要な選挙資金を調達する必要があるため、やはり単なる名望家的実業家ではなく幅広く事業展開をしている大物実業家であった。また、自由業から政治家になるものは、前述のように少壮職業政治家のようなタイプが多かった。

府県会を経験しないいわば中央型の代議士の増加は、ある意味では代議士と選挙民の関係を希薄にした。これを補ったのが地盤培養《じばんばいよう》であった。代議士あるいは将来代議士になろうとする者はさまざまな形で選挙民に奉仕するのだが、それは選挙民にその候補者の人格や主義主張を知ってもらうための場でもあったのである。地盤培養とは、上山和雄氏によれば次のようなものであったという。

一、鉄道・道路・官衙・学校・病院等公共施設建設の地元の要求を政府・自治体に働きかけること

二、各種地方選挙の際には自分の腹心を極力応援し、彼らの支部運営費・党費等を負担すること、すなわち代議士を中心とした地方議員組織を形成すること

三、各種工事の補助金下付、水利権許可、土地森林払下あるいは結婚や就職の斡旋など選挙民個人の要望の実現のため働くこと

四、公私の紛争の際に調停役を引き受けること

五、青年団・在郷軍人会など各種団体の行事に参加すること

こうしてみれば、現在の個人後援会を中心とした地元活動とほとんど変わらないように思われる。実際に、この地盤培養活動がしだいに個人後援会となるのであった。同時にここで重要なことは、実際の地盤培養活動をするのは候補者本人ではなく、地元県議・町村長・町村議あるいは青年党員たちであったということである。

さて選挙であるが、普選法では戸別訪問が禁止され、演説、ポスター、立看板、葉書等による推薦状配布が選挙運動の中心となった。普選第一回である第一六回総選挙を例にとれば、ポスターは色彩の派手なものを一ヵ所に数十枚まとめて貼る方式が流行、全国で三五〇〇万枚（一候補当たり三五〇〇枚）貼られたという。立看板は一候補一〇〇本までと制限されたため届け出では平均七五本であったが、実際にはもっと多かったらしい。推薦状は全国で一億五〇〇〇万通、一候補あたり一〇万通が

発送された。演説度数は三〇日間の選挙期間中に全国で約八万回なので一候補一日平均二・七回となる。この激しさに危惧を抱いた内務省は、こののちしだいに制限を設け公営選挙化していくのであった。

約一万二〇〇〇円（現在の一八〇〇万円）の選挙費用額の上限も設けられたが、これだけの活動ですでにその範囲内では収まらない状況であった。その上、選挙買収事件も増加しており、これも含めた実際の選挙費用はさらに高額になったと思われる。この買収で力を発揮するのが前述の地盤であった。個人後援会という名称もこの頃から使用されるようになったが、当時それは専ら饗応のための便宜として利用された。これらから平均的選挙費用額は五万円に達したという。組織力が弱い以上「見せる政治」が必要であり、このことが派手な選挙戦に繋がったといえよう。

政党の本部と地方支部の関係が緩やかになったことは前述したが、以上のように、じつは地方支部の中でも候補者と運動員が分離し、かつその関係も緩やかであったのである。

幹部と役職　陣笠から出世すると幹部と呼ばれるようになり、党の方針や政策の形成に関与し党内の役職につくようになる。役職の名称および職務内容は時期等によって変わるが、おおよそのところを示そう。

・総裁　従来の総裁が非常に強い権威を誇ったことは前述したが、この時期の総裁はその批判から党内の民主化を主張する事が多く、実際に両党とも党則で総裁公選を打ち出した。しかし、実際に公選が行われることはなく、大会で幹部から指名されそれを満場一致で推薦するのが通例であった。また、田中義一・犬養毅という政友会総裁の方が民主化に熱心であり、中央・地方の関係強化、大衆組織化に努めようとした。

・総務　総裁を補佐する執行機関。政友会の場合は大会で選出された三〇名および総裁指名の二〇名合わせて五〇名の議決機関である常議員の中から、総裁が若干名の総務委員を指名することになっていた。民政党の方は、大会で一〇名以内の総務を選出することになっていたが、いずれも事前に決定されている場合が多かったようである。実際の総務の顔ぶれをみればいずれも実力者であり、政権をとれば大臣・次官級の人物であった。総務は合議制であるが、筆頭総務が多くの場合主導権を握ったという。

・幹事長　大小の党務を処理するのが総裁指名の幹事長である。「日常の党務を処理して総務会に附すべき原案をつくり、また党を代表して慶弔の挨拶に出かけ、地方有志の陳情をきいたりする。時には党費の調達に奔走し、総裁の旨を承けて政局問題について画策することもあれば、党員の不平を慰撫」（加藤正造『政党の表裏』）するのであり、総裁と幹事長の関係は首相と内閣書記官長（官房長官）のような関係であるとともに、党員に対しても代議士はもちろん地方支部の状況にも精通し、党内のことが万事円滑にいくよう配慮しなければならなかった。そして、この職務を無難に乗り切れば大幹部にと出世するのであった。

・政務調査会長　総裁が指名した政務調査委員の中からさらに総裁が政務調査会長を指名した。明治期では議会開会期間のみに設置されたり、開会期間と閉会期間でメンバーが替わる（閉会期間には代議士が帰郷することが多かったため）など継続性に乏しかったが、しだいに常設機関として機能するようになり、特に政党内閣期には政策の重要性が叫ばれるようになったので、大物が会長に指名され重みも増した。しかし、政務調査会は総裁の諮問機関という位置付けであり、最終的決定権は総裁にあった。

・その他の役職　一九一五年（大正四）の第一二回総選挙での大敗北をうけて政友会は党務員会《とうむいんかい》を設置した。この主な任務は、如何なる地方に如何なる方法で党勢を拡張するかを研究することであり、普選が施行され大衆への宣伝の必要がさらに高まったことから制度化された。また、同じ理由で普選施行を契機に、地方遊説計画を作ったり文書を頒布《はんぷ》宣伝する遊説部が置かれるようになった。政党において最高の決議機関は党大会《とうたいかい》（国会議員、本部・支部の役職者、支部選出代議員等によって構成）であり年一回開催されるが、その機能を代替する機関として政友会では常議員会《じょうぎいんかい》、民政党では評議員会《ひょうぎいんかい》が設置され、それぞれ会長が置かれた。ただし、実際にこれらが機能することは少なかったようである。この他に帝国議会内の問題に関して検討する議員総会の会長、会計監督、顧問という役職があったが、以上の役職はいずれも総裁指名であった。

このように、党組織も制度化され整備されてきたが、しかし事実においては「政党の仕事は役の有無に拘らず熱心に本部に詰めかける幹部が中心となつて活動する現状で、役所の如く分担が几帳面でないから、自然仕事は混同」していた。つまり、第一に縄張り主義といわれるような縦割り式ではなく、そこにあるのは幹部か否かという階層的なものであった。第二に、党内で出世しようとすれば、党本部に頻繁に詰めかけてせっせと雑務をこなし名前を売ることが求められた。このためには、東京に常駐し同時に政党活動に時間が割ける職業政治家または大資産家のようなタイプであることが必要であった。第三に、そもそも幹部といっても厳密な定義はないようである。「陣笠代議士より一段高い地位を指すところの階級的意味に使はれ、一種の尊称と共に実際的には政党リーダーの別名」（加藤正造『政党の表裏』）であったという。以上のように党本部は、幹部と陣笠という階層構造であり、かつ幹部優位な体制であった。

以上、既成政党の組織を概観してきたが、それは総裁―幹部――一般代議士―代議士候補者―運動員―投票者といくつかの層から構成されており、それぞれの関係は比較的に緩やかであった。さらに、幹部は政権運営と党運営、一般代議士は党内出世のための党内活動、候補者は地盤培養、運動員は候補者擁立および地盤培養補助とそれぞれ機能も異なっていた。いうなれば、多層化した大衆政党であったといえよう。

政党内閣の終焉　一九二九年（昭和四）十月二十四日、いわゆる暗黒の木曜日から世界恐慌が起こった。日本は、第一次世界大戦以来農業・軽工業で慢性不況にあり、さらに時の浜口雄幸民政党内閣は不況覚悟の金解禁政策を実施しようとしていた。こうして、一九三〇―三一年は昭和恐慌と呼ばれる大不況が到来したのである。さらに、北伐によって中国・満州での日本権益が危機にさらされているという認識が強まり、ついに一九三一年九月十八日満州事変が勃発した。まさに、政党内閣は内憂外患となったのである。このような中で、与党民政党内に激しい動揺が生じた。協力内閣運動《きょうりょくないかくうんどう》である。当時の内相安達謙蔵はこの難局を乗り切るためには政友会との提携が必要であると考え、首相若槻礼次郎も一度は承認するところとなった。しかし、ともすれば軍部に同調的な安達に対し幣原喜重郎外相らがそれに反対したため、結局安達は孤立し内閣も不統一となって総辞職した。安達や中野正剛・風見章《かざみあきら》ら少壮代議士の一部は脱党し、一九三二年十二月二十二日に統制経済論や国際正義を主張して国民同盟を結成することになる。

民政党内閣の後には一九三一年十二月十三日犬養毅政友会内閣が成立した。財政に関しては高橋是清を蔵相に据え、金輸出再禁止と産業立国論に基づく財政積極主義への転換を模索した。いわゆる高橋財政はここに始まる。対中国外交に関してはさまざまな見方があろうが、とりあえず中国国民政府との交渉を進めることを優先し、満州国承認を迫る軍部には反対した。また党内に対しては、すでにみたように「総裁の任務は党の議定を経たる諸般の事項を執行するものにして、即ち党の代表たるに過ぎず」(『政友会史　犬養総裁編』)として、政策中心主義、党内民主化を徹底させようとした。そして、翌年一月二十一日議会を解散、二月二十日に施行された第一八回総選挙では四〇六議席中三〇一議席(民政党一四六議席)と圧勝し盤石の体制を築いたのであった。しかし、内閣の終焉、さらには政党内閣の終焉は突然やってきた。五・一五事件である。「政権党利に盲《めし》ひたる政党と之に結托して民衆の膏血《こうけつ》を搾る財閥」(五・一五事件檄文《げきぶん》)は国民の敵であると断じた海軍青年将校によって首相官邸や政友会本部が襲撃され、犬養首相は銃殺されてしまう。

政党内閣は確かに短期間で倒れたが、以上からその要因をたんに内在的なものとすることはできないように思われる。実際に、二・二六事件までは政党内閣復活の可能性もあったといわれる。ただし、政党が長期的な意味で、幾つかの課題を抱えていたことも事実であるように思われる。第一は、政権欲や党利党略というイメージの改善である。第二は、緩やかで不安定な党組織の安定である。第三は、ますます緊密にそして複雑になる国内外の経済、そして国民生活の安定に対し、どのような政策を提示していくかということである。特に、この問題は社会主義・ファシズムの勃興への対策として重要な意味を持っていた。

三　政党政治の凋落と再生（一九三二―五五年）

本章では、五・一五事件により政党内閣が中断した一九三二年（昭和七）から、保守合同により自民党が誕生した一九五五年（昭和三十）までを対象に、政党政治がたどった凋落から再生への軌跡を検討する。日米関係においては、幣原外交《しではらがいこう》に代表される協調路線が満州事変《まんしゅうじへん》によって崩壊し、中国との戦争が長期化するなかで対立が深まり、ついには開戦・大戦へと突入し、敗戦と占領、講和・独立を経て、再び安保《あんぽ》条約《じょうやく》を機軸とする協調路線へと復していった時期と重なる。このような変遷をたどった日米関係を踏まえた戦後政党のあり方については特論に考察を譲る。

1　政党政治の凋落

転換期としての一九三〇年代　日本の政治史を考えるうえで一九三〇年代は重要な節目となった時期である。政党政治もその例外ではなく、一九三〇年代は政党が絶頂から一転して凋落へと向かった転換期と位置づけることができる。

あらためて振り返ると、一九三〇年（昭和五）四月には、浜口雄幸《はまぐちおさち》内閣が海軍内の反対を押し切ってロンドン海軍軍縮条約を調印している。一九三〇年代の始まりは、軍部の反対を押さえ込んで軍縮条約の調印を果たしたことで、政党内閣の力が絶頂にあることを国民に示した年であった。ところが、同年十一月には右翼や軍部による政党攻撃の始まりを告げる浜口首相狙撃事件が発生する。引き続き翌一九三一年七月の柳条湖《りゅうじょうこ》事件で満州事変が勃発し、日本は、日中戦争、日米開戦へと引き続く「十五年戦争」に突入する。一九三二年には、二月から三月にかけての血盟団《けつめいだん》事件で三井合名理事長・団琢磨《だんたくま》に加えて、浜口内閣の大蔵大臣であり民政党筆頭総務であった井上《いのうえ》準之助《じゅんのすけ》が殺害された。そして、五・一五事件で犬養毅《いぬかいつよし》首相が海軍将校と陸軍士官候補生らに暗殺されると、政党内閣が継続せず、海軍大将である斎藤実《さいとうまこと》を首班とする非政党内閣の成立をみる。さらに

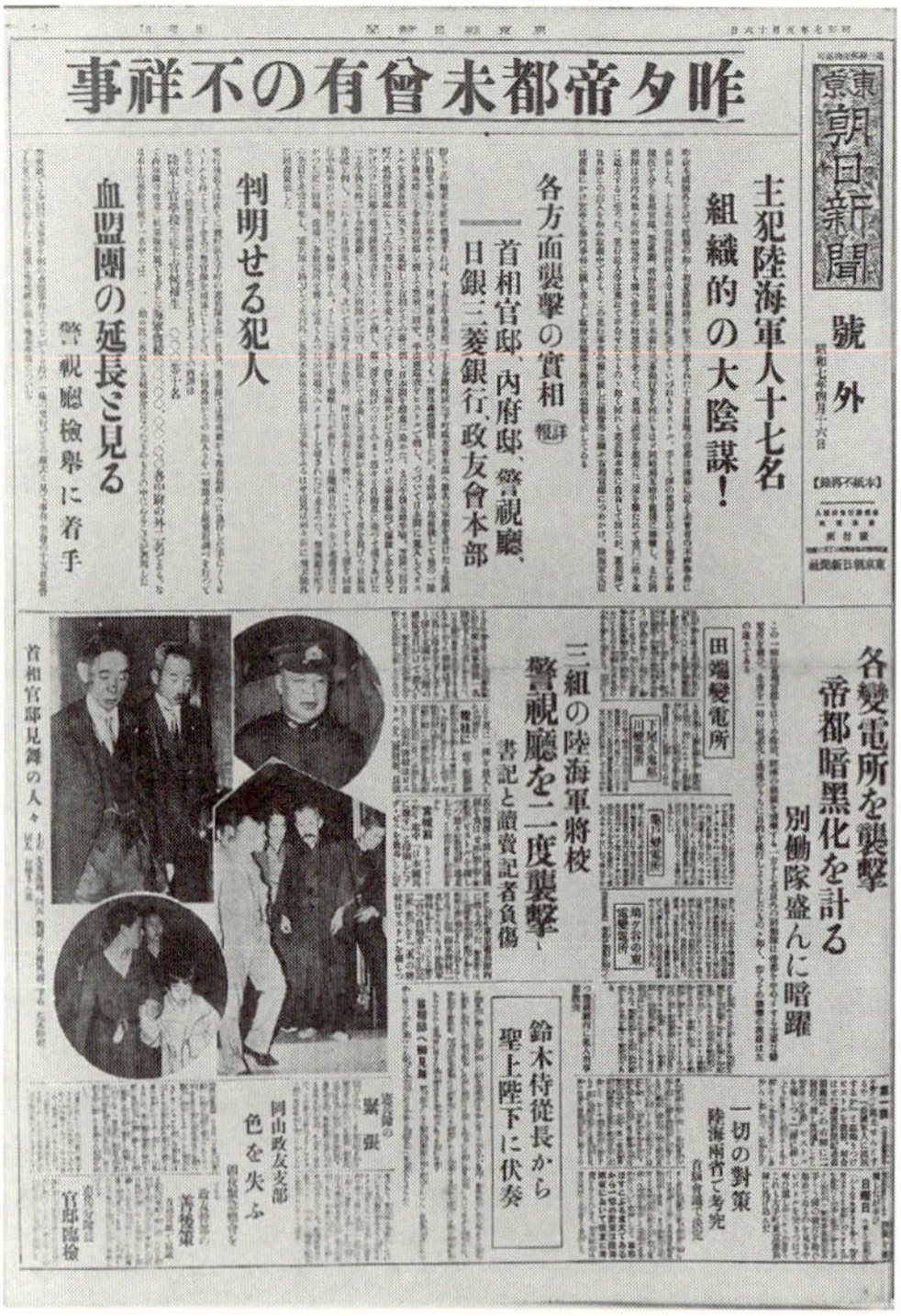
東京朝日新聞 號外

昨夕帝都未曾有の不祥事

主犯陸海軍人十七名
組織的の大陰謀!

各方面襲撃の實相
首相官邸、内府邸、警視廳、日銀三菱銀行、政友會本部

判明せる犯人

血盟團の延長と見る
警視廳檢擧に着手

各變電所を襲撃
帝都暗黑化を計る
別働隊盛んに暗躍

田端變電所

三組の陸海軍將校
警視廳を二度襲撃
書記と讀賣記者負傷

鈴木侍從長から
聖上陛下に伏奏

一切の對策
陸海兩省で考究

首相官邸見舞の人々

岡山政友支部
色を失ふ

緊張

官邸臨檢

図1　五・一五事件

一九三六年（昭和十一）の二・二六事件により政党内閣復活の可能性がほぼ完全に摘みとられ、一九四〇年（昭和十五）の近衛新体制運動に際しては全ての政党が解党して大政翼賛会《たいせいよくさんかい》に合流していく。一九三〇年代の政党政治が絶頂から凋落へと坂道を転げ落ちていったことが見てとれよう。

凋落への道をたどった政党にかわって、最有力の政治勢力となったのは軍部、特に陸軍であった。一九三〇年代は、先にふれた五・一五と二・二六という軍人による二度の蜂起事件が発生し、台頭する軍部をいかに制御するかという政治課題が重要度を増した時期でもあった。歴代の内閣は、大陸での戦争の継続と拡大とを食い止めることができず、国際関係の調整に追われた。軍隊のあり方をめぐる議論は戦後へ引き継がれ、占領軍のもとで帝国陸海軍が解体されたあと、朝鮮戦争勃発後に発足した警察予備隊で再軍備が開始し、保安隊、自衛隊への改編を経て、一九六〇年代に改憲論が沈静化するまで継続する。

一九三〇年代が昭和恐慌の時代であったことも見逃せない。一九二九年のニューヨーク株式市場の暴落に端を発した世界恐慌の影響が日本に波及すると、深刻な経済不況に対処するために、政府は財政支出を拡大し多額の予算を失業対策や農村救済に投入した。その結果、地方が国への財政依存を著しく高め、農村を運営管理する役割が伝統名望家《でんとうめいぼうか》から役職名望家《やくしょくめいぼうか》へと徐々に移行し、政党の構成や地盤形成の手法にも変化を促していく。また、政府が経済分野にその役割を拡大させ、統制経済の導入を推進していくにつれて、自由な経済活動を規制することに対する批判が既成政党や財界からたびたび提起された。政府活動の拡大をめぐる論争もまた戦後へと引き継がれていく。

国民思想の右傾化　社会に目を移すと、満州事変がおこった一九三一年からの数年で、日本が思想的になだれをうって右方向にスウィングし、国民思想の変化は政党政治にも波及する（中村隆英一九九三）。政友会《せいゆうかい》は、一九二九年（昭和四）には急死した田中義一《たなかぎいち》にかわって、大正期の憲政擁護運動で尾崎行雄《おざきゆきお》と並んで「護憲の神様」と称された犬養毅を担ぎ出し、進歩的イメージへの転換をはかった。ところが、五・一五事件で暗殺された犬養の後継には、かつて民政党の議会中心主義を天皇大権の精神を蹂躙《じゅうりん》するものと非難したことのある鈴木喜三郎《すずききさぶろう》を選出した。民政党では、安達謙蔵《あだちけんぞう》が、第二次若《わか》槻礼次郎《つきれいじろう》内閣末期に政友会との協力内閣運動に失敗して脱党し、中野正剛《なかのせいごう》らを伴って一九三二年十二月に国民同盟を結成する。国民同盟はブロック経済や国家経済統制を主張し、ファッショを模した制服を身につけるなど国家社会主義を志向していた。中野正剛は一九三五年（昭和十）には国民同盟を脱党し東方会《とうほうかい》を結成する。東方会は「生産力の急速なる拡大強化を目標として統制経済の動向を是正すべし、全体主義に則り、階級的特権と階級闘争を排除すべし」といった綱領を掲げ、紺色のワイシャツにエンジ色のネクタイと腕章、黒い戦闘帽に乗馬ズボンというナチスばりの制服で知られた政治結社である（伊藤『近衛新体制』）。

満州事変の衝撃は左翼にも波及した。社会民衆党《しゃかいみんしゅうとう》では、国家社会主義を唱えた書記長の赤松克麿《あかまつかつまろ》・嶋中雄三《しまなかゆうぞう》らと、片山哲《かたやまてつ》・西尾末広《にしおすえひろ》ら党主流の間に対立が深まり、脱党した赤松派は、一九三二年五月に日本国家社会党を結成する。一九三三年には六月に共産党幹部であった鍋山貞親と佐野学が転向声明を発し、これをきっかけに幹部や一般党員の転向が続出する。一九三七年（昭和十二）の日中戦争の勃発は、ヨーロッパでのファシズム、ナチズムの影響ともあいまって、いま一段の思想的な右傾化を引き起こした。社会民衆党と労農大衆党《ろうのうたいしゅうとう》の残存派が一九三二年七月に結成した社会大衆党（委員長安部磯雄《あべいそお》、書記長麻生久《あそうひさし》）は、徐々に国家社会主義へと傾斜していき、戦争勃発後には戦争協力と右旋回の姿勢を明確にする。その後、実現にはいたらなかったものの、社会大衆党は、東方会と合同して「全体主義単一国民政党」の結成を試み、一九三九年（昭和十四）二月に結成大会開催を予定するまでに話が進んだ。この後、社大党と東方会は一九四〇年の近衛新体制運動に率先して参入していくのである。

挙国一致内閣期の政治　一九三二年に話を戻そう。五・一五事件後、西園寺公望は、浜口首相の例と同じくテロによって政権を移動させるべきではないと考え、当初は、犬養が総裁であった政友会による内閣の継続を構想していた。しかし、政党内閣にこだわらなかった天皇の意向や、政党内閣継続に反対する陸軍の動向、テロ再発の可能性などを考慮して、海軍の長老にして穏健派の中心人物であった斎藤実を首相に推した。西園寺は、政党や官僚、陸海軍といった各政治勢力の人材が斎藤を中心に結集する「挙国一致内閣《きょこくいっちないかく》」のもとで事態を鎮静化し、政党内閣への復帰が実現することを期待したのである。翌一九三三年（昭和八）十月に、西園寺は、「今後の政治の動向を考ふるに、軍部に軍権、政権を掌握せしめて独裁的の政治を行はしむるか、或は徐々に今日の情勢を転回せしめて議会政治で行くかの二つしかないと思ふ。（中略）自分としては、今日は動くべきときでなく、今暫《いましばら》く現内閣に仕事をさせて、推移を見るべきなのではないかと思ふ」とその心中を明らかにしている（『木戸幸一日記』上巻）。

戦前日本の政党内閣は五・一五事件によって終焉を迎える、と説明されることがある。この説明は結果から見れば妥当であるかもしれない。しかし、斎藤内閣は、政党から閣僚をとり、しかも政友会の高《たか》橋《はし》是清《これきよ》が蔵相、民政党の山本達雄《やまもとたつお》が内相と、政党員が主要閣僚を占めていた。斎藤内閣は、清浦内閣以

図2　岡田啓介

来八年ぶりの非政党内閣ではあったものの、決して政党を無視した「超然内閣」ではなかったといえよう。西園寺は、挙国一致内閣を選択して軍との正面衝突を避けつつ、五・一五事件と満州事変によってもたらされた「非常時」の鎮静化と政党内閣復帰への道筋を模索していたのである。その意味で、斎藤から岡田啓介《おかだけいすけ》へと引き継がれた、いわゆる挙国一致内閣の時代には、政党内閣復活の可能性がまだ十分に残されていたのである。

一九三四年（昭和九）六月に帝人事件《ていじんじけん》に関係して斎藤内閣が総辞職すると、同じく海軍の穏健派である岡田啓介が内閣を組織した。西園寺はこのとき老齢を理由として初めて重臣会議（西園寺のほか、首相経験者、内大臣、枢密院議長によって構成）による首相選定方式をとった。前首相の斎藤によれば、岡田が推薦された理由は、斎藤内閣の政治形態と財政金融政策を継続する必要があること、綱紀問題に懸念のないこと、そして軍縮条約改訂のために海軍への十分な知識があること、の三点であった

(『西園寺公と政局』第三巻)。斎藤の推薦理由にあるように、岡田内閣は、基本的には斎藤内閣の継続であり、同じ性格の内閣と位置づけることができる。

しかしながら、岡田内閣には斎藤内閣とは程度の差とはいえない相違があった。第一に、政党が後退し、かわって官僚が進出したことである。斎藤内閣では政党人が主要閣僚ポストをしめ、高橋蔵相と山本内相の二人が斎藤とともに内閣の支柱となった。岡田内閣でも、民政党から二名が、政友会から三名が入閣したものの、大蔵大臣には藤井真信《ふじいさだのぶ》が次官から昇格し、内務大臣も内務官僚である後藤《ごとう》文夫《ふみお》が就任するなど官僚出身者の進出がめだち、逆に政党の退潮ぶりが顕著となったのである。第二に、挙国一致内閣を標榜して立ったにもかかわらず、岡田内閣は挙国一致の実質を調達できなかった。衆議院で三〇〇を超える絶対多数の議席を有した政友会が、二代続けて海軍出身者が首相に起用され、また閣僚の割り振りに対する不満もあって反発を強め、内閣への協力を拒否したからである。斎藤内閣発足当初の政友会は、五・一五事件後の社会的動揺、「非常時」が沈静化すれば、政党内閣が復活し、政友会が政権に復帰できると期待して準与党の立場をとっていた。しかし、斎藤内閣が二年を越えて継続するなかで焦燥感を強め、岡田が後継内閣を組織するに至って純然たる野党に転じたのである。このため、政友会から入閣した床次竹二郎《とこなみたけじろう》(逓相《ていしょう》)、山崎達之輔《やまざきたつのすけ》(農相)、内田信也《うちだのぶや》(鉄相)の三名は除名され、後に病を得て辞任した藤井蔵相を継いだ政友会長老・高橋是清は「別離」を宣言されることとなった。

そうした相違はあったとしても、斎藤・岡田両内閣を背後にあって支えていたのが、西園寺であり、

図３　二・二六事件

宮中関係者であった点では共通していた。この時期の宮中の要職は海軍と外務省、そして内務省出身者で固められていたが、総じて親英米的で穏健な顔ぶれであった。海軍、既成政党、官僚、名門華族の穏健派を動員して、急進的な陸軍の動きを封じ込めることを目指したのが挙国一致内閣期の政治の基調であった（北岡一九八九）。

軍部の内訌と二・二六事件　岡田内閣期の陸軍では皇道派《こうどうは》と統制派《とうせいは》との対立が激化していた。皇道派とは犬養内閣で陸相となった荒木貞夫《あらきさだお》と、参謀次長次いで教育総監となった真《ま》崎甚三郎《さきじんざぶろう》を中心とするグループである。彼らが国軍を「皇軍」と呼んだことが皇道派の由来である。一方、皇道派の派閥人事に反発した、永田鉄山《ながたてつざん》ら省部（陸軍省・参謀本部）幕僚グループは統制派と呼ばれた。皇道派の軍首脳は、軍人勅諭が禁じた政治運動に積極的であった青年将校運動と提携し、煽るような行動をとった。これに対して統制派は戦闘組織である軍の結束力や統制を損なうとして運動に批判的であった（戸部一九九八）。

皇道派と統制派の対立は派閥抗争の様相を呈し、一九三五年（昭和十）七月に皇道派の中心人物であった真崎甚三郎教育総監が更迭されると、追い詰められた皇道派は様々な形で反撃に出る。皇道派は、中央の幕僚では少数派であったものの、イデオロギー的には強力であり、地方の連隊付将校に厚い支持を集めていた。このことから反撃はまず、天皇機関説批判というイデオロギー闘争の形をとった。これに引き続く実力行使の形をとった反撃が、一九三五年八月の相沢中佐事件（永田鉄山軍務局長が皇道派の相沢三郎中佐に陸軍省の執務室で斬殺された事件）であり、翌三六年の二・二六事件であった（北岡一九九九）。

　陸軍部内の統制を永田ら統制派に期待していた岡田にとって、相沢事件は大きな痛手となった。加えて中国では、この間に関東軍と支那駐屯軍による華北分離工作が進められ、外交面でも危機が深まった。ここで岡田は、内政と外交双方の行き詰まりの打開をめざして、政友会の不信任案提出を受けて、議会を解散し総選挙に打って出る。岡田首相は一九三四年（昭和九）末にワシントン海軍軍縮条約の廃棄を通告し、三六年一月には第二次ロンドン軍縮会議の脱退に踏み切り、天皇機関説問題でも天皇が統治権の主体であるとする「国体明《こくたいめい》

昨早曉一部靑年將校等
各所に重臣を襲撃
内府 首相 教育總監は卽死
藏相と侍從長は重傷
今後南京に常駐し
國交調整に全力
有田大使決意を披瀝
聲明書發表
帝都に戒嚴令布かる
司令官は香椎中將
首相代理に後藤内相
人心に動搖なし
臨時内閣總辭職
昨夜辭表を捧呈
艦隊警備に就く
警視廳は司令官指揮下に
日滿露國境紛爭の
原因をなす諸疑點
米土地保護割當法
兩院協議會を通過
帝國興信所
社告

図4　二・二六事件　新聞記事

徴声明《ちょうせいめい》」を二度にわたって発するなど内外の課題双方について譲歩を重ねていった。だが、政友会が反内閣の姿勢を明確にし、岡田が総選挙に打って出たことにより、逆説的に政党内閣に復帰する可能性が出てきた。すなわち、「岡田党か政友会か」を争点に掲げて総選挙を戦うことによって、選挙後の岡田内閣は自然と与党に支えられた政党内閣へと変質を遂げるからである（御厨『馬場恒吾の面目』）。実際、一九三六年二月二十日に執行された第一九回総選挙では政府与党が勝利し、内閣は大勢を挽回するかに見えた。民政党が二〇五議席（五九増）、これに国民同盟、昭和会（山崎達之輔ら政友会脱党者が結成）の議席を合わせて与党は過半数を制した。これに対して、政友会は一七一議席（一三〇減）と大敗し、鈴木喜三郎総裁も落選した。国民は、軍国主義的傾向を好まず、岡田内閣の現状維持的な姿勢を評価したといえよう（北岡一九九九）。

ところが、二月二十六日の陸軍青年将校蹶起により流れは一変してしまう。解決までに四日間を要した二・二六事件は、クーデターとしては失敗に終ったものの、斎藤実や高橋是清など有力な政治家の命を奪い、穏健派を痛撃したことから、陸軍封じ込め体制を決定的に弱体化させてしまう。逆に、軍部の存在感と影響力は、それ以前とは比較にならないほどの増大を果たした。二・二六事件は政党内閣復帰の可能性を完全に摘みとり、その後の政治のあり方に決定的な影響をおよぼすことになった。その後の日本が、天皇が終戦詔勅《しゅうせんしょうちょく》を放送した一九四五年（昭和二十）八月十五日を迎えるまでに、一〇年足らずの期間しか要さなかったことは記憶に留めるべき事実であろう。

高橋財政　一九三〇年代には政党政治のあり方に影響を与える重要な変化が経済、財政面でも進行していた。世界恐慌の影響が日本へ波及し「昭和恐慌」と呼ばれる経済不況がはじまったからである。不況の実態について簡単に言及しておこう。名目の国民生産は対前年比で、一九三〇年がマイナス一〇％、三一年がマイナス九・三％も縮小した。とくに恐慌の影響が直撃し深刻であったのは農業であり、主食である米や、主力輸出品であった生糸《きいと》の原料となる繭《まゆ》の価格の暴落は著しかった。一九二五年（大正十四）に四一円五七銭を示した米価（深川正米相場《ふかがわしょうまいそうば》）は二九年には二八円九二銭に落ち、三〇年に二五円三〇銭と続落し、三一年に至っては一九二五年の半値にも及ばない一八円三七銭という安値となっている。このように農産物価格が下落した結果、全国の自作農の半分以上、小作農の四分の三が赤字に転落した（北岡一九九九、『昭和財政史第14巻』）。

政府は農村を救済するために多額の政府資金を投入する。斎藤内閣で特に重要な役割を果たしたのは、犬養内閣から留任した大蔵大臣高橋是清である。高橋は、金融緩和と為替切下げによって輸出競争力を強化するとともに、不況の克服、特に農業恐慌に見舞われている農村を救済し、農民に現金収入を与えるために土木事業費を主とする農村救済予算を編成した。このとき国からの補助金事業として、当時の地方財政の一年分に匹敵するような巨額の予算が、農村の公共事業にまわされた。例えば、農村に関わる農林補助金は、一九一六年（大正五）には一一七万円であったものが、一九三六年（昭和十一）には五三八五万円に増加している。農家の人々を土木工事に雇用することによって、農家の現金収入を作り出すことをねらった政府の措置は、疲弊しきった農村にカンフル注射をするような効果をもたらした（中村一九九三、北岡一九九九、升味『日本政治史』3）。

戦後の産業政策につながる経済政策が登場したのも一九三〇年代のことである。一九三四年（昭和九）に軍需備蓄のための必要性を視野に入れた石油業法が制定されて以後、業者の許可制、事業計画の提出、政府の指揮権といった規制を政府から受けるかわりに、税制や金融面での優遇を受ける「事業法」が、自動車（一九三七年）、人造石油・製鉄（三七年）、工作機械・航空機（三八年）といった諸産業について設けられていった。この政策手法は一九五五年（昭和三十）前後に行われた個別産業立法の原型をなしている。

上述のような財政政策によって国内需要が創出され、日本経済は回復への軌道をたどり始めることとなった。世界恐慌がはじまった一九二九年の各国の輸出水準を一〇〇とすると、日本は、五年後の一九三四年にこの水準を回復する。一方、同時期のイギリスは五四、アメリカは四一に過ぎなかった。日本はいち早く景気回復を果たしたのである（中村一九八六・一九九三、北岡一九九九）。

名望家社会の変容　日本経済の回復基調は、しかし、都市と地方との経済格差を拡大させた。都市部が満州事変以後の急激な軍事費膨張にともなって軍需産業が好調であったのに対して、農村部は農産物価格急落の直撃を受けて財政が著しく窮乏化し、独自財源である地方税ではとうてい地方行政を行えなくなった。これを受けて一九三〇年代には都市と農村の財政力格差を補うために、地方財政調整制度の導入が検討されはじめる。一九三五年（昭和十）に町村のみを対象とする臨時町村財政補給金制度が創設されたのに続いて、一九三七年の臨時地方財政補給金制度は対象を全ての地方団体に拡大し、一九四〇年には地方分与税が導入されるに至った。このほか従来からの戸籍、兵役、統計等に戦争に伴う国政事務が加わったことから、これら諸費に充当される国からの補助金、交付金も本格的に拡大していった。一九三〇年代は国から地方への財政移転が増加した時代、逆にいえば地方が国への財政依存を著しく高めた時代であった。

栗屋憲太郎氏の研究によれば、臨時地方財政補給金制度の実施によって、新潟県栃尾郷内の町村（現在の長岡市）、例えば西谷村では三八年に補給金が村の歳入の三一％となり、義務教育費国庫負担金を加えると国からの補助金は歳入の半分近くになった。そして、補給金制度が整備されたことで村の財政は建て直しのきっかけを得たものの、一方では補給金の使用状況などを県当局へ報告することが義務付けられるなど、国や県からの指導と統制が強化され、財政制度を通じて国の地方自治体への中央集権的な支配と統制が強化されていったという（栗屋二〇〇七）。

一九四〇年（昭和十五）に地方分与税が導入されると、町村財政の歳入は国から交付される地方分与税への依存をさらに強めるようになる。地方分与税導入前後（一九三九年度と一九四三年度）の地方税収構造をみると、道府県独立税・同付加税および市町村独立税の比重が五一・六％から一五・二％に減少したのに対して、国からの財政移転は一七・一％から四五・八％へと増大している（武田勝「日本における財政調整制度の生成過程」）。先の西谷村の村財政も例外ではなく、地方分与税が歳入の四割前後を占め、これに国税賦課税・国庫補助金を加えると、国からの財政移転が歳入の半分を超え、一九四三年には七一％にものぼったという。同様の事態が全国各地で進行していったのである（栗屋二〇〇七）。地方が国への財政依存を著しく高めたことが農村社会に変化をもたらした。昭和恐慌期に福岡県知事をつとめた松本学は次のような回想を残している。

「(農村不況の当時は) 農村疲弊という声が巷《ちまた》にしきりでありまして、農村は窮乏し、米の値段は下がる百姓は困り抜くというので、農村救済農村救済という声が何処にも起こってきた。(中略) 農村においても出来るだけ県庁へお百度を踏み、または政府にでかけて少しでも余計に補助金をもらってくる村長さんは一番偉い村長さんだ。俺の方の村長さんは沢山補助金をもらったというようなことで、村民から褒められ、またそれを手柄にするような人もずいぶんとあったようです。」(松本学「全村学校の真意義」〔香月秀雄『皇国農村の育養』泰文館、一九四四年〕所収)

松本が福岡県知事の職にあったのは一九二九年(昭和四)七月から三一年五月までのちょうど世界恐慌が発生し経済不況が日本にまで波及した時期にあたる。松本は、農村救済が政府の課題となり農村への補助金が拡大すると、すぐに補助金獲得のための陳情合戦や競争が盛んになったこと、また農村に補助金依存の風潮や、獲得した補助金の多さを村長評価に結びつける意識が生まれたことを指摘する。

升味準之輔氏によれば、これら拡大した政府資金を用いて農村を運営管理する役割を担ったのは中農層の実力者である役職名望家であった。彼らは、旧家出身であったからではなく、土地所有や企業家であることを見込まれたからでもなく、その能力や声望によって村政の役職についた。能力を買われて役職につき、役職にあるからこそ農村の社会経済生活に影響力を行使するようになった。一九三〇年代の農村では、それまで政党政治をささえてきた地主層や地方企業家ら「伝統名望家」にかわって、「役職名望家」があらわれ、その代表者が村長や助役、村会議長を占めはじめ、拡大する国家官僚制の末端に連なっていった（升味『日本政党史論』第5巻、同『日本政治史』3）。さらに選挙から不正行為を排除することをめざして一九三五年（昭和十）に開始された選挙粛正《せんきよしゆくせい》運動《うんどう》を通じて、内務官僚など官僚機構は部落会《ぶらくかい》や町内会《ちようないかい》など末端の行政組織を整備し、運動に民間団体をも巻き込むことで、国民をきめ細かく掌握していった（季武二〇〇七）。

農村をはじめ地方が国への財政依存を高めた時期に、官僚が伝統名望家を介さずに国民各階層に対する掌握力を強めたのとは対照的に、政党は一九三二年（昭和七）の五・一五事件によって政権の座からすべり落ち、中央官庁が掌握する補助金や交付金への影響力を喪失してしまう。したがって、一九三〇年代以降、補助金など国からの財政移転を武器に地方、国民への直接的な影響力を強めていったのは、政党政治家ではなく、中央官庁の官僚であった。これが挙国一致内閣期に「新官僚」や「革新官僚」など官僚の台頭が取りざたされた背景であろう。だが、官僚が国民各層への掌握力を強化したことは、政党が政権に復帰する戦後までをも見通せば、政党の構成や、代議士の地盤形成の手法に変化を促すことになる。政権の座を離れた政党が統制力を失い、伝統的な名望家秩序も弱体化していくなかで、代議士は地域の政治社会の再編成に個人の力で対応し、自らの支持基盤の強化拡大に努めていく。そして、政権に復帰した戦後政党は、各種団体を介して国民をきめ細かく組織化することに成功した官僚機構と、拡大の一途をたどる補助金網とを活用することで、個々の代議士の地盤を党組織へと再び糾合していくのである（季武一九九三・二〇〇七）。

統制経済の進展　政府が景気浮揚策や失業対策として公共事業を展開し、また産業政策を導入したことは、国家が経済分野における役割を拡大させたことを意味する。政府は、加えて戦争遂行の必要から食糧の供出と配給、物価や生産の統制、電力の国家管理といった統制経済の導入をさらに推進していく。日中戦争勃発後の一九三七年（昭和十二）九月には臨時資金調整法、輸出入品等臨時措置法、軍需工業動員法の適用に関する法律が成立し、同十月には重要経済政策や物資動員計画の立案にあたる企画院《きかくいん》が内閣に創設され、翌三八年には国家総動員法《こっかそうどういんほう》と電力国家管理法《でんりょくこっかかんりほう》が成立する。

しかしながら、国家が経済過程に介入し、自由な経済活動を規制することに対する同意がひろく政財界に形成されたわけではなかった。国家総動員法と電力国家管理法には、社会大衆党が「社会主義の模型」ととらえて賛成したものの、財界や既成政党には反対論が根強かった。一九三八年の第七三議会では、衆議院本会議で民政党の斎藤隆夫《さいとうたかお》、政友会の牧野良三《まきのりょうぞう》らが、国家総動員法に規定された広範な勅令委任を憲法違反の疑いがあると厳しく批判している。だが、法案を提出した第一次近衛内閣の人気は高く、また政民両党ともに内閣に協力的なグループを内に抱えていたこともあって、法案成立を支持する軍部の圧力に抗しての強い反対を展開できなかった。

ここで既成政党内の状況に目を転じると、民政党では、第二次若槻内閣下で協力内閣運動を提唱した安達謙蔵が脱党した後には、党内に親軍派の永井柳太郎《ながいりゅうたろう》派を抱えながらも、一九三五年一月に総裁に就任した町田忠治《まちだちゅうじ》を中心に政局に対処していた。一方の政友会は、第一九回総選挙での落選後に病床にあった鈴木喜三郎が一九三七年に総裁を辞した後、後継を選任できずに鳩山一郎《はとやまいちろう》、前田米蔵《まえだよねぞう》、島田俊雄《しまだとしお》、中島知久平《なかじまちくへい》の四名が代行委員に就任して党運営にあたった。だが、党内最大派閥の鈴木派を継いだ鳩山と、鳩山が唱えた議会政治擁護を時代にそぐわないと批判する反鳩山派との間の対立が深まり、ついには一九三九年（昭和十四）四月に、鳩山が久原房之助《くはらふさのすけ》と組んだ政友会久原派（正統派）と、政友会中島派（革新派）とに分裂するに至っている（奥二〇〇四、粟屋二〇〇七）。

国家総動員法に対しては結集するにいたらなかった統制経済に対する反発は、次には第二次近衛文《このえふみ》麿《まろ》内閣での経済新体制をめぐる論争のなかで噴出する。一九四〇年（昭和十五）九月二十八日に企画院が公表した経済新体制確立要綱は、企業を利潤ではなく、生産を目的とする組織に作りかえるために、国家の主導のもとで資本と経営を分離し、また自由な企業活動を制限して日本全体を生産協同体にする、との全体主義的方向の改革が必要であると強調していた。財界と既成政党の大部分は、企画院の要綱に示された方向性に批判的であった。財界は、資本と経営を分離したうえで、経営者の任免権を官庁が握り、企業が官庁の意のままにされることを極度に警戒し、ほぼ三ヵ月間にわたって反対運動を展開した。これに財界との関係が深い既成政党も同調し、結局、要綱から経営と資本の分離が削除され、全体主義的な色彩が薄められたのである（原・中村一九七二、中村一九八六・一九九三、北岡一九九九）。

総動員法案衆院可決
満場一致・原案通り
附帯決議二項目
疑義重ねて検討
委員會掉尾の應答

図５　国家総動員法

資本主義的な自由主義経済体制に何らかの改革を加えるべきだとの主張は、陸軍をはじめ右翼から、またこれと結びついた社会大衆党など左翼のなかからも提起されていた（中村・原一九七二）。こうした主張を背景に、統制経済は、世界恐慌や戦争拡大に対応するという現実的な必要性もあって拡大を遂げたのであった。だが、既成政党や財界の大勢が承認をあたえるにはいたらず、戦争終結後に再び官僚主導の統制経済に対する批判が噴出し、経済政策が政党間の政策的対立軸として浮上することになる。

2 大政翼賛会と戦時下の政治

近衛文麿の登場　二・二六事件が穏健派重臣層を直撃したことは、首相選定を担った元老西園寺にとっては信頼できる人材の枯渇を意味した。このため西園寺は以後の首相選定では必ずしも万全の信頼を寄せておらず、能力や思想信条の面で不安の残る人物を起用せざるをえなくなる。このとき西園寺が後継首相に選択したのが、大化《たいか》の改新《かいしん》で知られる藤原鎌足《ふじわらのかまたり》の流れをひき、五摂家の筆頭である名門近衛家を継いだ近衛文麿であった。近衛は、一九三三年（昭和八）、二・二六事件の起こる三年前に四十二歳という若さで貴族院議長に就任した名門華族のホープであった。しかしながら、西園寺は、近衛に不安を抱いていた。近衛との会談の際に、西園寺は、首相への就任を強く薦めながらも「元来予は私情として君を推すを欲せざるも時局重大、他に人なし」と述べたという。

近衛に対する西園寺の懸念はどこにあったのであろうか。近衛は、一九一九年（大正八）のパリ講和会議で首席全権となった西園寺に連れられ、随員として会議に参加している。周知のとおり、近衛は、その前年一九一八年に論文「英米本位の平和主義を排す」を『日本及日本人』（大正七年十二月十五日号）に発表し、大戦後に唱えられた平和主義は、経済的に優位に立つ英米に都合の良い「英米本位」、すなわち英米の利益にかなったものであると指摘していた。一九三五年（昭和十）に至っても英米仏ソを「現状維持」国、日独伊を「現状打破」国と位置づけ、現状に何らかの修正を加えることの必要性を訴えた講演を行っている。一方の西園寺は一貫して親英米的な外交路線を支持するリベラルな姿勢を維持しており、英米が主導する国際秩序に批判的な近衛の言動が気がかりであったことは当然であろう。このような近衛に二・二六事件後の政局を委ねなければならなかった西園寺の苦衷が「他に人なし」との言葉に込められたのである。

図6　近衛文麿

近衛は、二・二六事件後には健康不安を理由に首相就任を固辞し、広田弘毅《ひろたこうき》が政権を担うこととなったが、その後一九三七年（昭和十二）から四一年にかけて三度にわたって内閣を組織する。首相としての近衛の実績は西園寺の不安が的中する結果に終わった。近衛は日本が戦争へと突き進む過程に深く関わった首相となるのである。近衛が第一次内閣を発足させてから一ヵ月たった一九三七年七月には盧溝橋事件《ろこうきょうじけん》が勃発し、中国国民党政府との戦争がはじまる。「北支事変《ほくしじへん》」次いで「支那事変《しなじへん》」と呼ばれた日中戦争の拡大に際して、近衛はこれといった反対の発言を残していない。そして、一九三八年一月には「国民政府を対手（相手）とせず」との声明を出して和平工作を打ち切ってしまう。すでに述べたように国家総動員法や電力国家管理法も近衛内閣のもとで成立し、第二次・第三次近衛内閣の時期には日独伊三国同盟が締結され、北部・南部仏印進駐が実施されている。いずれもが日本が戦争へと突き進むにあたって決定的なインパクトを与えた決定ばかりである（以上、武田知己「近衛文麿」御厨二〇〇三、立命館一九九六）。

そして、近衛文麿が日本政党史上に残した最大の足跡は、新体制運動を推進して全ての政党が解消した無政党時代を現出させ、大政翼賛会を結成したことであろう。近衛新体制は、日中戦争など国際関係の打開、また国内政治の行詰まりを乗り切るために、憲法改正あるいはその弾力的運用を視野に入れつつ、政治・経済・社会体制の変革を目指した運動であった（村井二〇〇八）。

近衛新体制　一九四〇年（昭和十五）七月二十二日に宮中で首相および閣僚の親任式が行われ、近衛は二度目の内閣を組織する。近衛は、その翌日二十三日夕方の「大命を拝して」というラジオ放送で、政党に関して「思うに従来政党の弊害は二つある。その一つは立党の趣旨において、自由主義をとり、民主主義をとり、或は社会主義をとって、その根本の世界観人生観が、既に国体と相容れないものがあるという点であって、これは今日急速に転回し、抜本的に改正しなければならない所である。その二つは、党派結成の主要なる目的を、政権の争奪に置くことであって、かくの如きは立法府における大政翼賛の道では断じてないのである」と語った。近衛が、組閣に先立って陸海外の大臣候補と根本国策を談じた「荻窪会談《おぎくぼかいだん》」では、国内政治体制に関して「国体精神を遵奉《じゅんぽう》し全国民を結合する様な、新政治組織の結成に邁進するとともに、当面の政治力強化のため、首相に直属し政治の大方針を策定建議すべき機関を設置する。それは真に有能な官民少数で組織する」と申し合わせていた。近衛は「新政治組織」を結成することで、既成政党にかわる「新しい政治力」を創出し、これを背景に歴代内閣が果たせなかった陸軍の統制、また陸海軍の一致を実現することを目指したのである。

近衛を軸とした新党結成の動きは、一九三八年（昭和十三）の第一次近衛内閣の時期にも構想されたことがあった。この時に新党計画を推進したグループは、第一に社会大衆党の麻生久や亀井貫一郎、近衛と密接な関係にあった秋山定輔《あきやまていすけ》と秋田清《あきたきよし》らであった。彼らは、各分野の「革新」派、現状打破志向の人々を結集して近衛を担ぎ上げることで、対外・対内政策の大変革を実現するための一国一党体制をクーデター的に成立させようと考えていた。もう一つの新党推進勢力は、近衛新党によって再び権力の中枢に復帰しようと目論む既成政党であった。だが、このときの新党構想は既成政党主導の計画に近衛が消極的となったために失敗に終わった（伊藤一九八三）。

いったんは消滅した新党運動が新体制運動として再興した背景には、一九三九年（昭和十四）九月のドイツ軍のポーランド侵攻によって始まったヨーロッパの戦乱が、四〇年六月のパリ入城に至る電撃戦の成功によってドイツの圧倒的優勢のうちに推移した、という国際情勢の激変があった。決着の見えない日中戦争、変調を来たした日米関係など閉塞した状況を解決するために、有馬頼寧農相ら近衛側近と「革新」派は、従来の政党政治や議会政治ではなく、ナチスやソ連共産党のような強力な指導政党を作り上げることが必要と考え、枢密院議長であった近衛を説得した。陸軍も、米内光政《よないみつまさ》内閣がヨーロッパ戦争に不介入の方針であったことから、近衛を担ぎ出すことで外交政策の転換を実現しようとこの動きに同調したのである。

また、衆議院での民政党・斎藤隆夫の「反軍演説」をとらえての議会除名問題も新体制運動につながっている。斎藤は一九四〇年二月二日に政府の日中戦争処理方針について二時間近くの質問を行なったが、演説に盛り込まれた「唯徒《ただいたずら》に聖戦の美名に隠れて」とのフレーズをとらえて、陸軍が「聖戦」に対する冒涜であると厳しい処分を要求した。結局、衆議院懲罰委員会が斎藤除名を決定し、本会議でも賛成二九六名、反対七名、棄権一四四名となり処分が確定した（楠二〇〇六）。除名に批判的な姿勢をとったのは民政党の一部と政友会久原派の鳩山グループ、そして社大党の旧社民系が中心であった。その後、除名推進派議員を中心に各派有志代議士一三〇余名が参加して、三月二十五日に聖戦貫徹議員連盟が発足した。同連盟は「政治体制整備方策」を定め、「一切の国民不安を解消し、国民をして向うところを知らしめ、挙国一体国策の完遂に邁進せんとせば、強力にして革新的なる政治力の存在が絶対に必要である。而して斯くの如き政治力の母胎をなすものは実に一大強力新党でなければならぬ」とし、「従来の自由主義的政党並に階級的政党の観念を排し、国体の本義に基き、大勢翼賛の国民意志を綜合し（中略）同一時局認識に立つ政府と合体協力して国民を指導」する新党の必要性を訴えていた（伊藤一九八三）。

朝日新聞 夕刊

翼賛會發會式を擧行

一億一心逞しき發足

大政翼賛の臣道實踐

綱領宣言はこの一語につく

近衞總裁決意を闡明

図7　大政翼賛会発会式

政党の解消運動は様々な思惑や期待の受け皿となりつつ、近衛が枢密院議長を辞する動きを見せたことで一気に盛り上がった。七月六日に社会大衆党が「内外の時局に鑑み、政治の新体制を待望するは、国内一致の輿論なり、日本民族の興亡またこれが成否にかかる。（中略）内に強力なる政治の体制をととのえ、外に新鋭なる力を発動せば、民族の興隆は期して待つべく、東亜の諸国は永くその恩恵に浴すべし。（中略）われらは憂国の念禁ずる能わず、党を解いてこの世紀の役割に参画せんとす」との声明を発して解党した。次いで七月十六日に政友会久原派、二十六日に国民同盟、三十日に政友会中島派が続き、八月十五日に最も慎重であった民政党が解党したことで、日本は無政党時代に入った（矢部貞治『近衛文麿』下、近衛文麿伝記編纂刊行会、一九五二年）。しかしながら、全ての政党が解党し競って近衛新党に参入したことで、新体制運動が変調をきたしはじめる。

大政翼賛会　近衛から新たな政治体制構想の起案を依頼された矢部貞治（東京帝国大学法学部教授）は日記に次のような懸念を記している。「強力新党の首領が同時に首班となるということについての国体論、憲法論を汽車の中で考える。どうも関白（近衛）が首相となってから又挙国的政党組織をやるということは、国体上、憲法上、どうも疑わしい。幕府論になる。」（『矢部貞治日記　銀杏の巻』七月十一日）「幕府」とは天皇と国民の間にあって、実質的に政治権力を独占する機構または集団を指す（有馬二〇〇二）。矢部は、一国一党が成立して強力な政治力を発揮すれば、天皇は事実上独裁政党の党首以外を首相に任命できなくなり、天皇の大権を侵害することになると危惧したのである。この見解に動揺した近衛は、十月十二日の大政翼賛会の発会式で、「綱領は大政翼賛の臣道実践ということに尽きる（中略）これ以外には宣言も綱領もなし」と声明して出席者を唖然とさせることとなった。

大政翼賛会発足後、衆議院議員と貴族院議員は議会局に所属し、議会運営の便宜をはかるために十二月二十日に衆院議員四三五名が院内交渉団体「衆議院議員倶楽部」を結成した。なお同倶楽部には全員が参加する予定であったが、尾崎行雄ら七名は参加を見合わせている。旧政党人は「バスに乗り遅れるな」とばかりに新体制運動になだれ込んだものの、指導部を新党推進派に押えられ、一部局にすぎない議会局に押し込められてしまった。この不満が第七六議会（一九四〇年十二月二十六日開会）で噴出する。

一九四一年（昭和十六）一月二十四日の予算委員会で、川崎克《かわさきかつ》は「大政翼賛と云うものは統治の大権を翼賛し奉るもの」だが、天皇の統治を翼賛するのは、憲法上「大臣の輔弼《ほひつ》と議会の翼賛」以外にないと断じて、違憲の疑いのある翼賛会に補助金を交付することに疑問を呈した。審議の結果、大政翼賛会の補助金は大幅に削減され、しかも「公事結社《こうじけっしゃ》」（平沼騏一郎《ひらぬまきいちろう》国務大臣）と性格づけられてしまう。治安警察法によれば「政事結社」であれば政治活動が可能だが警察に届け出る必要があり、現役の軍人や警察官、教員、女子などが加入できなかった。一方「公事結社」であれば、結社は原則自由であるものの、政治活動が禁止された。公事結社と性格づけられたことで、大政翼賛会は政治活動を行う「政党」にも、近衛内閣を支える「政治力」の母体にもなりえなかった（楠二〇〇六）。

一九四一年四月には公事結社としての性格を明確にするための翼賛会改組が行われ、有馬事務総長ら指導部が総退陣し議会局も廃止された。これを受けて、近衛新党運動を推進していた前田米蔵（旧政友会）、永井柳太郎、大麻唯男《おおあさただお》（旧民政党）らは衆議院議員倶楽部を解散して、九月に三二六名で院内会派・翼賛議員同盟（翼同）を結成する。これに対して翼賛会に批判的な衆議院議員の中から、川崎克ら旧民政党、鳩山一郎や植原悦二郎《うえはらえつじろう》、芦田均ら旧政友会久原派、片山哲ら旧社大党の議員が中心となって十一月に同交会《どうこうかい》が結成される。このほか同十一月には、旧社大党の西尾末広と水谷長三郎、旧政友会の河野一郎と牧野良三に、旧民政党や旧東方会などの出身議員が参加した興亜議員連盟《こうあぎいんれんめい》が結成されている。また、旧新党推進派ながら翼賛議員同盟主流に批判的であった太田正孝・船田中らが議員倶楽部《ぎいんくらぶ》を組織し、三宅正一らは旧社大党議員が集った同人倶楽部《どうじんくらぶ》を結成する。第七七議会開院時点（一九四一年十一月十六日）での各会派の所属議員数は、翼同三二四、同交会三七、興亜議員同盟二六、議員倶楽部一一、同人倶楽部八であった（楠二〇〇六）。

翼賛選挙　一九四一年十二月八日、東条英機内閣は、真珠湾攻撃《しんじゅわんこうげき》後の緒戦の戦果により国民の人気が高まった時期をとらえて第二一回総選挙を実施した。第二次近衛内閣時に戦時下であることを理由に衆議院議員の任期（四年）を一年延長する法律が成立したことから、一九三七年四月以来、実に五年ぶりに行われた総選挙であった。東条内閣は、総選挙を機に国内の政治力を結集し政権基盤を強化しようと考え、この目的を実現するために推薦候補を選び、これにあらゆる便宜を与えるという「翼賛選挙」を行うことを決定した。これに対して鳩山ら同交会は候補者推薦制度が「官製議会を実現せんとする虞《おそ》れあり」との声明を発し批判的な姿勢を鮮明にした。批判は自由主義グループのみにとどまらず、中野正剛の東方会が推薦拒否を表明し、笹川良一の国粋大衆党《こくすいたいしゅうとう》と赤尾敏の建国会《けんこくかい》は推薦団体の人的構成を疑問視し反対を申し合わせた。

図8　東条内閣

推薦候補の人選は衆議院議員七名を含む翼賛政治体制協議会（会長・阿部信行）が政府との密接な連絡のもとであたり、議員定数と同じ四六六名を選出した（現職二三五名、新人二一三名、元議員一八名）。推薦を受けた現職議員二三五名の院内会派別の内訳は、翼賛議員同盟二〇八名（所属議員三〇八）、同交会〇（三四）、興亜議員同盟五（二七）、議員倶楽部一〇（一五）、無所属一二（四四）であった。

一方、非推薦で六一三名が立候補し、推薦・非推薦の合計一〇七九名は普通選挙実施以来最多の立候補者数であった。政府は推薦候補に選挙資金を提供し、非推薦候補には露骨な選挙妨害が行なわれた地域もあった。一九四二年四月三十日に実施された総選挙の結果は、推薦候補の当選者三八一名（全体の八一・八％）、非推薦候補の当選者八五名（一三・九％）と、推薦候補の圧倒的勝利であった。だが、事前には旧政党人排斥・新人待望論が高揚しただけに、当選者の過半数を旧既成政党勢力が占めたことは、その地盤の強固さを証明したものと評価されている（小栗②、楠二〇〇六、正田二〇〇七）。

総選挙後には役割を終えた翼賛政治体制協議会が解散し、東条内閣は、破綻に終わった新体制運動にかわって自らの政治基盤強化に寄与しうる、新たな政治体制を構築するために一九四二年五月二十日に翼賛政治会《よくさんせいじかい》（翼政会）を組織した。総裁には阿部信行が就任し、親軍派の大麻唯男、前田米蔵、永井柳太郎らが会の中核を担った。政府は、前年に制定した言論出版集会結社等臨時取締法に基づき、翼政会以外の政治団体を認めない方針であり、衆議院の院内会派や既存の政事結社、すなわち翼賛議員同盟はもとより、同交会、興亜議員同盟、議員倶楽部のいずれもが解散を余儀なくされた。唯一の政事結社となった翼政会には、推薦・非推薦を問わず翼賛選挙で当選した四四九名の議員ほぼ全員が入会する。しかしながら、翼政会は、発足当初こそ東条内閣の与党的な役割を果したが、戦局の悪化とともに逆に反東条運動に肩入れしていく（矢野一九九三）。その後、東条内閣総辞職にともなって阿部が総裁を辞し、一九四四年（昭和十九）八月に海軍穏健派の小林躋造《こばやしせいぞう》が第二代総裁に就任すると、これを機に翼政会指導部は衆議院重視、さらには旧既成政党系優位の構成となった。一九四五年三月三十日には、翼政会が再編され、大日本政治会（日政、南次郎総裁）が発足する。戦局悪化に対応するための「強力なる政治の具現」をめざした小磯国昭《こいそくにあき》首相の意向を受けての改編であった。日政には旧同交会系が参加せず、また岸信介《きしのぶすけ》グループの代議士も三月十一日に護国同志会《ごこくどうしかい》を結成したことから、その実質は旧政友会・旧民政党の合同であった。新たに発足した日政は、しかし、空襲激化のなかでほとんど実績を上げないままに敗戦の日を迎え、九月四日に解散する（矢野一九九三、古川二〇〇一）。

戦時下の政治　ここまで一九三〇年代から敗戦までの政党政治を検討してきた。果たして戦時下の政党、また政党政治家は政府の支配下におかれた無力な存在に過ぎなかったのだろうか。

一八九〇年（明治二十三）の議会開設以来、政党は、明治憲法が保障した予算と法律に関する議会の拒否権を活用することで政治的地位の向上を勝ちとってきた。ところが、斎藤内閣期以降、軍事費が急激に膨張し他の歳出を圧迫し続けたにもかかわらず、貴衆両院が予算案を否決したり、部分的修正をのぞいて、大きく修正することはなかった。二・二六事件以降の予算審議はさらに形骸化し、第七〇議会（一九三六年十二月召集）以後に提出された政府原案はほとんど全会一致で成立している。法案の成立状況も同様で、斎藤内閣から広田、林内閣まで（第六二―第七〇議会）の政府法案の成立数は二七一であり、解散議会（六八議会）と政府自ら撤回した法案を除くと、成立率は八三・一％にのぼった。さらに第一次近衛文麿内閣から終戦時の鈴木貫太郎内閣までの約八年間（第七一―第八七議会）では、政府提出法案合計七〇〇件のうち成立しなかったのはわずか三件に過ぎなかった（三沢・二宮一九七一、楠二〇〇六、粟屋二〇〇七）。こうした数字からは議会の予算審議権、立法権がともに形骸化し、政党の活動や影響力が著しく低下したとの印象を強める。

ところが、一方には無力どころか、政党の批判によって内閣が崩壊し、政府の意図が挫折を余儀なくされた事例がある。広田弘毅《ひろたこうき》内閣は、政友会の長老代議士である浜田国松《はまだくにまつ》と寺内寿一《てらうちひさいち》陸軍大臣との間で行われた「腹切り問答」(一九三七年一月二十一日)がもとで閣内不一致により総辞職している。陸軍が政党懲罰のために要求した解散に、政党出身閣僚が同調しなかったためである(楠二〇〇六)。林銑十郎《はやしせんじゅうろう》内閣や阿部信行《あべのぶゆき》内閣、東条英機《とうじょうひでき》内閣が総辞職するにいたった過程では議会の倒閣運動が一定の役割を果し、先にふれたように大政翼賛会をめぐる議会審議の結果「公事結社」との答弁が引き出されたことで、新体制運動の破綻が決定的となった。

大政翼賛会発足後も、旧政党人のグループは、党ではなく「政友村」「民政村」と呼びならわされ、一定の勢力や団結力を維持し続けた。彼らが力を温存できたのは、第一に既成政党が強固な地盤を築き上げ、有権者の多くの支持を集め続けたことで、継続して衆議院の圧倒的多数を制しつづけたことによる。岡田啓介《おかだけいすけ》内閣下で展開された選挙粛正運動は、既成政党排撃を叫ぶ「革新」勢力が台頭した時代を背景としたことは確かであるにしても、今日では運動の実態は選挙腐敗除去に重点がおかれ、既成政党排撃の運動として機能したとはいえず、既成政党の顕著な後退も認め難いと評価されている。選挙結果を見ても、政民両党は一九三六年総選挙では計三七六議席(占有率八〇%)、三七年総選挙では三五四議席(同七六%)を獲得している。東条内閣下の翼賛選挙でも、すでに述べたとおり旧政党人が議席の多数を確保している。この時には地盤の強固さを考慮した政府が、推薦候補の当選率を高くすることを重視し、候補選定で議会主流派と妥協することで総選挙を乗り切ろうとした実態が明らかにされている。

第二には、憲法そして議会の機能停止が現実化せず、旧政党人が過半数を占める衆議院の予算審議権が奪われなかったことが大きかった。戦時下にあっては、特に政党（旧政党勢力）が反発し拒否権を行使（予算を否決）すれば戦

図9　馬場恒吾

争遂行に支障がでることから、政府は議会に配慮を示す必要があったからである。旧政党人の側も政府の内情を見越して揺さぶりをかけ、したたかな駆け引きを展開したのであった（小栗①②、古川二〇〇二）。政府と議会との意見の裏面でのすりあわせが行われ、両者が衝突を回避したことで高い成立率が実現したともいえよう。

政党政治再興への胎動　政治評論家である馬場恒吾《ばばつねご》は、日本が非常時を脱し無謀な戦争を回避するために、五・一五事件以降も繰り返し議会政治や政党政治の効用を説いた。次に掲げるのは『読売新聞』一九三六年（昭和十一）十一月一日朝刊掲載の「批評を恐れる心」と題された馬場のコラムからの抜粋である。

「国策を賢明ならしめるためには出来る限り広い範囲の与論の批判を聞いて天下の衆知を参考にして決すべきだ。その必要がないというのは当局者のみが神の如く賢明で、世間の知識は畢竟するに取るに足らぬと思うからである。そういう風に僭越に思い上がった政府は、何時の時代にも

存在し、何れの国にも害毒を流し、そして歴史はそうした政府の墳墓の累々たる光景を見せている。」

歴史は、言論の自由や議会政治、政党政治を否定し、独裁的な政治体制をとった国家が例外なく亡国の末路をたどったことを証明している。どんなに優秀であろうと一人あるいは少数の人間のみで判断し決断することには限界があり、国を滅ぼすような最悪の選択をする可能性が高くなる。これに対して、馬場は、国の破滅を招くことのない賢明な国策を選択するためには、言論の自由のもと国民のさまざまな意見が議会へと寄せられ、それぞれの意見の利害得失が議会の審議の中で明らかにされることが必要であると説いた。馬場は、国民の衆知を政治へと橋渡しし集約する政治システムこそが、政党政治であり、議会政治であると主張したのである。

振り返れば、近衛文麿は、国民的な組織や勢力を背景としないことに内閣の無力を感じ、軍部に対抗できるような新たな政治力を欲して新体制運動に乗り出した。東条内閣は翼賛選挙に政権基盤強化に寄与するような新たな政治体制構築を期待し、小磯内閣は「強力なる政治の具現」を唱えて大日本政治会を発足させた。戦時下に発足した歴代の内閣は例外なく政治力不足に悩んだが、国家と国民の紐帯を思うようには強化することができず、結局は政党に勝る政治力結集のツールを見出せずに終わった。そして、政党解消以後の各内閣の試みが失敗つづきであった以上、政党政治を見つめ直し、政党内閣復活を待望する声が政界に台頭するのは自然の流れであった。終戦を目前に控えた一九四五年七月十一日に、旧政友会の領袖であった中島《なかじま》知久平《ちくへい》は、鈴木貫太郎内閣のつたない政治運営を見て、大日本政治会総裁・南次郎に対して「次の軍内閣は不成立、結局寄合世帯は不可なり、（大日本）政治会内閣ならざる可からず」との推測を披露し、旧政友会中島派の木暮武太夫も同じく「政党内閣の当然なること、従来の寄合内閣の不可」なることを明言したという（矢野一九九三、古川二〇〇一）。一九四五年八月十五日の戦争終結を待たずして、政党政治再興への胎動は始まっていたのである。

3 政党政治の再生

政党の復活　大戦終結後、最初の衆議院議員総選挙（第二二回）は一九四六年（昭和二十一）四月十日に実施された。一九四五年十二月公布の改正衆議院議員選挙法では、女子に選挙権・被選挙権が付与されるとともに、選挙権年齢が二十歳、被選挙権年齢が二十五歳に引き下げられ、都道府県を単位とする大選挙区制限連記制（四議席以上一〇議席以下の選挙区では二名を連記し、一一議席以上の選挙区では三名を連記）が採用された。ただし、大選挙区制限連記制は第二二回総選挙で一回実施されたのみであり、政党や候補者の乱立などが批判されて四七年三月の法改正で再び定員三人から五人の「中選挙区制」（大選挙区単記制）へと復帰している。また、日本国憲法公布にともなって貴族院が廃止され参議院が設置されたことを受けて、四七年二月に定員二五〇名（地方選出一五〇議席、全国区選出一〇〇議席）で構成される参議院議員選挙法が制定されている（小林良彰『選挙制度』）。

第二二回総選挙は初めて女性参政権が行使された記念的な選挙であり、婦人候補者が七九名立候補し、三九名の女性代議士が誕生した。総選挙に先立って政党の結成や再編が進み、一九四五年十一月二日に日本社会党が誕生し、これに十一月九日の日本自由党、十一月十六日の日本進歩党、十二月十八日の日本協同党が続いた。共産党は十二月一日から三日間にわたって党大会を開催し、徳田球一《とくだきゅういち》を最高指導者に選出し、総選挙では五議席を獲得している。

総選挙で第一党に躍り出たのは、翼賛選挙に反対し戦時下の議会では少数派であった、鳩山一郎ら旧同交会グループを中心とする日本自由党である。自由党は公職追放によって結党時の四三議員のうち三〇名を失ったが、鳩山総裁以下の中枢部が温存されたことに加えて、各方面から広く人材を集めたことで数多くの新人代議士を誕生させ、一挙に一四三議席を獲得した。だが、反共連盟結成を提唱したことが問題視されて鳩山以下の自由党幹部が選挙後に追放指定を受けたことで、かわって吉田茂《よしだしげる》が自由党総裁、次いで首相に就任する。ピンチヒッターとして担ぎ出されたはずの吉田は、やがて占領期を象徴する首相となり、自由党系が保守本流を形成する基礎を固めていく。

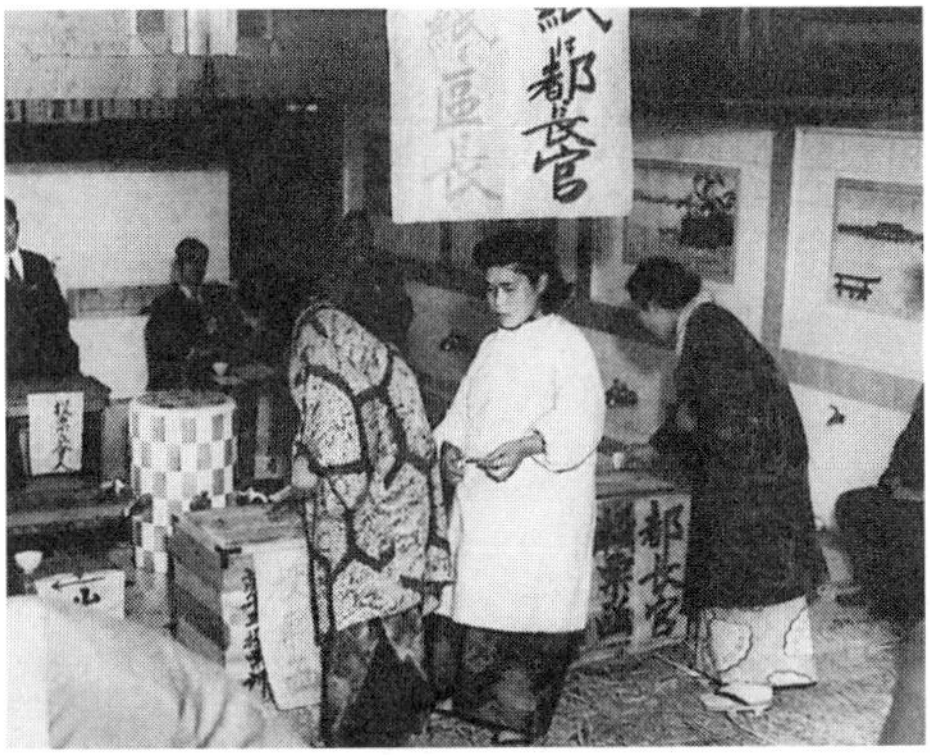

図10　女性参政権

日本進歩党《にほんしんぽとう》は、新体制運動のなかで解党してのち翼賛議員《よくさんぎいん》同盟《どうめい》——翼賛政治会《よくさんせいじかい》——大日本政治会《だいにほんせいじかい》と戦時下の議会の多数派を

図11　日本自由党結成大会

構成してきた、旧政友会・旧民政党の主流が中心となって結成した政党である。進歩党は、旧既成政党と諸派の連合であったことから内部対立が激しく、総裁選出が難航したが、結局は旧民政党総裁であった町田忠治《まちだちゅうじ》が就任した。町田の総裁就任で旧民政イメージを強めた進歩党は、公職追放により幹部と党員のほとんどが追放されたことで大打撃を受け、当初二七三名の議員を擁したものの総選挙では九四名が当選するにとどまった。進歩党は、その後一九四七年（昭和二十二）三月に自由党芦田派と無所属議員からの参加者を加えて民主党を結成する。

日本社会党《にほんしゃかいとう》は、戦前の無産政党、すなわち戦争に最も協力的であった日本労農党系（河上丈太郎《かわかみじょうたろう》、浅沼稲次郎《あさぬまいねじろう》、三輪寿壮《みわじゅそう》ら）、右派ながら反軍的であった社会民衆党系（片山哲《かたやまてつ》、西尾末広《にしおすえひろ》、水谷長三郎《みずたにちょうざぶろう》、松岡駒吉《まつおかこまきち》ら）、そして最左派の日本無産党系（鈴木茂三郎《すずきもさぶろう》、加藤勘十《かとうかんじゅう》ら）が大同団結して結成された。社会党は、結成時の所属議員一五名で委員長が空席、書記長には片山哲を選出、総選挙では一躍九四名を当選させて、進歩党と並んで第二党となった。

日本協同党《にほんきょうどうとう》は、産業組合を指導してきた千石興太郎《せんごくこうたろう》や北海道酪農の黒沢酉蔵《くろさわとりぞう》らが、協同組合主義を綱領に掲げて結成した。結成当初の議員数は二三名であったが二名を除いて追放該当となり、総選挙では一四名当選という成績を残した。その後、一九四六年六月に諸派・無所属代議士を吸収して協《きょう》同民主党《どうみんしゅとう》となり、さらに一九四七年三月には国民党と合同して国民協同党となった。協同党の流れは、協同民主党から参加した三木武夫《みきたけお》らを擁して、保守第三党の地歩を維持していく（以上、戦後政党については伊藤一九八三②、石川二〇〇四）。

保守と革新　戦後に再生を遂げた主要政党はいずれもが戦前・戦時期の政治からの継続性を有している。社会主義者がまがりなりにも単一の政党結成に成功したのに対し、保守政党は以前からの対抗関係をひきずり、保守としての統一した政策や意識を共有していなかった。このため、一九五五年（昭和三十）の保守合同に至るまでには、保守・自民党と革新・社会党が対峙する五五年体制に収束する以外の選択肢の可能性を秘めつつ、数次の党派再編成を重ねていく。この五五年体制以前の政党政治に特徴的なのは、第一に、政友系と民政系、あるいは政友会の鳩山派と中島派というように保守系議員の間に戦前からの、あるいは戦時の歴代内閣や軍部に対する姿勢の相違にもとづく党派的な対立意識が強く、第二に、逆に保守系の政党や政治家と、社会党（特に右派）議員との関係が近かったことである。

自由党を結成した鳩山らのグループは、当初、戦中に反東条で行動を共にしていた西尾や水谷など後に社会党結成の中心となる人物をも包含した新党結成を構想し、四六年総選挙の後にも社会党の閣外協力を得て鳩山内閣を実現しようとしている。巣鴨を出た岸信介は保守勢力と社会党右派を含む新党を構想し、この構想には左派の鈴木茂三郎や加藤勘十までもが好意を示したという。岸は、一九五二年（昭和二十七）にも左右分裂後の右派社会党に対して、自らの入党を打診している。戦時下に結成された護国同志会に属した「岸シンパ」が保守陣営と社会党に分岐していたためである（原一九九五）。他方、結成時の社会党に目を転じると、荒畑寒村が「社会主義とまるで縁のない分子と、情実と、便宜とのために作られたに過ぎない」と評したような状況にあった。事実、結成懇談会の招請状には「社会主義」が記載されず、結党時の綱領は「天皇制」問題に全くふれていなかった（『新版荒畑寒村自伝』下巻、伊藤一九八三②）。

戦後当初に見られたような保守系政治家と革新系・社会党政治家との関係は以下の三度にわたる転機を経て変化していく。

片山・芦田連立内閣期　第一の転機は、第一次吉田内閣を継いで、一九四七年（昭和二十二）五月に発足した片山哲内閣、四八年三月に発足した芦田均《あしだひとし》内閣という社会党を軸とした二代の連立内閣の時期に見出すことができる。

片山内閣を実現した社会党は、自らを旧勢力にかわる「革新的勢力」と性格づけ、民主・国協両党と連立内閣を組織して炭坑の国家管理などの社会主義的な政策を打ち出した。これが保守政治家の間に保守としての共通意識を芽生えさせるきっかけとなった。自由党は、片山内閣発足当初には閣外協力する方針をとったが、石炭国管法審議のなかで完全野党化を宣言した。民主党は、修正資本主義路線を掲げ「自由党の左、社会党の右」という立場を標榜し、政権に参画していたにもかかわらず、炭坑国管政策には党内の大勢が反対した。これを受けて、片山内閣は民主党の意向を大幅に取り入れた「臨時石炭鉱業管理法案」を国会に上程したが、民主党内の反発は鎮静化するにいたらず、幣原《しではら》喜重《きじゅう》郎《ろう》はじめ二四名が衆院本会議で反対票を投じた。これを見た自由党は「非社会主義政党の大同団結」を提唱して、民主党を脱党した幣原らと合同し民主自由党を結成する（富森二〇〇六）。

片山内閣が社会党の党内抗争、芦田内閣が昭電《しょうでん》疑獄《ぎごく》により総辞職した後に、この民主自由党が政権をとり、一九四八年（昭和二十三）十月に第二次吉田茂内閣を発足させる。吉田と民自党は一九四九年総選挙で戦後初の単独過半数を獲得し、これを背景に講和独立を達成する。四九年総選挙はまた池《いけ》田《だ》勇人《はやと》や佐藤栄作《さとうえいさく》、岡崎勝男《おかざきかつお》ら吉田門下に顔をつらねる高級官僚出身者が数多く当選したことでも注目される。だが、民自党幹部のなかには官僚入党に対する強い反発があり、彼らの危機感が芦田内閣後継での山崎首班問題を引き起こす一因となった。山崎首班問題を乗り越えた吉田は、その後一九五四年（昭和二十九）十二月の第五次内閣総辞職まで長期にわたって政権を維持する。一方、社会党では、右派主導によって組織した連立内閣が失敗に終わった後の四九年総選挙で、一四四から四八へと議席数が激減する惨敗を喫したことで左派が台頭し、あわせて中道連立路線を修正し、外交政策としても中立主義を採用するにいたった。加えて共産党に代わって労働組合を掌握した総評が左派支持を明確にしたことで、さらに右派の優位が崩壊していく。この時点では、社会党と民主党との提携可能性が喪失するまでにはいたらなかったものの、片山・芦田連立政権の時期を境に、保守と革新の政策距離は拡大の方向へと舵を切ったのであった。

朝鮮戦争　第二の転機となったのは一九五〇年（昭和二十五）六月の朝鮮戦争勃発である。朝鮮戦争は米ソ二超大国を両極とする冷戦の緊張を飛躍的に高め、国際関係緊迫を背景に日本は事実上の再軍備に踏み出していく。

朝鮮に派遣された在日米軍を補うための警察予備隊令が公布・施行されたのは同年八月のことであった。さらに、翌五一年九月にはサンフランシスコ講和会議が開催され、対日講和条約が四八ヵ国の代表と、吉田首席全権をはじめとする日本代表によって調印され、一九五二年四月二十八日に占領が終結する。講和会議には、自由党総裁の吉田首相に加えて、国民民主党（五〇年四月に民主党と国民協同党が合同して結成）から苫米地義三《とまべちぎぞう》最高委員長が全権団に参加し、講和条約、およびこれと同日に締結された日米安全保障条約の批准にも賛成の党議を決定している。これに対して、社会党は両条約の批准をめぐって一九五一年十月に左右両派が分裂する。共産党も一九五〇年にレッドパージで党中央委員が公職追放されたうえに、党内対立から分裂し、一九五一年に極左冒険主義を採用したことで勢力を失うこととなった。共産党の分裂状況は極左冒険主義が一九五五年（昭和三十）七月の六全協で清算されるまで継続する。

なお、朝鮮戦争による特需は、日本の経済復興の呼び水となり、生産水準は一九五四年（昭和二十九）に戦前レベルをほぼ回復し、以後も高度経済成長が持続していく。経済が復興に向かうとともに、政党間の主たる政策対立は後述するように経済政策から、日米安保条約や再軍備をめぐる安保・外交政策へと重点を移行させていく。その結果、保守対革新という二勢力が分極化し、両者が連携する可能性が徐々に失われていく（伊藤一九八三②、宮崎一九九五、中北二〇〇二）。

吉田・鳩山の対立　第三の転機は一九五四年（昭和二十九）十一月の日本民主党結成である。自由党内では吉田の官僚出身議員重視の党運営に、古くからの党人派が不満を蓄積させていた。そこへ一九五〇年十月以降に追放解除が開始されると、戦時中の旧指導者が政界に復帰し、彼らの多くは戦前戦中の人脈をたどって自由党や国民民主党（―改進党）、社会党に入党を果たす。追放解除者が加わったことで、戦前に連なる党派意識が戦後政党に再び注入されることとなった。

政界に復帰した鳩山や三木武吉、河野一郎らは、吉田からの政権授受の約束が果されないと見るや、吉田の経済重視、軽武装、対米協調路線を批判し、憲法改正、再軍備などを主張して反吉田新党の結成を模索する。だが、鳩山が追放解除直前に脳出血で倒れたために、三木や河野は自由党に復帰し党内で反吉田運動を展開することとなった。第二保守党である国民民主党にも追放解除の影響がおよび、一九五二年二月八日に農民協同党などと合して、やはり憲法改正・再軍備を掲げる改進党《かいしんとう》が誕生する。その後、自由党内で吉田派と鳩山派が対立を続けるなかで、吉田首相による五二年八月の「抜き打ち解散」、五三年三月の「バカヤロー解散」を経て、鳩山派が同じく「自由党」を掲げる政党（鳩山自由党あるいは分党派自由党、のちに日本自由党）を立ち上げ

図12　吉　田　茂

たことで自由党は分裂するにいたった。

五三年四月の第二六回総選挙後には、改進党と分党派自由党による重光葵改進党総裁首班工作がすすめられたが、左右両派社会党の反対で失敗し、これを受けて第五次吉田内閣が過半数を確保できないままに少数単独内閣として成立する。その後、少数内閣ゆえの政治力不足に悩んだ自由党・緒方竹虎《おがたたけとら》副総裁は「保守合同は爛頭の急務」との声明を発し、これをきっかけに保守三党による様々な合同の動きが模索された。だが、新党の主導権をめぐる鳩山と吉田の対立を克服できなかったことから緒方構想に基づく保守合同は立ち消えとなった。この間、鳩山は、日本自由党を中核に改進党、自由党鳩山派という反吉田勢力を糾合する形での新党運動を進め、計一二〇名で日本民主党を結成する。日本民主党は左右社会党と共同で内閣不信任案を提出し、これを受けて吉田は総辞職と総裁辞任を決断し、十二月十日に第一次鳩山内閣が成立した。さらに一九五五年二月の第二七回総選挙で日本民主党が一八五議席で第一党を確保し、第二次鳩山内閣を発足させる。第二七回総選挙はまた、社会党が憲法改正を阻止できる衆議院三分の一の議席を確保したことでも注目される。

公職追放解除後に燃え上がった吉田と鳩山の激しい対立は、一見すると保守系政治家を二分した争いであったように見える。しかしながら、吉田を擁する自由党、鳩山を擁する民主党のいずれもが単独では過半数を制せなかったことから、逆説的に保守合同への道を開くことになった。少数単独内閣として成立した第五次吉田内閣は、改進党、また分党派自由党—日本自由党との修正協議を飲んで予算と法案を成立させることを余儀なくされ、これを機に保守三党の協力関係が構築された。安全保障政策についても、一九五三年九月の吉田・重光会談で自衛隊創設が合意され、意見のすり合わせが実現している。このような経過をたどって、まずは政策的な相違が調整されたあとで、日本民主党が結成され、旧政友・旧民政系の保守党議員が反吉田の旗の下に一つの党に結集したことで、今度は戦前からの党派意識が決定的に低下する効果をもった（後藤他一九八三）。保守合同を望む財界の意向を背景に、自由民主党結成大会が開かれたのは一九五五年十一月十五日のことであった。

一方、憲法改正と再軍備を掲げる鳩山内閣が誕生し、鳩山ブームすなわち保守支持の機運が高まったことに危機感をもった社会党が、左派主導のもとで統一大会を開催するのは、自民党結成に先立つ十月十三日のことであった。自民党と社会党とが対峙する五五年体制の始まりであった。

日本国憲法下の政党政治　一九三〇年代以降に補助金をはじめとした国から地方への財政移転が増加したことが、役職名望家を登場させるなど地方の政治社会に再編成を促し、代議士の地盤形成にも影響を与えたことは既に述べた。補助金は戦後の政党政治においても重要な機能を果たしている。

朝日新聞記者であった広瀬《ひろせ》道貞《みちさだ》は『補助金と政権党』（朝日新聞社、一九八一年）で、戦後の政党政治における補助金の重要性について次のように描写している。①中央省庁によって人為的、恩恵的に多くの補助金の交付先が決められる。②各省庁の補助事業は政権党の承諾を得て予算に計上される。政権党は補助事業の交付先を決定する「箇所づけ」にも影響力を発揮する。③補助事業のなかで大きな比重を持つ公共事業はもっとも効果的な票集めの手段となる。④一票の決定は「お世話になる代議士を守る」ことを重視して決められる。政権党は、公の予算に助けられて有利な立場で選挙を戦うことが可能となる。その結果、いったん政権の座についた政党は、広くかつ細かく張りめぐらされた補助金網をフルに活用でき、いわば「政権の再生産装置」を手にすることになる。広瀬は、自民党が長期政権を維持できた理由の一つを、政権党であるがゆえに補助金という集票に最も有効なシステムを手中にできたことに求めたのである。

戦後の政党政治を考えるうえで極めて重要な要素となった補助金に注目すると、戦前と戦後とでは以下の相違を指摘することができる。第一は一九四七年に日本国憲法が制定されて、国民主権のもと民主的な政治システムが導入されたことである。大日本帝国憲法下の帝国議会は立法の協賛機関に過ぎず、国民代表が集う衆議院と対等の権限を有する貴族院が存在した。これに代わる国会は、国民を代表する機関として、唯一の立法機関にして国権の最高機関という地位を与えられた。行政機構との関係では、議院内閣制が採用され、政党を基礎とする内閣、政党内閣が政権の唯一の形態となったことが大きな意味をもった。衆議院の多数派が内閣を組織する議院内閣制では、内閣を支える政党あるいは政党連合が内閣を組織し、原理的には全てが政党のコントロールのもとにおかれるようになった。補助金を含めて行政機構に対する影響力もまた政権政党が掌握したのである。

第二の重要な変化は、国会法にもとづいて、所管省庁ごとの常任委員会が国会に設置されたことである。旧憲法下の衆議院では、予算委員会や決算委員会、懲罰委員会、請願委員会といった常任委員会が存在したものの、法律は法案ごとに設置された委員会で審議された。ただし常任委員会制度は、各省委員制や翼賛政治会政務調査会など、戦時下の議会運営のなかにその萌芽を見出すことができる。村瀬一九九七・官田二〇〇九）。これに対して日本国憲法のもとでは、大蔵委員会や外務委員会といった省庁別の常任委員会で当該省庁が所管する法案すべてを審議することが立法過程の通常のあり方となった。これにともない、自民党政務調査会の部会も同じく官庁ごとに設けられ、族議員が台頭するなど、政治活動全般が省庁の枠組みを軸として設定されるようになった。

日本国憲法下の政党は、議院内閣制導入によって政権党として内閣や国務大臣を通じて、また国会の常任委員会での審議を通じて、継続して官庁に影響力を行使することが可能となった（飯尾潤『日本の統治構造』）。内閣を組織し国会審議の主導権を握った政権政党は、野党に比して圧倒的に有利な立場で官僚への影響力を行使したのである。

一九五〇年代の変化　補助金の果たした役割を考察する際には、講和独立達成後の一九五〇年代の変化も見逃せない。一九四九年のドッジラインと超均衡予算方針を受けて、一九五〇年のシャウプ税制勧告では公共事業以外の補助金は基本的に全廃された。占領下のこの均衡財政方針が講和独立後には一転し、経済復興を達成するために鉄道や道路、港湾など産業基盤整備に投じられる補助金が急増する。予算総額に占める補助金の割合は一九五一年度予算では一五・五％、一九五四年度では二九・二％に達した。急増する補助金の獲得を目指した各種利益団体や自治体による中央官庁への陳情活動も年を追って活発さを増したのであった（升味『日本政治史』4）。

一九五〇年代は、中央から地方への財政移転の手段として、道路を建設し維持管理するための道路特定財源が拡大した時期でもある。一九五三年には「道路整備費の財源等に関する臨時措置法」により道路整備に特定して支出することができる揮発油税制度が、翌五四年には揮発油税収入の三分の一が都道府県や五大都市の道路財源に譲与される揮発油譲与税制度が設けられた。この制度は一九五五年に地方道路譲与税に変更され、揮発油税と併せて徴収される地方道路税を、一定の譲与基準にもとづいて都道府県、指定市および市町村に道路財源として譲与される制度に改められた。その後も一九五六年に軽油取引税、一九六六年に石油ガス税、一九六八年に自動車取引税、一九七一年に自動車重量税が次々と設けられ、地方の道路財源の充実がはかられている（武藤博巳『道路行政』）。中央各省が所管する補助金は、各省庁の概算要求にまとめられて大蔵省に提出され、主計局《しゅけいきょく》の査定を受ける予算の枠内におかれている。これに対して道路特定財源は、大蔵省の予算統制が及ばない予算外の財源であることが、政党と道路族にとって大きな魅力であった。議員立法であった揮発油譲与税制度の提案者の中心となった田中角栄《たなかかくえい》は、特別会計の発想を税金ではなく応益負担、有料で財政を賄う「財源立法」と表現する（「田中角栄元首相、政調を語る」、『自民党政調会』）。

一九五〇年代が、補助金行政拡大にともなって予算がふくらんだばかりか、予算外の特別会計もまた膨張を果たした時期であったことは、政権党の利益分配体系を考える際には重要である。では、一九四七年（昭和二十二）五月の日本国憲法施行から自由民主党が結成された一九五五年までに、どのような政党が政権与党の座にあったのであろうか。

一九四七年五月—一九四八年三月　片山哲内閣＝社会党・民主党・国民協同党三党連立

—一九四八年十月　芦田均内閣＝社会党・民主党・日本協同党三党連立

—一九五四年十二月　第二次—第五次吉田茂内閣＝自由党
—一九五六年十二月　第一次—第三次鳩山一郎内閣＝日本民主党・自由民主党

憲法が施行された当初の片山・芦田内閣で社会党が連立与党に加わっていたことを除くと、のちに自由民主党に結集する保守政党ばかりが政権与党の座にあった。自民党が長期政権を維持した五五年体制が成立する以前においても、保守政党が「政権再生装置」である補助金をはじめとする利益分配体系をほぼ独占し、これを活用することで農村はじめ地方に堅牢な保守地盤を形成していくのである。

政策的対立軸としての経済政策　統制経済すなわち政府の経済分野への介入をめぐる論争は戦後へと持ち越されて、戦後政党にとっても主要な政策的対立軸となった。経済的自由主義と日本型重商主義との対立である。経済的自由主義とは、経済発展を達成するためには、資源配分を市場メカニズムにまかせ、政府の役割は最小限に抑えるべき、とする主張である。一方、日本型重商主義は、産業政策などの形で政府が市場に介入して資源配分や企業行動に影響を与えることを主張する（内山融『小泉政権』）。戦後にはさらに福祉国家の問題もこれに絡むことになる。福祉国家とは政府が経済や社会保障など様々な分野で大きな役割を果たす国家のことであり、政府が積極的な社会政策や経済政策を実施することによって、国民生活の安定や向上、社会秩序維持の役割を担う。

経済政策が大きな争点となったのは、占領期、特に一九四七年（昭和二十二）六月に発足した片山哲内閣から、四八年三月発足の芦田均内閣にかけての、社会党を軸とした連立政権が組まれた時期のことである。社会党は、四七年四月の第二三回総選挙で一四四議席を獲得して第一党となり、総選挙後に片山委員長が「次の政権は資本主義から社会主義へ移行する政権でなければならない」との意気込みを披露していた。これを受けて、政権に就いた社会党が、戦争によって大きなダメージを受けた日本経済にどのように対処するかが政策論争の焦点となった。

片山内閣では、社会党が民主党、国民協同党と組んで連立政権を組織したが、この連立の組み合わせには、当時の政党間の経済政策面での主張が反映されている。社会党は、経済運営方針として「内に統制経済、外に輸出振興」を世論に訴え、片山内閣が発足する五ヵ月前、四七年一月に傾斜生産方式や基幹産業の国家管理および経済の計画化を盛り込んだ緊急経済対策を発表している。社会党が政府の経済介入を拡大させる方向性を明確にしたのに対して、自由党は「反統制・反官僚」を掲げた。自由党は、官僚が主導的な役割を果たし、日本を敗戦へと導いた戦時期の経済運営方式である統制経済を批判し、自由主義経済を支持していた。自由党は総じて政府の経済介入には否定的であった。

図13 片山内閣

片山内閣が戦後の歴代内閣の中でも注目を集めるのは、日本が福祉国家を選択するか否かの一つの岐路となった時期と目されるためである。しかし、片山内閣は、社会党の党内対立により一〇ヵ月ほどで総辞職し、次の一九四九年（昭和二十四）一月の第二四回総選挙では統制経済批判を展開した自由党が勝利する。日本はこの時点では福祉国家へと向かわず、自由主義経済が選択されたといえよう。

この後、経済政策や福祉国家化をめぐる対立が最終的に解消するのは一九六〇年代、池田勇人内閣の時期のこととなる。池田内閣は看板政策として所得倍増計画を提唱し、経済分野で政府が積極的、主導的な役割を担う姿勢を明確にした。もっとも政府が経済計画を正式に決定したのは、保守合同後に発足した第三次鳩山内閣が一九五五年十二月に経済自立五ヵ年計画を閣議決定したのが最初である。だが、旧自由党・吉田茂直系の池田勇人を首班とする内閣が再び「計画」としての所得政策を高々と掲げたことで、自民党の「保守本流」が、社会党の伝統的な経済政策であった計画経済を、自らの政策に取り込むことが確定的となった。池田内閣が発足（七月）した一九六一年（昭和三十六）には、四月に国民年金法と通産年金通則法、国民健康保険法が施行され、国民皆年金皆保険が実現している。社会保障政策についても自民党が社会党的な政策を採用したのである。つまりは池田内閣の時期に、経済・社会保障両分野に関して政府が主導的役割を担い、日本が「大きな政府」、福祉国家的な政策をとることについて政党間に合意が形成されたと言えよう。以後、経済政策や社会保障政策は、予算額の多少が問題となっても、自民党と社会党との間で、自由主義か、福祉国家かというような二者択一的な政策的争点ではなくなっていく（以上、河野二〇〇二）。

安保外交政策の浮上　経済政策に代わって、政党間の主要な争点となったのが安保外交政策である。

図14　日米安全保障条約調印式

　ポツダム宣言受諾により連合国に降伏した日本の帝国陸海軍は復員業務や機雷除去に従事した若干の人員と装備とを残して解体され、一九四六年（昭和二十一）十一月に公布された日本国憲法には平和主義と戦争放棄が盛り込まれた。非武装状態の日本に、安保外交政策が政党間の争点として浮上した背景には、米ソの対立激化という国際環境の変化があった。一九五〇年（昭和二十五）の朝鮮戦争勃発をきっかけとして、GHQのマッカーサー最高司令官が吉田内閣に警察予備隊《けいさつよびたい》創設を指示し、日本の事実上の再軍備が開始した。ポツダム政令にもとづき七万五〇〇〇人で発足した警察予備隊は、講和独立を機に保安《ほあん》隊《たい》へと改編され、一九五四年（昭和二十九）七月には自衛隊《じえいたい》が発足する。次いで日本の講和達成と引き換えにアメリカとの間で安全保障条約《あんぜんほしょうじょうやく》が締結されると、外交政策をめぐって政党が論争を展開することとなった。日本は、日米安全保障条約のもとで軍事基地を提供する代わりに、自らの軍事力を抑制し、アメリカの軍事的保護下に入ったのである。

　一九四八年（昭和二十三）十月に第二次内閣を発足させて以降、首相の座に座り続けた吉田茂は、経済復興を最優先する経済重視・軽武装、そして対米協調路線をとった。これに対して、講和独立後には憲法改正、そして再軍備や自主防衛を唱える主張が、当時問題となっていた在日米軍問題と関連付けて主張されるようになった。吉田が憲法の枠内で自衛力を漸増させていく方針をとったのに対し、鳩山一郎や岸信介、芦田均らと、彼らが所属した鳩山系自由党や改進党、そして日本民主党は憲法改正による積極的再軍備論を唱えた（植村一九九五）。独立後も在日米軍基地は一部では拡大し、砂川闘争（五五年開始）やジラード事件（五七年）など基地をめぐる事件や事故が多発していた。このような在日米軍基地への反感から五〇年代は反基地・反米闘争が高まりを見せたのである。鳩山や岸といった保守政治家は、反米意識の高まりをとらえて、在日米軍の存在こそが日本の真の独立を脅かす存在と論じた。彼らは、再軍備・自主防衛論と在日米軍基地問題とを結び付け、在日米軍撤退のためには防衛力増強が必要であり、そのためには憲法改正、すなわち戦力を保持しないと定めた第九条の改正が必要であるという図式で議論を展開した。再軍備と憲法改正をめぐる論争は、在日米軍基地がどう解決されるかという問題と密接に結びついていたのである。

保守政治家の間に見られた安全保障問題をめぐる路線対立は、しかし、徐々に収束の方向へと動き出す。まず一九五三年（昭和二十八）九月の自由党・吉田と改進党・重光の党首会談で、直接侵略に対抗できるように保安隊を自衛隊に改編することが合意され、保守三党（自由党・改進党・日本自由党）で自衛隊設置に向けた意見調整が行われた。次いで、一九五四年の自衛隊創設後に、自民党が、憲法を改正しなくとも自衛のための戦力は保持できるとする憲法解釈（自衛戦力合憲論）を採用するに至ったこと、さらには一九五七年（昭和三十二）の岸首相とアイゼンハワー大統領との会談で在日アメリカ地上軍の撤退開始が合意されたことで、改憲論は決定的に退潮に向かうこととなった（以上、佐道二〇〇三・二〇〇六)。

以後、自民党と社会党とが対峙した五五年体制のもとでは、政党の最大の対立軸は、日米安保条約と自衛隊に対する態度の相違におかれることになった。自民党は自衛隊・日米安保条約支持で、日本を西側諸国の一員と位置づけ、社会党は自衛隊違憲・日米安保条約反対、非武装中立を唱えて棲み分けをはかったのである。

一九三〇年代に端を発し、政党政治につきつけられた二つの課題、政府の役割の拡大、そして軍隊のあり方をめぐる議論は、池田内閣期の福祉国家的な諸政策の採用、そして一九五四年の自衛隊創設によって、ともに一九五〇年代から一九六〇年代にかけて一応の決着をみる。高度経済成長と、それにともなって拡大し続けた予算の恩恵により、経済対策や社会保障、防衛、公共事業など様々な政策を同時に推し進めることが可能となったからである。しかしながら、一九三〇年代以来の日本政治の課題が単に封印されたに過ぎなかったことは、一九九〇年代以降の政治状況が物語っている。

戦後政党の成立と日米関係（一九四五—五五年）

戦後の日米関係　第二次大戦の終結に当たって、戦後日本をめぐる連合国間相互の構想は複雑に交錯した。この交錯の中で戦後日本の針路が定まることとなったのである。一九四五年（昭和二十）二月のヤルタ会談は、ドイツ問題が主たる議題となったが、ここでソ連の対日参戦も合意されたことはよく知られている。この合意は実質的に米・ソ二国間で形成され、イギリスはこれを了承するに留まった。このことは、北東アジアの戦後経営をめぐりイギリスが次第に中心的役割から離れ始めたことを示唆している。

しかし、その後、同年七月のポツダム会談に向かう時期になると、アメリカ政府内には東アジアにおけるソ連の勢力伸長を警戒する立場が強くなった。アメリカ政府は、日本の降伏を早めることによって、ソ連参戦を待つことなく戦争終結への主導権を取ろうとし始めたのである。かくて、ポツダム宣言（米・英・中、のちにソ連が署名）では、戦争終結後の日本政府存続が認められることとなった。つまり、連合国は対日占領を、日本政府を存続させながら、間接統治方式で行う方針に傾いたのである。その後、間接統治が実際に機能し始めるまでの間で、なお多くの曲折があり、存続する日本政府のあり方にはなお予断を許さないものがあったが、その基本的方針はここで示されていた。ソ連は、八月九日の対日参戦後、ポツダム宣言に加わるが、アメリカ政府は宣言の内容について ソ連には事前に相談しなかったのである。

トルーマン大統領が連合国軍司令官にD・マッカーサーを任命し、マッカーサー司令官は八月三十日に神奈川県厚木《あつぎ》飛行場に降り立った。ソ連は、対日占領について司令官二名を置き、うち一名をソ連から出すとの申し入れをしたが、強くは要求しなかった、という。

こうして、アメリカ政府は連合国軍による対日占領を実質的にほぼ単独で担うこととなった。対日占領の基本方針となった九月二十二日の「初期の対日方針」を、アメリカ政府が独自に作成したことは、その証左であった。その後、アメリカによる占領統治は予想外に長期化し、一九五二年四月まで続いた。結局、約七年にわたった占領政治のあり方は戦後政党の成立過程と密接に結びついたのである。ここに戦後政党と日米関係が切り結ぶ第一歩が踏み出されることとなった。

「特論」では、第二次大戦後の政党政治と国際環境との関わりを考えてゆく。その際、日本と国際環境との結びつきを媒介しつつ日本外交の基軸となったのは、占領期に起源をもつ日米関係に他ならなかった。加えて、日米関係は、その後の政党政治の統治能力にとって長期的に試金石であり続けている。とりわけ戦後日本の安定と繁栄を支えた五五年体制と、いわゆる「吉田ドクトリン」がともにその役割を終えつつある現在、政党政治と日米関係は新たな方向を模索する時期に入っている。ここでは、そうした視点から戦後政党と日米関係を捉えてみたい。

占領改革のなかの政党政治　一九四五年の敗戦に伴って日本は連合国軍総司令部による占領統治の下に入った。日本国内では、戦争終結前から既に水面下で活性化していた政党勢力の復活と再編が一挙に表面化し、占領政策と関連しつつ推進されてゆく。その際、総司令部と日本政府との間では対立と緊張だけでなく、妥協と協調などを含む複雑な相互折衝が展開された。この「特論」では、占領終結をへて一九五五年の政党再編に至る一〇年間を三つの時期に区分してみたい。まず、占領期について、一九四九年までを第一期とし、その後を第二期とする。第一期には、新憲法を初めとして統治の枠組みが大きく変動した。この時期は、総司令部、とりわけ民政局を中心に占領改革が推進され、その上げ潮に乗った中道勢力《ちゅうどうせいりょく》が浮上した。第二期は、一九四九年から五二年にかけてである。この時期は、衆議院で戦後初めて単独過半数議席を占める政党が現れた。これが民主自由党《みんしゅじゆうとう》であったことは、政党政治にとって画期的なことであった。この時期になると、ドッジ・ラインを初めとして、総司令部よりもワシントンの米本国政府による対日政策構想が次々に具体化されることになる。その主眼は日本経済の強化であった。日本経済の強化は、占領当初の目標では必ずしもなかったが、国際環境における冷戦の兆しのなかでアメリカの対日政策に組み込まれるのである。この過程でマッカーサー司令官更迭という事態となった。続いて第三期は、一九五二年から五五年までである。この時期は一九五一年九月のサンフランシスコ会議で調印された平和条約が発効し、日本が主権を回復した。同じ日にサンフランシスコの別の場所で調印された日米安保条約は、その後の政党間で大きな論争を巻き起こした。その論争のなかで、日本社会党《にほんしゃかいとう》が分裂しただけでなく、保守勢力も多党化した。一九五五年には、これらの諸勢力が再編されて統一社会党となり、保守合同により自由民主党《じゆうみんしゅとう》が誕生した。こうして五五年体制が出発したのである。五五年体制は、その後、次第に自民党の一党優位体制となり、二〇〇九年の政権交代まで長期的に存続する。そこで、占領開始から五五年までの一〇年にわたる変化に富む政党再編を、日米関係を視野にいれて考察することから始めよう。

第一期の政党政治は、民主化政策の展開のなかで始まった。一九四五年秋には、十一月二日の日本社会党結成から始まり、日本自由党《にほんじゆうとう》（以下、自由党と略称）、日本進歩党《にほんしんぽとう》（以下、進歩党と略称）、日本協同党《にほんきょうどうとう》が発足した。十二月に入って、帝国議会が解散されると、翌四六年一月には幣原内閣

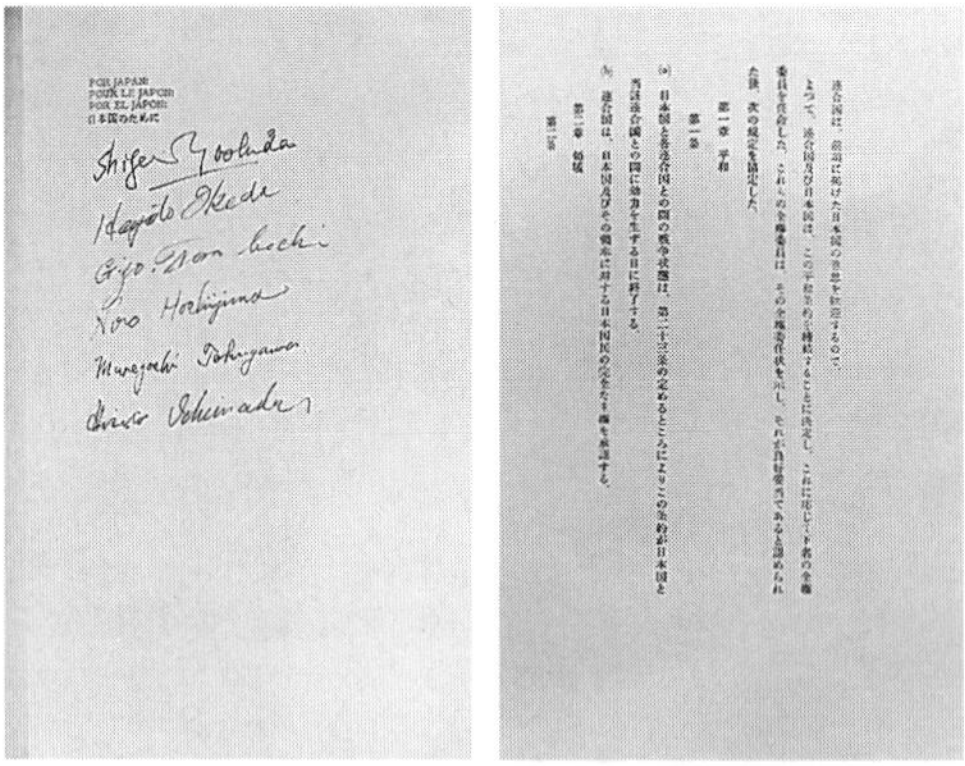

図１　サンフランシスコ講和条約

講和条約こゝに調印
四十九カ国が参加
午前三時三十四分 吉田全権署名
会場に「日章旗」を追加
日米条約きょう調印
日本全権団で言明
ソ連は調印拒否

図２　サンフランシスコ講和条約（『朝日新聞』23548号）

のもとで総選挙が予定されていた。しかし、総司令部民政局は各政党に対して軍国主義の残滓を払拭すべく、指導者交代を求め、予定されていた総選挙を三月に延期したのである。この間、総司令部は公職追放を急いだが、他方で総選挙に向けた候補者資格の審査に手間取り、総選挙はさらに延期されて四月十日に実施となった。選挙結果は、過半数を占める政党がなく、第一党の自由党が一四一議席、進歩党九四議席、社会党九三議席、協同党一四、共産党五となっている。

民政局は、この結果をどのように見たのであろうか。第一党となった自由党の総裁・鳩山一郎《はとやまいちろう》について、民政局は既に前年十二月、追放の可能性を確認しており、五月四日に追放に踏み切った。この事態のもとで自由党は、吉田茂《よしだしげる》（東久邇《ひがしくに》宮《みや》内閣の外相、幣原内閣で留任）を首班とすることに決定し、第一次吉田内閣が発足することとなった。幣原元首相を総裁とする進歩党との保守連立政権であった。

民政局の立場は、この自由・進歩連立保守政権について必ずしも好意的ではなかった。第一次吉田内閣が直面した課題は、経済情勢の悪化と労働攻勢であったが、これに対する政権の取り組みは民政局にとって満足できるものではなかったからである。四六年夏以降、軍需補償打ち切りにより失業者数が五〇〇万を超えると予想される事態になると、ストライキの波が政権を揺さぶることとなった。前年四五年秋の労働組合法制定以降、全国で急速に結成された労働組合は政治的に活性化し、有権者に政権の打倒を訴えて直接行動に向かったのである。翌四七年二月一日に予定された全国規模のゼネ・スト計画に対して吉田内閣は解決の手がかりすらつかむことができず、ついに総司令部マッカーサー司令官の中止命令によって事態の収拾に至った。しかし、その後も労働攻勢は止むことがなく継続する。保守連立の第一次吉田内閣は、その統治能力に大きな疑問符がついたのである。二月七日、マッカーサー司令官は吉田首相に対し、解散・総選挙を促す書簡を送ると共に、自由・進歩の両保守党に代わり得る政権担当政党を求めることとなった。四七年春、前回総選挙から一年足らずで再び総選挙を迎えた各政党勢力は、こうした事情のもとで政党再編に向かったのである。この時期、総司令部の保守政党不信は明らかであった。

ところで前回の総選挙から約一年の間に、統治機構の大幅な再編成があった。とりわけ、第一次吉田内閣のもとで日本国憲法が成立したが、この新憲法審議をめぐる政党勢力の立場のなかで、社会党の新憲法に対する明確な支持を民政局は高く評価したとされている。

戦後二度目の総選挙を前にして、保守勢力には動揺が生じた。まず自由党から芦田均《あしだひとし》が離党した。次に進歩党は解党する。芦田を総裁とし、旧進歩党勢力に小会派を加えた民主党が結成されたのは、四七年三月のことであった。民主党を率いた芦田均に対して民政局は総選挙前から、支持・激励する立場であったと、芦田は述べている。進歩党は、党内少壮派を中心に解党から民主党結成に向かい、修正資本主義を掲げて保守的イメージの払拭に努めた。同じく三月、協同民主党と国民党が合流して国民協同党を結成する。三木武夫《みきたけお》を委員長とする勢力であった。こうして戦後二回目の総選挙は、前回総選挙には登場しなかった新党の存在が無視できないこととなった。

結果は、第一党が社会党（一四三議席）となり、第二党は自由党（一三一議席）、民主党は一二四議席であった。マッカーサー司令官をはじめ総司令部がこの選挙結果について、有権者は「中道」を選択したとして評価した上、この選択を歓迎したことはよく知られている。こうした総司令部の明白な支持を背景として発足した政権が、社会党の片山哲《かたやまてつ》を首相とする内閣であった。片山内閣は投票日直前に結成された民主党（芦田均総裁）と国民協同党（三木武夫書記長）を連立与党とする中道連立政権となった。これに対して自由党についてみると、連立には加わらず下野する方針を選び、閣外協力を約束するに留まった。

こうして一九四七年六月に発足した片山中道連立内閣は、炭鉱国家管理政策を打ち出した。しかし四七年八月の第一国会は炭鉱国家管理法案の審議で紛糾する。法案審議中に、野党自由党は、閣外協力の立場から純野党に転じ、法案に対する反対の立場を固めた。さらに、与党民主党内の幣原グループは、衆院本会議で法案に反対し、この反対勢力が同志クラブを結成した。田中角栄《たなかかくえい》は、このとき幣原とともに同志クラブに参加している。つまり閣外の自由党および、中道連立に参加した民主党の一部は、国家管理法案を社会主義的政策と見て、これに対する危惧の念と反発を強めたことになる。

翌四八年二月、片山首相が与党である社会党左派の造反によって総辞職に向かったとき、総司令部の意向は明らかに中道連立維持であった。民政局のケーディスを初めとして、政権を野党・自由党に譲ることなく、中道三党連立の枠組みを維持する意向が強かったのである。総辞職直前、社会党右派の西尾末広《にしおすえひろ》がケーディスと会い、連立維持を確認したことはよく知られている。つまり、民政局には、依然として吉田自由党に対する強い反感が残っていたのである。

片山内閣総辞職後、先に述べた同志クラブは、民主党から正式に離党した斉藤隆夫《さいとうたかお》らとともに民主クラブを結成した。さらに同年三月、自由党に合流し、これを受けた自由党は党名を変更して民主自由党となった。民主自由党は、この段階で衆院一五二議席を持つ第一党となったのである。

後継内閣は、民主党の芦田均を首班として発足した。中道連立政権の枠組みを維持した政権であった。総司令部の支援のもとで発足した芦田内閣は、しかし必ずしも順風万帆ではなかった。なぜなら、この時期の政党政治は、総司令部に加えてもう一つの新たな要因を考慮せざるを得ないことになったからである。それは、ワシントンのアメリカ本国政府が、総司令部とは異なる方針のもとで対日政策を展開し始めたからに他ならない。加えて芦田首相が国会における法案説明について、たびたび総司令部の意向に言及したことも「イエスマン芦田」との印象を強め、政権に対する不信感につながった。この時期になると総司令部の支持と後見は、政権にとって有利な条件にはならなかったのである。芦田内閣は、四八年十月の昭和電工事件に端を発する疑獄事件のなかで総辞職し、政権は野党第一党の民主自由党へ移行した。

講和論争と政党政治　占領改革のなかで流動化した政党政治は、一九四九年(昭和二十四)に一つの山場を迎える。それは、同年一月の総選挙結果が示すとおりであった。この選挙で戦後初めて衆議院で単独過半数を占める政党が現れた。吉田を総裁とする民主自由党が二六四議席を占めたことは、強力な与党の誕生を意味した。同時に、この選挙結果を見ると、社会党議席が解散前の約三分の一となる激減が目立った。加えて元首相の片山哲など大物議員の落選など、社会党が受けた打撃は大きいものがあった。この政党配置のもとで、第二次吉田内閣期にはまず経済復興への動きが本格化する。その端緒がドッジ・ラインと呼ばれる緊縮財政政策であった。トルーマン大統領の特使として、デトロイト銀行のジョセフ・ドッジを団長とする使節団が東京を訪れ、池田勇人《いけだはやと》蔵相と

図3　池田勇人大蔵大臣とドッジの会談（昭和24年2月）

朝日新聞

号外

昭和廿四年
四月廿三日

朝日新聞東京本社

爲替レート三百六十圓
明後廿五日から実施

【ワシントン特電二十二日発至急報＝AP特約】マックアーサー元帥は二十二日夜、日本政府に対し、円の対米ドル公定爲替レートを一ドル三百六十円に設定すべきことを命令した、この指令は右爲替レートの実施を四月廿五日からとしている

右の発表は同日國防総省によつて行われたが、この爲替レートは現在軍用レートの適用を受けている取引を含み、一切の許可された外國貿易ならびに爲替取引に適用される、ドル以外の通貨に対するレートは國際通貨基金に登録されている対米公定レートを円ドルの比率に換算されたものを基礎とする

図4　単一為替レートの設定（『朝日新聞』号外）

の間で協議を重ねながら、超緊縮予算の編成に向けて強力な指導を行った。アメリカ政府による日本経済の本格的強化へ向けた第一歩であった。一ドル＝三六〇円の固定相場制の導入は、日本経済を西側諸国の国際経済秩序へ組み込む前提条件となった。事実、この緊縮財政によって、片山・芦田中道連立政権期以来、進行していたインフレの抑制が実現し、戦後復興への道が開かれたのである。次に、この内閣のもとで占領終結への道が開かれる。それが対日講和であった。こうして政党政治にとって講和と講和以後の安全保障のあり方が論争点となり始めたのである。冷戦の進行を背景として第二期の政党政治は外交と国際環境の変容によって大きく揺れることとなった。

講和論争は、全面講和論と多数講和論との対立から始まった。全面講和論の立場は、ソ連及び、成立間もない中国をはじめ、東側陣営に属する諸国を含む講和を主張した。これに対して、西側諸国との講和を支持する立場は多数講和と呼ばれた。東側諸国との講和を含まないことを強調して部分講和、片面講和と呼ばれることもあった。講和論争のなかで、社会党の動きを見よう。大きく敗北した社会党は、一九四九年四月党大会で党再建をめぐる議論を展開する。ここで社会党は党の性格について、階級政党か国民政党かをめぐって展開された森戸・稲村論争に加え、講和とその後の日本の安全保障をめぐる立場を固めて、街頭行動に力を注ぎ始めた。同年十二月の党中央執行委員会は、「講和問題に対する党の一般的態度」を決定し、非武装中立、全面講和、軍事基地反対を盛り込んだのである。この方針は、その後の社会党の針路を方向付けるものとなった。

この時期の国際環境を見ると、米英両国がそれぞれの立場から対日講和を促進する立場を固め始めた。一九四九年九月に対日講和条約の早期締結で合意した米英両国は、ソ連が参加しない場合であっても講和を推進することを前提に、その準備に入ったのである。その背景には中国大陸情勢があった。一九四八年秋になると既に中国内戦は共産党軍の優位が確実となっており、実際、翌四九年十月には北京で中国共産党の毛沢東が建国を宣言、中華人民共和国が成立していた。こうした中国情勢は対日講和の推進力となったのである。米英両国の早期講和方針は十一月の外電によって日本国内に伝えられた。これを受けて吉田首相は国会で次のように述べていた。吉田首相は、現在の日本の状態を無条約状態とし、それよりは早期講和が望ましいとして多数講和の受け入れを表明したのである。

年が明けて一九五〇年になると、吉田は側近の池田勇人をアメリカに派遣し、日本政府の立場を伝えようと決意したようである。ところで前年一月総選挙が終って二ヵ月後に民主党は野党派と連立派に分裂していたが、五〇年三月には、民主党連立派が民主自由党と合同することになった。ここで民主自由党は党名を再び自由党としたのである。その後の五月、池田勇人は吉田の指示を受けて渡米し、アメリカ政府のジョセフ・ドッジと会談、かつてドッジ・ラインの実施で協力した際の人脈を通じて、次のような吉田の伝言をもたらしたのである。それは、日本政府は講和ができるだけ早いことを希望していること、さらにもし在日米軍基地の存続が必要であればそれを容認すること、基地の存続についてアメリカ側から言い出しにくいのであれば日本側が申し出てもよいこと、という内容であった。この内容は、多数講和を容認するという日本の立場を伝えるものであり、これとともに、その後の日米安全保障条約の骨格を示すものであった。

ところで、ほぼ同じ頃、日本国内の政党勢力は、さらなる流動化に向かっていた。民自党が自由党へ党名変更した後の一九五〇年四月、連立派が離脱したあとに残留した民主党野党派（多数派）は、国民協同党と合同して国民民主党となったのである。結党大会は四月に行われた。最高委員長は苫米地義三《とまべちぎぞう》であった。こうして、講和論争期には、社会党、自由党、国民民主党の三党を軸とした政党政治が展開することとなったのである。

社会党統一と保守合同　講和条約調印を前にして、政党政治に対し大きな衝撃となったのは追放解除であった。つまり、一九五一年（昭和二十六）六月頃から、占領初期に公職追放されていた政治家達が占領終結を前に次々に政界に復帰してきたからである。戦前の政党政治で要職を占め、その結果追放されていた大物政治家たちは各政党へ復帰して活発な活動を始めた。こうした「解除組」の影響力は政党再編に向けた原動力の一つとなったのである。こうした人的配置の変化にからんで、外交・安全保障政策をめぐる政党政治の対立軸は一層鮮明なものとなった。講和によって占領が終結し、主権の回復が実現することについての支持はあったものの、その内実は複雑な事情を内包していたのである。つまり九月に調印された平和条約は沖縄、奄美大島、小笠原をアメリカの施政権下に残していたという点で、領土問題を未解決にしたままであった。加えて日米安全保障条約、及び、日米安全保障条約に基づく行政協定は、その内容が、とりわけ在日米軍基地の扱いについて主権国家にふさわしい内容とは受け止められなかった。条約に規定された内乱条項、第三国条項などは屈辱的であるという印象を残したし、在日米軍の日本防衛義務も明記されていなかったのである。そうした国内の不満を背景として、平和条約による日本の独立が不完全であったとの声が一部に残ったことは否定できない。

その結果、講和交渉に臨んだ吉田首相の外交が批判されるとともに対米協調外交に対して対米自主外交を主張する声が強まったのである。加えて、交渉過程で浮上した日本の再軍備問題の行方も注目されていた。吉田首相がダレス特使の要求する再軍備に対して、必ずしも積極的に応じる構えを見せなかったことが保守勢力の反吉田派から批判されたのである。つまり、一方では社会党が吉田の講和外交を対米追従として批判し、他方で国民民主党（後に改進党）は、吉田の消極的再軍備に反発し自衛軍創設を主張していた。こうして追放解除と講和論争は政党勢力間に対立の芽を育んでいく。

まず社会党と追放解除について見ておこう。社会党は一九四九年以降、全面講和と永世中立を掲げていたが、その社会党にも追放解除の波が押し寄せたのである。戦前期の無産政党指導者として大日本政治会に協力し、戦後、追放の対象となった人々は、河上丈《かわかみじょう》太郎《たろう》、河野密《こうのみつ》、三輪《みわ》寿壮《じゅそう》、浅《あさ》沼稲《ぬまいね》次郎《じろう》などであった。これらの人々は主として日本社会党に復帰し党内右派として活動を始めた。その際、追放解除によって復帰した社会党の指導者たちは、全面講和論には必ずしも積極的ではなかったのである。浅沼稲次郎が多数講和支持の立場であったことはよく知られている。サンフランシスコ講和会議を前に開かれた一九五一年八月の国会で、浅沼は講和に対する賛成を主張して党内の意見は二つに割れた。つまり、講和と安保の双方について反対する党内左派と、安保のみについて反対の党内右派の二つの立場が対立する結果となった。この対立は解消せず十月の批准国会では左右両派が分裂する事態となったのである。これ以降一九五五年十月の統一社会党発足まで、右派社会党と左派社会党との二つの社会党が存在することとなった。

次にサンフランシスコ講和会議に超党派全権団の一員として参加した国民民主党の動きを見よう。全権団代表となった苫米地最高委員長は、自由党代表の星島二郎、参議院緑風会代表の徳川宗敬などとともに講和条約にのみ調印した。つまり安保条約には調印しない、との国民民主党の党議に従ったのである。しかし、党内はこの方針でまとまっていたわけではなく、両条約に反対する若手の声も強かった。

ところで国民民主党にとって、追放解除はもう一つの党内対立の要因であった。もともと戦後初期の公職追放で最も多数の該当者が出たのは、日本進歩党であった。この進歩党が芦田を総裁として民主党となり、その後、国民民主党となった経緯を考えれば、追放解除の影響が党運営に与えた影響が大きかったことは理解しやすい。国民民主党は、松村謙三などを中心とする追放解除グループである新政クラブとの間で新党結成をめざすことになった。これが一九五二年二月に結成された改進党である。結成時には党総裁を決めることができず、六月に重光葵《しげみつまもる》（元外相）が総裁に就任した。改進党は、国民民主党の系譜を引く中道路線のなかで福祉国家を掲げると同時に、吉田批判としての自衛軍創設・再軍備論を主張して対米自立路線を採ったのである。

自由党の内部は、追放解除によって複雑な対立を生じていた。一九五一年八月、解除を目前にした鳩山一郎が軽い脳溢血で倒れたが、鳩山を総裁にすべく十月には鳩山派を中心とした自由党内民主化同盟（民同）が結成された。翌五二年十月、抜き打ち解散による総選挙後、第四次吉田内閣が発足すると民同との間で自由党内には不安定要因が強まった。党内対立は国会の予算審議に持ち込まれ、五三年四月には、吉田首相の失言に端を発するバカヤロー解散となった。この解散直前に、三木武吉など鳩山派が自由党を離党、分党派自由党を結成した。総選挙後には、第五次吉田内閣となったものの、政権運営は極めて困難なものとなった。野党改進党、左派・右派社会党に加えて分派自由党の吉田内閣に対する攻撃は強まるばかりであった。こうした事態のなかで、五三年の年末以降、吉田退陣を求める保守合同論は一気に高まる。五四年に入って造船疑獄が起き、吉田と吉田側近の佐藤幹事長らに対する非難の高まりのなか、十一月には新党、日本民主党が結成された。総裁は鳩山一郎であった。十二月には轟々たる非難のなかで吉田内閣総辞職を迎えることとなる。アメリカ政府は、弱体化していた吉田内閣による政治運営に対する懸念を強めており、この総辞職から保守合同への動きを歓迎する立場であった。しかし、鳩山内閣発足と保守合同はアメリカ政府の期待に応じるものではなかったのである。

四　「五五年体制」の変貌と危機（一九五五—八六年）

1　「五五年体制」とは何だったのか

「五五年体制」という言葉のとらえ方　一般に従って、日本社会党（略称社会党）を中心とする進歩的なグループを「革新」陣営と呼び、自由民主党（略称自民党）を「保守」陣営と呼ぶとして、いわゆる自社の「保革二大政党」が出現した一九五五年（昭和三十）という年が、日本政党史上画期的な位置を占めていることは改めて述べるまでもないだろう。一九五五年十月十三日には左右両社会党が再統一し、翌十一月十五日には、日本民主党と自由党のいわゆる「保守合同」によって自民党が結成された。その後、この政党体制は、政治学者・升味準之輔によって「五五年体制」と命名され（「一九五五年体制」とも称されるが、以下「五五年体制」で統一する）、マスメディアでも散見される用語となっていく。

しかし、この言葉は、普及してゆく過程で意味が拡散していった感が否めない。この半世紀ほどの間、「五五年体制」の崩壊が不思議なほどたびたび語られてきた歴史がそのことを如実に物語っている。

たとえば、一九六〇年代以降の多党化の時代に、早くも「五五年体制」の崩壊が語られることになる。そのときには、自社二大政党以外の政党の存在が注視されることとなった。逆にいえば、この段階までの「五五年体制」は、自社の二大政党制ととらえるのが一般的であったし、そのようにこの体制が成長する期待も大きかったのである。

図１　自由民主党

ところが、七〇年代のいわゆる「与野党伯仲」の時代、そして一九九三年（平成五）八月に細川連立内閣が成立したときには、「自民党政権」としての「五五年体制」が崩壊したという認識が散見された。つまり、七〇年代以降、「五五年体制」は「自民党政権」（あるいは自民党が政権党であること）の同義語という意味で使われるようになっていたのである。現在でも、自社の「保革二大政党制」として「五五年体制」を捉える見方と「自民党政権」の同義語としてこの体制を捉える見方が混在しているように思えるが、細川護熙《ほそかわもりひろ》・羽《は》田《た》孜《つとむ》両内閣で野党であったものの、自民党はそれまで三八年もの長きにわたってほぼ単独で政権をとり続け、その後も二〇〇九年まで連立政権の中心にあった。その印象があまりにも強烈で、「五五年体制」がほぼ「自民党政権」の同義語として使われることが多いことは否定できない。

「一党優位政党制」という言葉　政治学では、五五年以降の日本のように、複数の政党が存在しながらも、特定の政党が一定の長期にわたりほぼ単独で政権を維持できるような有権者の支持を獲得し続ける状態を「一党優位政党制」という言葉で表現する。事実、多くの政治学者は、五五年以降の日本の政党体制は「一党優位政党制」の典型例であり、自民党は典型的な「優位政党」であると考えている。

一九七〇年代に用いられ始めたこの考えを敷衍すると、五五年から二〇〇九年までの政党史はどのように理解できるだろうか。

まず、その第一期というべき、五五年の結党以降一九九三年までの三八年間において、自民党は、一九七六年、七九年、八三年の総選挙では衆議院で過半数割れしたものの、常に衆議院第一党であって、一九八三年の新自由クラブとの連立をのぞき、単独与党でありつづけた。一九九三年八月に成立した細川護熙内閣、その後の羽田孜両内閣期には野党となって、自民党の第二期が始まるが、実のところ、これ以降二〇〇九年（平成二十一）八月の総選挙までの自民党も、細川内閣成立に先立つ総選挙においてはもちろん、一貫して衆議院第一党だったのである。その意味で、一九九四年六月から二〇〇九年九月まで、自民党が連立与党の中心だったのも実は自然であって、田中善一郎は、二〇〇三年の時点で、この自民党を中心とする連立政権時代を「弱い一党優位の自民党時代」と呼んでいるが、確かにそういっていい時代がつづいた。つまり、「一党優位政党制」という意味における「五五年体制」は、一九五五年から（ごく一時期を除いて）二〇〇九年まで、五四年もの長きにわたって続いたと考えることができるのである（田中善一郎『日本の総選挙　一九四六―二〇〇三』）。

しかし、五五年以降の政党史にも数々の変化があり、その結果として自民党の「一党優位政党制」ができあがっていったことを忘れてはならないだろう。本章では、一九八六年までを一区切りとして、その様子を描いていきたい。

戦後政党の誕生　まずは、五五年以前の政党史を振り返ってみよう。敗戦後の日本にいち早く誕生した政党は、前章でも触れたように、実は社会党であった。社会党は、一九四五年（昭和二十）十一月二日、戦前の日本無産党系（以下、日無系）、日本労農党系（以下、日労系）、社会民衆党系（以下、社民系）の、最左派から右派までの三つの勢力の大同団結によって結成された。しかし、杉山元治郎《すぎやまもとじろう》を委員長とする労働農民党が一九二六年（大正十五）に分裂してから陸続として生れたこれらの無産政党の対立はきわめて激しく、戦後いち早く大同団結できたことは奇跡であるとすらいえた。その奇跡を実現した最大の要因は、敗戦後の政党復活の息吹を感じとり、その動向を自分たちの手で推進しようとする日本の社会主義者たちの決意であって、これも前章で述べたとおり、一九四七年四月の総選挙で、敗戦直後の日本人も、社会党を衆議院第一党に選んだ。同年五月二十四日に成立した片山哲《かたやまてつ》内閣は、焼け跡で苦しむ国民の大きな期待を受けて出発したのである。

しかし、結局片山内閣は党内対立により短命に終わり、続く芦田均内閣の時期には、公職追放された平野力三《ひらのりきぞう》を中心に社会革新党が（一九四八年三月二十六日）、続いて黒田寿男《くろだひさお》を中心とした最左派に

図2　鳩山一郎

よって労働者農民党（一九四八年十二月二日）が相次いで結成されている。日本で初めて社会主義政党を与党とした内閣が成立している最中に党内部の対立で政権が崩壊し、さらには党が分裂した事実は、社会党の内部対立の激しさを示している。

他方、「五五年体制」成立以前の「保守」の側も安泰だったわけではない。今から振りかえると自民党結成があたかも自明のことのように思えるが、保守勢力も日本自由党、日本進歩党、さらに革新系とも一定程度親和的な「協同主義」を掲げる日本協同党の三つのグループに別れていた。これらの勢力の大部分は確かに後の自民党に結集するのであるが、この時点でこれらの勢力が一つの政党を結成するとは到底思えなかったし、独立後には、さらにこれらの政党間対立と内部の流動化が進むこととなる。その対立軸の一つは、前章でも述べたように、追放を解除された鳩山一郎《はとやまいちろう》と占領期の立役者たる吉田茂《よしだしげる》の対立であった。鳩山は吉田の自由党運営に不満を持ち、一九五三年三月十四日には自由党分党派を結成、十二月九日には復党するものの、吉田政治を肯んじ得ない三木武吉《みきぶきち》や河野一郎《こうのいちろう》ら八人が十一月二十九日には日本自由党を結成する（彼らは翌年に公開が予定されていた黒澤明の映画をもじって「八人の侍」と呼ばれた）。第二に、その対立の周辺に、衆議院の二割程度を占める戦前派（追放解除組）と戦後七年の間に一定の勢力を占めた戦後派が位置した。戦前派の有力者は追放解除とともに政界復帰を果たし、自由党にも所属したが、一九五二年二月八日に結党した改進党も戦前派の一つの牙城となった。それによって、池田勇人《いけだはやと》や佐藤栄作《さとうえいさく》（自由党）、中曽根康弘《なかそねやすひろ》（改進党）ら戦後派とそれぞれの党が抱えることとなった戦前派との対立軸が重層的に形成されることとなった。

しかし、この間、これら三つの保守勢力に対する有権者の支持は高かった。それはおおよそ革新勢力の二倍を保っている（石川真澄『新版戦後政治史』。以下、特に断らない限り、選挙結果については、石川および前掲田中に依拠している）。また、保守勢力の合同もたびたび模索され、あるものは成功するが、それらの小合同は同時に小分裂の機会でもあって、この時期まで、これらを保守勢力としてひとかたまりのものと見ることは難しかった。

「保守」としての自覚　このようなとき、在日韓国人・伊藤斗福《いとうますとみ》が設立した保全経済会をめぐる詐欺事件（保全経済会事件）と衰退に瀕していた造船業界をめぐる疑獄事件（造船疑獄事件）が起きた。一九五四年一月から四月にかけておきたこれらの事件は、占領期に芦田内閣を襲った昭電疑獄にならぶ大きな疑獄事件に発展し、自由党系のみならず、改進党系の人物の関与も取り沙汰されたが、特に後に首相となる池田勇人が捜査の大きな焦点となり、結果的にはこれも後に首相となる佐藤栄作の逮捕がほぼ確実視されるに至る。

このころ青年議員として活躍していた松野頼三《まつのらいぞう》は、次のように語っている。「〔その頃〕私の親父〔松野鶴平《まつのつるへい》のこと。佐藤の後見人〕も蒼白な顔をして、夜中遅く出て行くんです。十一時頃、寒いときにマントを着て出て行くんです。一言もいわずに出て行って、二時頃帰ってくるんです。もし佐藤逮捕となれば、おそらく自民党〔注―自由党の間違い〕は崩壊する。崩壊するだけではない。保守政権が革新政党に乗っとられる。その時の革新というのは容共革新、社会党左派だから。それはとても治安が悪くなる。革命と同じだ。革命戦争だよ」(『松野頼三オーラルヒストリー』)。この疑獄事件と同じころ、偶然にも左派社会党は、一九五四年一月の第一二回党大会で日本社会党綱領(いわゆる「左社綱領」)を決定しており(和田博雄綱領作成委員長)、社会主義政権の樹立を党の目標として掲げていた。松野が造船疑獄の拡大深化による「保守」の崩壊によって日本に革命がおきるという危機感を持ったのはそのためであった。

だが、より注目すべきなのは、「保守」が崩壊すれば、政権は社会党左派主導のものになると保守勢力の重鎮・松野鶴平が想定していたことである。独立後の政界において、左派社会党の躍進は確かに顕著だった。一九五二年十月一日の総選挙(いわゆる「抜き打ち解散」総選挙)と五三年四月十九日に行われた総選挙(いわゆる「バカヤロー解散」総選挙)において、左派社会党は大きく議席を伸ばし、分裂時に一六しかなかった議席数を七二としていた。分裂時の四・五倍という伸びは確かに驚異的であった。一九五一年十月のいわゆる五全協以来、武装闘争路線をとっていた共産党が議会勢力としては無視してよい勢力でしかなかったのに比較して、鈴木茂三郎《すずきもさぶろう》率いる左派社会党の躍進は、この疑獄事件を背景として、三つに分かれていた、後の自民党に結集するグループに「保守」としての一体感を植え付け始めたのである。

社会党再統一と保守の大合同　しかし、保守の大合同への道はまだみえなかった。前述した疑獄事件を「指揮権発動」で何とか乗り切った吉田茂が遂に総辞職を余儀なくされる直前、一九五四年（昭和二十九）十一月二十四日に、鳩山一郎を党首とし、石橋湛山《いしばしたんざん》・岸信介《きしのぶすけ》・重光葵《しげみつまもる》・三木武吉・河野一郎・松村謙三《まつむらけんぞう》などを擁する日本民主党が結党された。

日本民主党は、明らかに「反吉田勢力」の連合軍としての性格を持っていた。もっとも、そこには、本来ならば吉田と思想的にも政策的にもそう違わない人物が多かった。党首の鳩山はその典型であったし、後に鳩山内閣の外相となる重光も、反ソ反共の対米協調論者という意味ではそうだった。後の宰相たる石橋、岸も同様である。しかし、彼らは、吉田はアメリカとの協調に傾きすぎており、独立国にふさわしい体制に日本の諸制度を作り替えてゆくべきだと考えていた。単純にいえば、彼らの政策は吉田的な対米協調路線（のちに「吉田ドクトリン」と称されるようになる）から、対米協調の枠内における自主独立路線への転換を指向するものであった。彼らは、その意味で中国・アジア外交を活発化する必要性を、そして、憲法改正と日米安保の対等性の確保を主張したのである。

だが、この時期に「保守大合同」の可能性があったかといわれれば、答えはノーであろう。民主党の政権獲得が、一方の同じ保守派による疑獄事件の取り繕いという見方ができないわけでもなかったとはいえ、また、岸や三木武吉、あるいは吉田の後任として自由党総裁となった緒方竹虎《おがたたけとら》のように、強力な保守合同論者が存在していたとはいえ、保守合同論を取り巻く人間対立や政治環境が変わらない限り、一足飛びに両者が一つになる可能性はほとんどなかったといってよい（武田知己『重光葵と戦後政治』）。

図3　三木武吉

こうして「反吉田連合」のリーダーとなった鳩山が吉田から政権を奪いとったのは、同年十二月十日のことである。政党史をみる上で特筆すべきなのは、この鳩山内閣の誕生が、今度は社会党に大きな危機感を抱かせたことである。一九四六年五月、政権獲得を前に公職追放に遭い、追放解除を目前にして倒れ、吉田茂との権力闘争を演じてきた鳩山の政権獲得は、国民の間で「鳩山ブーム」を呼んでいた。鳩山の大衆政治家としての明るさや開放性も、このブームの背景にあった。これを受け、分裂していた社会党は、五五年二月に予定されていた総選挙に強い不安を持った。つまり、鳩山ブームは、それまでも細々と続けられていたものの、遅々として進まなかった社会党再統一（五三年頃には再統一の動きが始まっていた）の強烈な促進剤となったのである（前掲石川）。他方で、社会党再統一の動きが活性化したのを受けた「保守」の対応もまた素早かった。総選挙後の一九五五年四月十二日「保守結集のためには鳩山内閣の総辞職も辞さない」とする三木武吉の車中談が出されたのがそのきっかけとなった。策士として名高かった三木の発言の真意を多くの関係者は測りかねたが、緒方総裁・岸幹事長は即座に反応した。彼らも一九五二年頃から保守の大合同をめざしていたのだが、社会党の再統一の動きを背景とした三木の車中談を契機として、緒方系・岸系、そして三木らとの水面下での協議が活性化された。三者の間には何らかのシナリオがあったのだろう。吉田を継いだ緒方や民主党の幹事長となった岸が表立って動けないとなれば、三木がこの動きを先導するしかなかったのである。

また、この保守合同路線を財界が後押ししたことも重要である。五月六日、経団連の第一五回定時総会は、保守各党が「国の基本政策につき速やかに意見を統一」して「共同の責任においてわが国の独立完成を一致して推進する体制を固め、懸案解決のために邁進」することを求めた。財界も社会党の躍進には強い警戒心を持っており、保守への支援をより効果的に行うには、保守が統一してくれた方が都合が良かったのである。岸幹事長もこれに即座に対応して声明を出している。

こうした財界の後押しを受ける形で、保守の大合同は進められた。五月十五日、三木武吉が宿敵大《お》野《お》伴睦《のばんぼく》と密会し、さらには正力松太郎《しょうりきまつたろう》と藤山愛一郎《ふじやまあいいちろう》を交えた会合を密かに重ねて自由党・日本民主党の意見をまとめ上げた。九月からは総裁の座をめぐる各派の要求が錯綜し、さらに総裁を不在とし、鳩山・緒方・三木・大野の四人の代行制をとらざるをえなかったものの、十一月十五日、遂に自由民主党が結成された。それは社会党が再統一を果たした一ヵ月後のことであった。

「五五年体制」とは何だったのか　以上前章との重複を厭わず論じてきた「五五年体制」成立のプロセスは、なによりも、「五五年体制」の形成過程における社会党が、何の力も持たない弱小政党ではなかったことを良く示している。もちろん、社会党は激しい内部対立を抱えており、統一と分裂を繰り返してきたのだが、自民党結成は社会党の再統一の動きがなければ実現しなかったろう。逆に、社会党の再統一も、日本民主党結成と鳩山ブームという促進剤がなければ、あの段階で達成されることもなかったであろう。つまり、「五五年体制」は、相当の混乱を抱えつつも躍進を予感させる社会党と、これも相当の混乱を抱えつつ何とか大合同を果たした「保守」の諸政党が、相互に影響し合うなかで成立したものだったのである。

このとき成立した政党体制は、それまでの政党史に一つの終止符を打つものとなった。「五五年体制」の命名者である升味準之輔は、一九六四年の論文で次のように言っている。「現在の政治体制の構成がいつできたか、ときかれれば、私はためらわず、一九五五年と答える。つまり、この年に行われた社会党統一と保守合同が、現在の政治体制の枠組をつくったのである。もちろん、講和条約も占領体制も太平洋戦争も、さかのぼれば数限りない事件や人間の所産が現在を構成していることは間違いない。しかし、それらがなだれこむ巨大な政治ダムができたのは、やはり一九五五年といってよい」(升味準之輔「一九五五年の政治体制」)。これが「五五年体制」が命名されたそもそもの文脈である。「五五年体制」は、升味のいうように、特に敗戦後の日本政治が行き着いた一つの終着点だったのだが、同時にこのときできあがった「巨大な政治ダム」とは、自社の二政党が形成するものであって、自民党が単独で作ることのできるものでは当然なかったのである。

そもそも、第一章でも論じられているように、政党(party)はその語義からいっても社会の一部分(part)しか代表し得ないものである。政党が本質的に社会の一部分しか代表することができないとすれば、政党が他の政党によって補完されることは、政党の「本質的属性」であるというほかない(ライプホルツ)。もちろん、政党は、政治家に権力をもたらし、権力者を育成する装置でもある。総選挙から総裁選、国会における首相指名のプロセスに至るまで、日本の政党も、特定の政治家あるいはは候補者に、代議士としてあるいは大臣・首相としての権力を与える権力の道具である。また、政治家もその道具を駆使して死活の権力闘争を試み、それによって権力者としての実力を整える。政党政治には、当然権力をめぐる政治家たちの権力闘争の舞台としての意味合いもある。このような考え方によれば、政党とは「権力獲得」そして「権力者育成」の装置に他ならない（マックス・ウェーバー）。

しかし、それでも、政党というものが「一方の端を社会に、他方の端を国家にかけている橋」であり、「社会における思考や討論の流れを政治機構の水車にまで導入し、それを回転させる導管であり、水門」であると定義される存在であることを忘れることはできない（E・バーカー）。つまり、政党は、本質的に、社会（有権者）の多様な要求を国家（政府）に結びつける社会的な機能を積極的に果たさねばならないのである。そして、社会の要求が複雑に且つ多様になる巨大な現代社会では、複数の政党が導管や水門としての役割を果たすことが余計に必要となる。こうして現代の政党体制とは本質的に互いを補完しあう「複数の政党が形作る体制」である他ないのである。「五五年体制」を定義した升味の「政治ダム」という卓越した比喩にも、複数の政党が形作るいわば「社会装置」とでもいうべき政党政治の側面を強調する定義と響きあうところがあるといえるだろう。

非対称な政党間関係　しかし、「五五年体制」は、その成立当初から、きわめて非対称的な政党間関係を内包していたことも事実である。「五五年体制」とは、繰り返すように、社会党と自民党という二つの政党間対立によって、多様化している我々国民の利害や価値観を集約しつつ国家に反映させる体制であった。二大政党制が多党制よりもより安定した議会運営や国家運営を可能にするとは必ずしもいえないが、少なくとも複雑な社会の価値観や利害関係を思い切って単純化することが二大政党制の特徴の一つである。「五五年体制」を自社の二大政党制としてみた場合、この体制は、概ね資本家・農村層を自民党が、労働者・都市層を社会党が集約する体制であると考えられるものだった。

ただし、社会党が農村に全く基盤を持っていなかったわけではない。五五年体制下の最初の選挙である一九五八年総選挙を分析してみると、社会党は「農村型選挙区」で実は三四％もの議席を獲得している。社会党が農村に弱いというのは自民党と比較してのことに過ぎない。逆に、自民党が都市部に弱いというのも俗説である。自民党はこのとき「大都市型選挙区」で社会党と同数の四九％もの議席を獲得しているのである。

言い換えれば、自民党は実は農村・都市双方の選挙区で社会党を凌駕していたことになる。自民党はこの段階ですでに社会党に対して相対的な優位にあったのだが、この傾向は実は敗戦直後から続いていたといえる。

また、政党政治は、国家と社会を結びつけるなかで、中央と地方の利益を結びつける働きをするものである。「五五年体制」においては、自社を問わず、後援会と呼ばれる独特の集票組織が発達し、政党というよりも代議士個人が政党を利用して中央と地方を媒介してゆくことになるが、戦前の中央集権機構であった内務省に代わり自治省が誕生したことで戦後の中央地方関係自体が一変していた。また、中央省庁制も大きく変化し、戦後の中心官庁となったのは、農水省、通産省、建設省などの経済官庁であった。これらの経済官庁は、同時に戦後の中央地方の利益を融通する水門や導管の働きをするものであったが、これら各省庁との関係については自民党の独占が進んだ。自民党は長らく政権を担当してきた自由党系と一時期政権を担当した民主党系の合同体であるから、結党前から社会と国家を結びつける経験を一定程度積んでいたし、吉田が池田・佐藤といった官僚出身者を大量に入党させて以降、政官の混在——社会と国家を結びつける「導管」の形成——がより一層進んだのである（升味準之輔『戦後政治』上巻、御厨貴『政策の総合と権力』）。

自民党の党組織・社会党の党組織　自民党は、こういった統治機構の変化に対応した党機構も発達させていく。この後の自民党は、先進民主主義国の中で最も大きいといわれた党本部機構を持ち、高度な組織化を遂げる政党となるのであるが、その理由は、自民党が前述のような官僚機構との密接な関係を持ち、社会の多様な利害をきめ細かくボトムアップ型で政策決定に取り入れる方針をとっていたからである。その要は、与党の事前審査制度（閣議に提出する法案は与党が事前に条文の整合性までを含めた審査を行う制度。一九六〇年に慣行として確立）と審議会・部会・小委員会などに細かく分化された政調会機能である。制度上の意思決定機関である総務会には地域性も反映されており、自民党の組織には実は中央地方関係も制度化されていたといえる。それはあたかも日本の統治機構の縮図のようであった（野中尚人『自民党政治の終わり』）。これらの慣行や機構も、実は「五五年体制」成立以前から保守勢力内では一定の発達を始めていた（小宮京『自由民主党の誕生』）。もっとも、一九五三年当時池田勇人の下での自由党の政調会について「当時は、政調会、いや池田勇人が権威があったな。政調会長は権威がないかも知れないけれど、池田勇人が権威があった（中略）大蔵大臣は何をしている

図4　池田勇人

のだろうと思うくらい、全部池田がやっていた」（前掲松野）という証言もある。当初は「人」に依存した制度であったのかもしれないが、保守勢力の意志決定機関が「組織」としての体裁を整えてゆく契機は、やはり自民党の結成であった。

　これに対する社会党も、部会や委員会を擁する政策担当機関たる政策審議会を有し、党大会を頂点とする意思決定機構を持つようになる（谷聖美「社会党の政策決定過程」、梅澤昇平『野党の政策過程』）。しかし、社会党の党組織の特徴は政治の理想や理論を重視した政策に重点を置いていたことであるとされる。それ自体はもちろん悪いことではないが、理想や理論を重視するという意味で、社会党はイデオロギー政党であり、イデオロギーが重視されない時代になればそれがそのまま弱点となることは避けられない。さらに、社会党は、一九五〇年七月に結成された日本労働組合総評議会（略称総評）にほぼ丸抱えで支援されていた左派が主導する政党となってゆく。これに対し、全日本労働組合会議（略称全労会議）が、一九五四年四月に総評から分裂し、やがて右派を支援してゆくことになるのだが、いずれにせよ社会党には労働組合出身者が多く、官庁との結びつきは弱かったし、左派に主導される社会党は「反体制政党」としての性格をますます強めていた。社会党は、急激な社会変化を嫌う国民の本質的な現状維持傾向や、未だ「戦後」から脱しきれていない庶民の生活向上を第一とする世論を正確に受け止め、それを政策に反映させることを軽視するきらいがあった。このことも、両党の相違を示しており興味深いものである（坂本守『社会党・総評ブロック』）。

このような自社の相違や非対称性は、何よりも選挙結果に表れていた。「五五年体制」段階でも社会党が議席の三分の一程度しか支配しておらず、のちに政権交代があり得ない「擬似的な二大政党制」という意味で「一と二分の一政党制」と呼ばれるが、これは後の「一党優位政党制」という概念を先取りした概念でもあったといえよう（岡義武編『現代日本の政治過程』）。

しかし、忘れてならないのは、一方で大同団結を行った自民党も内部に強烈な対立を抱えていたことであろう。保守の大合同の立役者の一人である三木武吉は当時「自民党は一〇年持てばよい」と語ったといわれる。確かに合同の直前まで政権獲得のための死闘を繰り返していた二つの党が、合同後すぐに融和できるとは思えない。戦後たびたびみられた「自民党結成の本音は保守永久政権の樹立にあった」という見解は、実は結果論に過ぎないことは明らかであろう。

２ 「一党優位政党制」への変貌

一党優位政党制と包括政党 では、社会党への政権交代も想定し得た「五五年体制」は、一体どこで「一党優位政党制」へと変貌していったのだろうか。

「一党優位政党制」がどのように成立したのかは、従来二つの方法で説明されてきた。一つが優位政党である自民党の強さを説明する方法であり、二つめが社会党の弱さを説明する方法であった。しかし、これは物事の表裏である。実はこの両方が「一党優位政党制」の顕在化の理由だった。

ところで、ある党が他の政党に対し優位に立つというのは、そもそもどういうことだろうか。この点を考える上で、日本における本格的な自民党研究の嚆矢となった佐藤誠三郎・松崎哲久『自民党政権』は、自民党に関する興味深い事実を紹介している。同書によれば、敗戦から五五年までの一〇年間、衆議院で結成された会派（衆議院では議員集団を政党と呼ばずに会派と呼ぶ）は、大小合わせて五〇におよぶという。自民党は五一番目の会派であるが、この自民党に先立つ五〇の会派を調べてみると、自民党の結党に参加した議員が含まれていないものはたった七つにすぎないというのである。これを政党レベルで考えてみると、自民党と全く無縁の政党は、日本共産党、労農党、社会民主党、協同党（五二年結成の社会革新党の後身）の四つだけに絞られるのだという。

このことから分かるのは、自民党という政党が、そもそも多種多様な集団の価値観や利害関係を包括した政党であったことである。それが自民党の勢力拡張（優位政党化）にきわめて有利な資質となった。というのは、ある政党が他党に対して優位に立つためには、多様な有権者の支持を調達する力を持たねばならず、そのためには、多くの優越政党は、「種々の価値観や利害関係を包括しうる政党」となる傾向をもつからである。このような政党を、ドイツの政治学者・キルヒハイマーの用語を敷衍して「包括政党」と呼ぶとすれば、自民党は、社会の多様な要求を包括し、党勢拡張を図りうる性格を、結党当初から原型として持っていた。前述した五八年の総選挙時の大まかな支持基盤分析も、まさに自民党のこのような性格が反映されたものと考えられる。

言い換えれば、自民党の「包括政党」としての性格が自民党の強さの理由であった。他方で、社会党はそのような性格をもつことなく、硬直したイデオロギーから脱却できずに停滞を余儀なくされていく。このような両者の相違は、本節と次節で論じてゆくように、おおよそ一九六〇年代半ばには確立してしまうことになる。

鳩山・石橋内閣における自民党政治　前節でも述べたように、結党したばかりの自民党が将来の安定政権を予感させるような様子をみせなかったことは、鳩山一郎内閣（ただし第一次内閣組閣時の与党は日本民主党）、石橋湛山内閣の様子をみれば明らかである。たとえば、保守合同と並行する形で鳩山内閣が始めた日ソ国交回復交渉は、その後、「日ソ交渉」ならぬ「日日交渉」だと揶揄されるようになる。ソ連との国交回復の是非や方法をめぐる対立に「ポスト鳩山」を見越した党内の権力闘争が連動したからである。保守合同後、党内で主流になれず、日ソ交渉をめぐり鳩山との対立を繰り広げていた重光葵が党首であった旧改進党系議員が分裂するのではないかという観測もあった。鳩山を継いだ石橋内閣においても、僅差で石橋が総裁選挙を勝ち抜いたことに明らかなように、党内対立は止んでいなかった。この段階では、自民党がどのような権力構造をもち、どのような政策をとる政党となるのかはなはだ混沌としていたのである。

だが、この間の自民党はその後の運営上の一つの型とでもいうべきものも築き上げはじめていた。第一に、鳩山内閣期の日ソ国交回復交渉は、自民党に自らが対米協調路線を堅持する政党であることを強烈に自覚させることとなった。社会党は日ソ妥協を目指す鳩山を応援していたが、これに対し、吉田茂は、鳩山が妥協して交渉がソ連に有利に妥結するのであれば、自らが党首であった旧自由党系は進んで自民党を脱党すべきだとさえ考え、池田や佐藤にいくつもの書簡を送っていた。また、鳩山内閣のある種の自主独立指向に警戒心を示したアメリカは、重光外相のモスクワ訪問後、北方領土を二島返還で解決し、日ソ交渉を妥結させようとした重光を沖縄問題で恫喝したといわれる。日ソ交渉は、結局、鳩山首相がモスクワを訪問した五六年十月十九日、日ソ共同宣言・通行航海議定書が調印されることで終結するが、いずれにせよ、このプロセスは日米関係と無関係には進められなかった。この過程で改めて日米協調の堅持が自民党の要人たちに確認されたことの意味は大きい。

第二に、自民党は憲法改正を綱領に掲げる党だったが、議席の三分の一を占める社会党の存在は、憲法改正を事実上不可能にしていた。鳩山内閣はこの状態を打破すべく小選挙区導入を目指したが（小選挙区制の導入は自民党の圧勝を導くというのが大方の予想であった）、結局参議院で審議未了となった。「五五年体制」が実際は「一と二分の一政党制」であったとしても、「革新」勢力は憲法改正を阻止するだけの議席は確保していたのである。それは国民のなかに平和憲法が一定程度定着しつつあったことを意味していた。自民党は次第に憲法改正を強行する意志を後退させていくことになる。

こうして、日ソ共同宣言を花道に総辞職した鳩山内閣の後、岸信介との総裁選に勝利した石橋湛山が一九五六年十二月二十三日に組閣した。同年四月に行われた第一回の総裁選では、緒方竹虎の死去により、鳩山が無投票で就任していたので、このとき行われた総裁選は、事実上初の総裁選となったのだが、組閣した石橋は、そもそもは憲法改正論者であり、積極的な再軍備論者であった。しかし、組閣後の石橋は、憲法改正と再軍備を明言せず、かつての政敵であった吉田茂と同様に「軽武装」路線に転換していく。「反吉田」の旗手であった石橋が、その重要な政策の柱であった再軍備路線を後退させたことの意味は小さくない。また、彼は、「一千億減税、一千億施策」を打ち出し、福祉国家建設と高度成長期の原型ともなる経済刺激策を採用する。これは当時としては画期的な予算だった。しかも、そのときの大蔵大臣は、かつて第一次吉田内閣で大蔵大臣を務めた石橋を次官として支えた池田勇人であり、この後に高度成長を牽引する時代の宰相となる人物であった。こうして、石橋内閣は、その後の自民党の特徴となる軽武装・経済成長路線をも準備したのである。この点も自民党政治の特徴に関する第三の点として重要な点である。

総裁選と派閥の形成　このような石橋の路線変更には、彼が吉田の系譜を継ぐ池田派の支持を得ることで漸く総裁選を勝ち抜いたという背景があった。直系の勢力を持たない石橋は、権力に恬淡としていた人物であったが（石橋は病気を理由に自らの意志で総理の職を退いた最初の自民党総裁である）、彼がどこまで派閥力学を考慮していたかは別としても、事実上、自民党の派閥力学を考慮した組閣を行ったことで、その後の自民党の第四の特徴となる「派閥人事」の原型も示したことになる。

図5　石橋湛山

自民党には、結党当初、十一のグループがあるといわれていた（福井治弘『自民党と政策決定』）。しかし、この段階での派閥は、その後の派閥とは大きく性格を異にしている。たとえば、前述の松野は自民党の直接の前身となった自由党の派閥について次のように語っている。「その頃（吉田自由党の時代）はまだ派閥というほどのこともないけれども（中略）闇の成金が大野伴睦とか、そういう政党員の後ろについている。だからその人たちがご馳走してくれる訳です。それについて行くと食えない飯を食わしてくれるから、派閥が生まれるんだ」（前掲松野）。このような派閥は、せいぜい「人脈」程度の意味しか持っていなかったといってよく、総裁選の道具としての派閥とはおよそ趣を異にする。松野によれば、その人脈が政治集団としての利害対立を生み出し始めるのは、吉田茂が大量の官僚出身者を抱え、「党人派」「官僚派」という区別がなされ始めた一九四九年以降のことであるが、鳩山内閣期には、旧自由党系と旧民主党系の派閥が複雑に交錯していく。

その後も領袖の死去などで派閥の盛衰がみられるが、一九五六年初の総裁選が行われるころには、池田派、佐藤派、石井光次郎《いしいみつじろう》派（緒方派を継承）、大野伴睦派（以上旧自由党系）、石橋派（これは鳩山と三木武吉の死去によって生まれた）、河野一郎派（すでに存在していたが、鳩山と三木の死後それらの一部を吸収）、岸派、三木武夫・松村派（旧改進党系）の八派に整理されていた。当時「八個師団」などと呼ばれたこれらのグループが、後の自民党の派閥の原型とみなされている。また、この総裁選時には、すでに報道各社の派閥担当記者が派閥とその領袖に密着するようになっていたという。後のいわゆる「番記者」の走りがこのころにできあがっていた。また、石橋湛山が、自らの後援会を「政治結社」として届け出て、岸がそれに続いた。こうして自民党内に初めて政治結社が生まれたのもこのころである。つまり、派閥とその領袖が政党の内外で一定の認知を得始めたのがこの石橋内閣のころだったのである（渡辺恒雄『派閥　増補版』、内田健三『派閥』）。

ただし、それでも当時の派閥は流動的であって、一人の議員が二つの派閥に属することさえ可能であったから、派閥名簿を確定すること自体が困難である。七〇年代までの自民党派閥にはこのような曖昧さが残っていた。しかし、自民党政治が、総裁選と結びついて一定の存在感を示す「派閥」の連合体となっていくことは石橋内閣期に明らかとなった。自民党の派閥は、何より総裁選のために必要であり、総裁選がある限り派閥はなくならないといわれるようになるのもこのころからである。

選挙制度と派閥　ところで、戦前からの伝統をもつ日本の中選挙区制も派閥の存在を不可避としたことが知られている。中選挙区制は、一選挙区から最大にして五人の当選者を出す選挙区制である。このような選挙制度では、多数を確保するために同一選挙区に複数の候補者を擁立しなければならない。一つの党から一つの選挙区に複数の候補者を出して、しかも「共倒れ」になる可能性を避けようとすれば、そこに党内でのある種の棲み分け――派閥による棲み分け――が自然に生まれることとなった。保守合同がもたらした便益の一つもそこにあった。つまり、自民党のような巨大政党でない限り、選挙をめぐる棲み分けは案外難しいものなのである。これを逆にいえば、中選挙区制がある限り、党は最大にして五つのグループに分かれて棲み分けすることが可能であるということになる。その後、「八個師団」と呼ばれたグループが「五大派閥」に収斂してゆくのは、中選挙区の五人区に対応したものだと考えると確かに妙に納得がいくものである。

また、さまざまな戦後改革はかつての政治秩序を崩壊させ、戦後政治家に新たな集票組織の形成を促した。それが政治家の「個人後援会」であった。升味準之輔によれば、後援会が世間の注目を浴びるようになったのは一九五八年の選挙からであり、一九六〇年の選挙では社会党議員も後援会を持ち始めたというが（升味準之輔『現代日本の政治体制』）、一九五二年には大抵の議員が後援会を持っていたという説もある（N・B・セイヤー『自民党　日本を動かす組織』）。また、最近の研究では個人後援会は戦前の普通選挙実施にともない出現したという見解が出されている。いずれにせよ、少なくとも石橋内閣の頃には、新旧交えた相当量の個人後援会ができあがっていたと考えられる。また選挙の際には、党が政治家個人を公認し、公認料を支払うのとは別に、彼らが所属する派閥も資金面での応援を行うようになる。こうした自民党の派閥が、やがて選挙後の始末、つまり閣僚ポストや党役職の配分にも大きな影響力を与えるようになるのに、それほどの時間は要らなかった。

こうした幅広い機能を果たすようになる自民党の派閥の盛衰が、自民党政治で最も重要な意味を持ち、派閥の代替わりにしばしば総裁選以上の権力闘争がみられるようになるのも、自然なことだったのである。

岸内閣という逆説　こういった自民党の派閥政治は、次の岸内閣から池田内閣にかけてさらに顕在化していく。

一九五七年二月二十五日、病気を理由に退任した石橋のあとを受けて、岸信介を首班とする内閣が成立した。岸は、戦後の政治史の中でも異色の経歴を持つ人物である。戦前のいわゆる「革新官僚」であった岸は、敗戦直後の四五年九月に東條英機《とうじょうひでき》らとともにA級戦争犯罪人容疑者として巣鴨に収監されるものの、起訴されることなく四八年十二月に釈放されると、「日本再建連盟」という政治団体を通して政治活動を開始する。岸は、日本再建のためには、経済復興と独立体制を完備することの両方が必要だと考え、対米協調を前提としつつも、日本の自主独立体制を可能な限り構築しようとした人物であり、反吉田色のきわめて強い人物であった。政界復帰時の岸は、すでに充分な知識と人脈、そして目標を持つ政治家であったが、それでも、政界復帰後五年足らずで総理大臣の座をしとめた岸には、政治家としてのずば抜けた資質と魅力があったといえる。

図6　第一次岸内閣

ただし、当初の岸内閣の閣僚には石橋内閣の閣僚が留任し、岸自身が同年三月二十一日の自民党大会で自民党の総裁に選出されるという手続きをとっている。また、当時の岸は七〇名ほどのグループを率いていたが、彼らは必ずしも岸直系ではなかった。予期せぬ形で首班となった岸にとって、内閣の基盤を形成することは急務であった。

そこで、岸は、一九五七年六月十六日からの渡米を終えると、大野伴睦などの実力者たちから党役員などを抜擢し始め、翌年五月二十二日に行われた衆議院議員選挙で二八七議席（追加公認を含めると二九八議席）を獲得することに成功すると、実弟の佐藤栄作を入閣させ、三木武夫も閣内に取り込んだ。そして、河野一郎を総務会長、最も信頼する福田赳夫《ふくだたけお》を党の政調会長に据えて、党の基盤を固めていった。ここには党内政治への慎重な配慮がみられた。

しかし、岸は「派閥解消は天の声」と主張したことでも知られる人物であり、総裁権力の強化こそ必要だと考えていた人物であった。その意味で権力を分散させる派閥は邪魔者でしかなかった。にもかかわらず、岸が総選挙での勝利を挟んで作り上げた自前の内閣は、やはり派閥を意識した内閣であるしかなかった。そして、自民党の派閥は、むしろ岸内閣下でさらに整備され、「派閥付」のいわゆる新聞社の「番記者」も正式に整備されるようになるのである。派閥解消を主張する岸の下で、党内の非公式の存在であるべき派閥が完全に認知されることになったのは皮肉というしかない。

しかも、こうしてより強化されてゆく自民党の派閥力学が、結局は、日米安保改定問題で揺れる岸内閣を足下から切り崩してゆく。安保改定をむしろ「新条約」の締結としたいと考える岸の気迫とある種の強引さは外務省を驚かせたが、加えて世論のみならず党内の反発をも引き起こし、五八年十二月二十七日、池田勇人・灘尾弘吉《なだおひろきち》・三木武夫の三閣僚が辞任することになる。特に、党内主流の一つである池田派の政権離脱は岸にとって大きな痛手だった。翌年一月二十四日、党内建て直しのために繰り上げ開催に踏み切った総裁選では岸が再選されたものの、松村謙三《まつむらけんぞう》が多数の票を集めて党内の批判の強さを示した。岸は、河野一郎を媒介として大野派の取り込みを策するが、結局ポスト岸を念頭に河野が内閣を揺さぶるきっかけを与えたに過ぎず、動揺は収まらなかった。安保改定に反対する世論は、改定の内容というよりも岸の政治手法に対する批判であった側面が強い。岸内閣打倒を叫ぶ世論を喚起し、その世論に支えられた社会党の批判も激しかった。その後、六〇年六月十九日の新安保条約および関連協定が、参議院では議決されぬまま午前〇時をもって自然承認となるまで政局は極度に混乱しつづけたのである。

池田内閣の誕生　岸内閣下の自民党政治は、以上のように、安定とはほど遠い状態にあった。そこで、一九五九年六月十八日、岸は思い切って内閣改造を断行していた。そのとき、一度岸内閣を飛び出した池田勇人が、再び入閣する。

この池田の行動には側近からの強い反発もあった。政局面でいえば党内ナンバー2の地位にあった河野一郎が不意をつかれた形となったのだが、実はこの池田の行動が岸以降の自民党政治の安定に大きく寄与することとなる。

そもそも、岸と池田の経歴をみると両者はいずれも官僚出身者であり、池田も岸に負けず劣らぬ個性の持ち主であった。実際、石井光次郎、大野伴睦、河野一郎、三木武夫・松村謙三の党人五派は、ポスト岸を争う総裁選で、池田が総裁になれば岸亜流の内閣になるという危惧を持っていた。そこで石井派と大野派は「反池田連合」を約束するが、それは他面において池田が政権末期に支えた岸に対する連合であった。

しかし、一九六〇年七月十四日の自民党大会では池田勇人が総裁に選ばれた。なぜなら、池田は、岸派と佐藤派、すなわち岸内閣を最後まで支えた二派の支援を受けたからである。そして、岸の支援を受けつつ自民党を継いだ池田は、安保問題をめぐる一連の騒動をみて、側近たちのアドバイスを受けながら「寛容と忍耐」をスローガンに掲げ、経済重視の日米協調路線を採用し、人心の一新を図ってゆくこととなる。つまり、自民党は、対米協調・軽武装路線に加え、所得倍増論に典型的にみられる経済重視路線を採用し、強引な党内人事を避けつつ、党の体制を固め、野党や世論を過度に刺激することを避けてゆくソフトな支配の方法を採用するのである。それは岸内閣とは異なる路線であったが、その池田を総裁のポストに据えさせるのに貢献したのは、実は岸なのであった。池田は、かつて「反吉田」となった岸を自由党から除名した際の幹事長であったが、岸はそのことにはこだわらず、三池闘争や安保闘争によって総辞職を余儀なくされてゆく際に再入閣し、自分を助けてくれた池田に報いたのである。

自民党の「一九六〇年体制」　こうして総裁となった池田は、やがて自民党の黄金時代を築いてゆく。その黄金期に、自民党の本流あるいは「保守本流」という言い方がなされるようになる。保守本流とは何かについては、必ずしも定説があるわけではない。保守本流という言い方で日本の政党史を語ることに特別の意味があるとも思えないが、その政策を大まかにいえば、冷戦構造の中で対米協調を堅持しつつ日本の経済発展に寄与することが基本的な了解になるのだろう。実際、しばしば保守傍流と呼ばれることになる人物——松村謙三、河野一郎、三木武夫など——は、アジアや共産圏との関係構築に関心を持っていた。他方で、対米協調路線といっても、そこには安保重視か経済重視かという、党を二分しかねないような分裂があった。しかし、その問題は「六〇年安保」後しばらくは問題にならなかった。日本は非生産的な軍事支出を最小限にとどめて、ひたすら経済発展に励むこと」ができるという、経済成長に向けての優れた効用を持つ対外関係であると定義されることになったからである（宮沢喜一『社会党との対話』）。こうして保守本流と呼ばれることとなる人物——池田勇人、佐藤栄作など——は、対米協調という基本路線では確かに一致していたといえる。

だが、保守本流の政治家といわれた佐藤栄作が日中関係に必ずしも無関心でなかったことも現在明らかになっているし、保守傍流の道を歩んだ中曽根康弘が対米協調に熱心だったことを考えれば、対米協調という点での定義には、あまり意味がない。もし、保守本流という言い方に政党史上の意味があるとすれば、それは、一九六〇年以降、旧吉田派の池田、佐藤、そして「反吉田」の岸の三派が担う体制が、「吉田的なもの」と「反吉田的なもの」を合流させ、自民党結成のさいの最大の対立を解消させたことにあろう。このような体制の始動を、「五五年体制」に習って、「六〇年体制」と表現することもできるかも知れない（北岡伸一「包括政党の合理化」）。もっとも、そこでの一九六〇年という年の重要性は、第一義的には「自民党政治」が安定したという意味での重要性である。それを「体制」と呼ぶかどうかは別としても、一九六〇年を自民党政治の画期とみる見方は多くの文献に散見されるところである。

高度成長期の社会党　こうして、自民党における「吉田的なもの」と「反吉田的なもの」が一つになって、池田・佐藤と続く自民党の黄金時代を築いてゆく一方で、実は社会党にも転機が訪れていた。社会党左派を中心に、一九五二年から両派社会党が順調に勢力を伸ばしていたことは前述したが、「五五年体制」成立直前の一九五五年二月二十七日の総選挙でも左社は八九議席を獲得し、一七議席の増加を示した。こういった数年にわたる良好な選挙結果を受けて、社会党がさらなる躍進を期待するのは当然の成り行きであった。事実、五六年八月に行われた参議院選挙でも、社会党は二一議席を増やして四九人の当選者を出したから（自民党は六一人）、次の衆議院選挙にさらなる期待を生んだのも自然だった。

こうしたことを背景に、「五五年体制」下初の衆議院選挙は五八年五月二十二日に行われた。合同後初の選挙を戦う自民党は、共倒れを防ぐ意味もあって、立候補者を四一三人に絞りこんで戦った。総議席数の八八％に当たる候補者数である。それでも定数と同数か定数を超える公認が五八区にもおよんだ。これに対し、一九五七年に労農党を吸収していた社会党は二四六の候補者を擁立した。前回の左右社会党、労農党の候補者数が二五九であったことを考えると、社会党がこの選挙にかけていた意気込みが伝わってくる。

その結果は、自民党が一議席減の二八七であった。追加公認が一一あったので、二九八議席を確保するものの、それでも合同前の自由・民主の合計議席数を一減らした結果だった。それに対し、社会党は一六六人が当選した。後に入党した二人を加えると一六八人である。前回との実質的な比較をすれば八議席を増やしたことになる。また、自民党への投票者数がほとんど変化がなかったのに対し、社会党への投票者数は二〇〇万人近く増大した。しかも、自民党の支持者が比較的高齢だったのに対し、社会党の投票者は二十代が最も多く、これから暫くは社会党支持が伸びることが予想される結果だったのである。

つまり、選挙結果からみる限り、「五五年体制」の「一党優位政党制」への変貌を断言できる段階ではなかった。このような見方は、一九六三年に『中央公論』に発表された石田博英の論文「保守党のビジョン」(一九六三年一月号。ただし執筆は一九六一年)によっても補強される。元労相であり、石橋内閣の参謀格であった石田は、この論文で、農業関係者の人口減と自民党の得票率の減少が比例関係にあること、逆に産業労働者の人口増と社会党の得票率の増加が比例していることに着目し、このままで自社の得票率が推移すれば、一九六八年頃には社会党が自民党に勝利すると予測した。社会党の政権獲得委員会も偶然ではあるが、一九六八年頃の政権獲得を想定していたという(前掲石川)。

社会党の停滞とその原因　しかし、実際には、このころから社会党の停滞が始まってゆく。自社二大政党制として出発したはずの「五五年体制」の変容、すなわち、政権交代の可能性ある「自社二大政党制」から自民党の「一党優位政党制」への変容は、自民党の強さという点以上に、社会党の「変貌の挫折」から導かれる結果であった。

では、社会党の弱さとは何であったのか。第一に、社会党は、有権者の広い支持を継続して調達できなかった。一九五〇年代前半に順調に議席を伸ばした左派社会党は、実は一九五〇年に結成された総評が丸抱えすることで議席を伸ばしていたのだが、総評が資金、組織票の提供、人材など左派社会党を全面的に支援していた。その後、組合員でない一般の有権者の関心が彼らに注がれるようになっても、社会党には階級政党としての硬直的性格が一貫して残っていく。

第二に、人的対立も激しさを増した。左派内では、鈴木茂三郎と急速に力を伸ばしていた和田博雄《わだひろお》が対立した。右派では河上丈太郎《かわかみじようたろう》と疑獄事件で執行猶予中の西尾末広がやはり対立した。鈴木と河上は、五五年の社会党再統一の推進力になったのだが、いずれも党内あるいは派内におけるライバルであった。社会党の派閥対立も、このころには自民党の派閥対立同様に人間関係と政策がない交ぜになって複雑な様相を呈していたことは確かであった。このころの社会党は、そのような人間関係と思想的立場によって、西尾派、河上派、鈴木派、和田派、野溝勝《のみぞまさる》派、松本治一郎派の六派に分裂していた。

このような足下の不安定さをよそに、社会党は一九五八年の総選挙前の第一四回党大会で、議席の過半数獲得、「社会党政権の樹立」を目標として掲げた。しかし、二四六人の候補者から過半数が生まれるとすれば、当選確率は九五%に達しなければならない計算になる。自民党が中選挙区制にそった選挙戦略を立てるのに苦労していたのに比して、もし、社会党がこの程度の候補者数で真剣に過半数の獲得を目指していたのだとすれば、あまりにも非現実的にすぎた。また、社会党の得票率の伸びが必ずしも議席に結びついていないことも事実であった。社会党には、この状態を脱する方策を考えることがむしろ急務だったにもかかわらず、社会党は現実とは遊離した戦略しか立てることができなかった。

第三に指摘すべきはこのような戦略面・政策面での甘さである。一九五〇年代の社会党が広く有権者の関心を捉えた理由は、敗戦の傷手の生々しかった当時、左派が積極的に主張した平和・護憲路線にあった。しかし、その路線は、逆説的に「保守」の再軍備・改憲路線がなければ（また副次的には共産党の武装闘争方針に対する国民の忌避がなければ）充分な魅力を持ち得なかった。自民党は「改憲政党」としての路線を実質的に封印し始めていたにもかかわらず、社会党は、憲法改正を阻止するという「反自民」政党としての性格に「五五年体制」下での存在理由をみいだし始めていた。社会党は、もはや自民党に単独で打ち勝とうとする意欲を失ってしまったかのようであった。

池田の所得倍増論　また、福祉国家の建設や弱者救済を標榜すべき、社会主義政党のもう一つの存在理由たるべき経済政策においては、社会党は自民党に完全に先を越されていた。そもそも、「五五年体制」の成立前後には、日本の高度成長に結実するさまざまな要素が開花し始めていた。五八年末からは「岩戸景気」が始まり、六二年に一時景気後退に見舞われるものの、急激な景気拡大に転じていく。池田が政治より経済を主張し、それが国民の広範な支持を得ていたのは、経済面での内外の条件が出揃い、一直線の経済成長をよしとする雰囲気が強かったからであった（猪木武徳『経済成長の果実』）。五七年から六九年までの一二年間に、国民総生産と国民所得は、なんと名目で五・五倍に達している。民間設備投資も活発になり、都市化も進行し、第一次産業就業者は半分に減り、第二次・第三次産業就業者が増加していった。そして日本人の多くはこのころから中流意識を強めていき、六四年には実に八七%もの日本人が自分は中流だと考えるようになっていた（中村隆英『昭和史』Ⅱ）。

　このような変化と並行するようにして打ち出された池田の「所得倍増」政策的な発想は、すでに石橋内閣時代に原型としてみられる。また、そのころから自民党は社会保障政策も充実させていた。国民皆保険制度が準備されるのは岸内閣下の一九五八年ごろからのことであったし（六一年に完成）、さらに中小企業政策にも自民党は熱心であった。また、こういったある種「左派」的といえる路線を推進した勢力として、進歩党・民主党・改進党の系譜に連なる勢力を無視することもできない。事実、石橋内閣の蔵相として、福祉と成長を推進する路線を牽引した池田は、旧改進党系勢力と頻繁に会合を開き、三木武夫や松村謙三に早くから近づいていたのである（河野康子『戦後と高度成長の終焉』、後藤基夫他『戦後保守政治の軌跡』）。

　つまり、自民党の「六〇年体制」を体現した池田内閣の所得倍増論とは、それまでの自民党に存在していた成長路線と福祉路線を結びつけ、給料が二倍になるという形で即物的に表現したものともいえた。そして、多くの国民は給料が二倍になれば、それだけ生活が豊かになり、福祉も増大すると単純に考えたのである。そのとき、社会党が六〇年九月十三日の長期経済計画で「四年後に国民所得を一・五倍」にするといっても、それはすでに自民党、あるいは池田の亜流でしかなかったのである。この政策を選択した池田はもちろん、そのような経済成長への転換の知恵袋となり、池田政治を演出した側近たち——田村敏雄《たむらとしお》、下村治《しもむらおさむ》、前尾繁三郎《まえおしげさぶろう》、大平正芳《おおひらまさよし》、宮沢喜一《みやざわきいち》、伊藤昌哉《いとうまさや》ら——の役割も見逃せない。社会党は、戦う相手の「変貌」とその鮮やかな演出手腕に全く対応できなかったといっていい（沢木耕太郎『危機の宰相』、伊藤昌哉『池田勇人とその時代』）。

社会党分裂と浅沼刺殺　社会党と自民党の相違は、党分裂という形でも現れた。実は、池田内閣が組閣するとき、自民党には分裂の可能性があった。岸政権に協力し、「ポスト岸」を狙って岸に揺さぶりをかけていた河野一郎が自派を母体とした新党結成を考えたのである。これを思いとどまらせた大きな理由には、河野と親しかった松村謙三が新党に消極的になったこと、大野伴睦の批判、財界支援者の反対などが指摘されているが、いずれにせよ自民党内部の権力対立はあくまで党内にとどめ置かれることとなった。

それに対し、社会党の内部対立はさらなる党の分裂に発展した。西尾末広率いる西尾派が、党の内外の政策路線をめぐって左派および総評主導の党運営を批判すると、左派が西尾の譴責処分などで反撃、西尾も離党・新党結成の意志表明を行うと、党は西尾を除名したのである。一九五九年十月二十五日に離党した西尾は、参議院・衆議院の独立会派を糾合して、六〇年一月二十四日、民主社会党（略称民社党）を結成した（河上派からも一部が参加した）。そして、一九五九年の最低賃金法の成立をめぐって、これを労使協調として拒否する総評と対立していた全労会議（全日本労働組合会議）は、民社党の支持を決定する。全労会議は総同盟（日本労働組合総同盟）とともに全日本労働総同盟組合会議（略称同盟会議）を結成し、さらに総評系単産、中立労連単産内の同調者とともに、一九六四年十二月、全日本労働総同盟（略称同盟）を結成するなど、社会党の分裂は労働組合の再編と連動し、社会党の支持構造の再編をもたらすこととなった（岡田一郎『日本社会党』）。

図7　浅沼稲次郎

社会党は、党再建の必要に迫られた。一九六〇年三月二十四日、「日中共同の敵」発言以降左派の支持を得ていた浅沼《あさぬま》稲《いね》次郎《じろう》が、再統一以来四年あまり委員長の座にあった鈴木茂三郎に代わって新委員長に就任した。浅沼は、同じ日労系出身で先輩に当たる河上丈太郎をわずか一九票上回る二二八票で当選した。河上派は、西尾離党の際に多数の同調者を出していたが、西尾派の離脱で党勢の減退の危機を感じた総評は、河上に残留を懇願した。また、社会党左派は、浅沼支持の鈴木派と河上支持の和田派に分裂している。こうした中、西尾派離脱以上の分裂と内紛はどうしても避けねばならなかった社会党は、戦前からの運動家で、庶民の受けもよかった浅沼を擁して新体制を出発させたのである。

しかし、その直後の六〇年十月十二日、浅沼が演説中に十七歳の右翼青年に刺殺される事件がおきた。この事件は、日本全体に大きな衝撃を与えた。戦後にも小規模の右翼事件が幾つか起きており、河上丈太郎も安保国会中に右翼に襲われたことがあった。当時の論調のなかには、戦前の政党内閣の崩壊がこうした右翼テロによってもたらされたことを論じた記事も散見された。これは、一九六〇年十一月二十日（浅沼刺殺から四〇日後）の総選挙において、社会党の追い風になってもおかしくなかった。

だが、総選挙の結果は、社会党の期待を大きく外れるものであった。詳細をみれば、実は民社党の惨敗が目立っていた。社会党は一四五議席を獲得するのだが、選挙前の一六七議席のうち、四九議席が民社党に移っていたので、数としては一七議席増やした格好になる。しかし、それはこの選挙で一七議席しかとれなかった民社党（二三議席減）から議席をとった形であり、対する自民党は、九議席増の二九六となった。社民の争いの中で自民党が漁夫の利を得た形であった。

これにどの程度影響があったのかは難しいが、宮沢喜一はこのころのことを次のように回想する。

「あの日〔浅沼暗殺の日〕、私は、池田総裁の下で、経理局長というか、金集めをしろといわれて、党にずっといたんです。浅沼さんがやられたと聞いた途端に、これはいかんと思って、自分の住んでいるビルの入り口にある一回の柱に箱を置いて、黒い喪章をいっぱい置いて、「みなさんこれをつけましょう。お互いに喪に服そうじゃないか」ということで事務当局にすぐ指示をして、やらせたんです。それは私としては危機感がありました。あれはちょっと間違えれば、すぐに自民党に転嫁されるような出来事であったわけですから、共同の被害者のようなことになったわけです」（『宮沢喜一オーラルヒストリー』）。池田側近は、この事件を危機と捉え、対処を怠らなかった。また、池田の秘書の伊藤昌哉は、池田から議場がシーンとなるような浅沼の追悼演説を書いてくれと依頼され、追悼文としては破格の名演説を書き上げる。池田がこれを読み上げると、場内では涙を拭く社会党員もいたという。池田が、あれは五億か一〇億の価値のある演説だったと伊藤に語ったことは、この演説が、社会党への同情票（そして、右翼テロへの批判票）をおさえるのに役だった一つの証拠ということもできるかも知れない（前掲伊藤）。

構造改革路線の挫折と「日本における社会主義政権への道」　だが、このころに試みられた社会党変貌の為の最大の努力は、いわゆる「構造改革」路線導入の試みであったといえよう。社会党の伸びが止まり始めていたことは選挙結果から明らかであり、社会党の内紛がこの危機を増幅させたことは一部の社会党関係者の危機感をあおらずには置かなかった。そして、新しい社会条件を正面から受け止めつつ、資本主義体制を一気に転覆するのではなく、体制内改革派として社会主義路線を推し進めようというこの路線が提示されるのである。

イタリア共産党に淵源をもつ構造改革というアイディアは、そもそもは共産党によって日本に導入されたものであった。しかし、一九五七年頃には社会党関係者の関心を集め、浅沼の下で書記長となった江田三郎《えださぶろう》の下で具現化される。構造改革路線が正式に提示されるのは、奇しくも浅沼刺殺翌日の党大会（一九六〇年十月十三日）のことだった。委員長代行となった江田が提案した「総選挙と党の勝利と前進のために」と題された文章に、「現在の資本主義経済のわく内で実施されうる改革」を指向しつつ、左派的な教条主義を脱する可能性を持つ路線を提唱する内容を盛り込んだのである（塩田潮『江田三郎—早すぎた改革者』）。

しかし、浅沼暗殺という異常事態のなかで満場一致で採択されたはずのこの画期的な路線変更の試みは、選挙における「伸び悩み」を受け、また党内の激しい権力闘争とあいまって、さらに社会党を揺さぶっていくこととなった。江田三郎と佐々木更三《ささきこうぞう》、いずれも鈴木派、左派に属する両者は、それぞれ構造改革派、反構造改革派を率いて、内紛を繰り返した。一九六一年七月二十七日、江田は、アメリカの生活水準、ソ連の高福祉、イギリスの議会民主主義、日本の平和憲法の四つの目標を総合的に調整・実現し、「大衆と結んだ社会主義」を実現しようとする「江田ビジョン」を提示するものの、江田構想は遂に党の政策とはならなかった。同年十一月二十七日からの第二十二回党大会を最後に、江田も書記長を辞任した。

もっとも、構造改革路線の水脈はその後も残っていたといえるのかも知れない。成田知巳《なりたともみ》が、一九六三年一月、①党の日常活動と大衆運動の組織力と指導力の弱さ、②議員政党的体質、③労組依存体質の三点を社会党の欠陥として指摘したときにも(俗に「成田三原則」といわれる)、構造改革と同様の認識が示されたからである。

だが、こうした指摘をよそに、一九六四年十二月の党大会から討議が始められ、一九六六年一月の第二十七回党大会で正式に採択されたのが、いわゆる「左社綱領」への路線回帰を意味する「日本における社会主義への道」であった。その背景には、佐々木派、それに「党中党」とでもいえる威力を発揮する社会主義協会派の台頭があった。日本が復興から成長への時代に入り、中流意識が時代を支配し、大衆社会化がますます進行してゆく時代において、プロレタリア政権の日本的形態を模索する路線がどれほどの魅力をもちうるのかは考慮されなかったのである。

こうして、社会党は、一九五八年の選挙を最後に、一九六〇年の選挙からは、議会の過半数を超える候補者を擁立することを辞めてしまう。議会の過半数を超える候補者がいなければ、そもそも単独で政権をとることなどできようはずがない。社会党は、「選挙」という政党にとっての最大の戦場において、政権を戦いとることを断念する。残された道は連合政権の樹立であったが、社会党は、先にも述べたように、結局自民党という「優位政党」をゆがんだ形で「補完」する政党としての地位に安住してゆく。同じように激しい党内競争を抱えつつも、本来的に持っていた「包括政党」としての性格を開花させた自民党が、それを支える仕組みを整備し、優れたリーダーシップに支えられ、有権者の支持を獲得していくのとは対照的であった。

もちろん、社会党が構造改革路線などによって、たとえば同時期にマルクス主義と決別した西ドイツの社民党のように「国民政党」あるいは「包括政党」への変貌に成功していたら、日本にも社会党政権が誕生したなどというつもりはない。またそれは社会主義政党としては変節とでもいうべき変化となったかも知れない。しかし、社会党が何らかの意味でより広く有権者の支持を獲得しうる政党への変貌に成功していたら、自民党の「一党優位政党制」の展開は、少なくとも現実とは異なるものになった可能性は充分にあった。六〇年代前半は、この意味でも「五五年体制」の大きな転換期だったのである。

3 「一党優位政党制」の展開と自民党の黄金時代

自民党の党近代化の挫折　こうして、「五五年体制」は政権交代可能な二大政党制として発展する可能性を大きく減少させた。多くの研究は、一九六〇年代が、自民党体制、すなわち「一党優位政党制」の確立期であるという見解を採っている。筆者も基本的にはその見方に異論はない。

しかし、当時の自民党政治は決して順風満帆とはいえなかった。前節で論じた六〇年代前半、実は、自民党も「党近代化」と呼ばれる党改革に苦慮していた。また、それ以前に、岸内閣の後を受けて成立した池田内閣は、高度成長路線を促進すると同時に「六〇年安保」の混乱の整理に取り組まねばならなかった。具体的には政治資金問題がそれであった。

そもそも自民党の経常経費は、六〇年安保以前は月に九〇〇〇万円近くであった。財界からの資金はそのうち四〇〇〇万円程度しかなく、残りの費用は党幹部が個人的に徴収する仕組みであった。党資金の半分以上を派閥の領袖が肩代わりするというのは自民党の派閥体質がどれほど強かったかを如実に示している。そもそも、六〇年の安保騒動のなかで、宣伝費・会合費に多額の費用を要した自民党は、池田内閣の発足時には一億円の赤字、未払い四〇〇〇万円という状態で、さらに数千万円の使途不明金があったという。これらの乱脈財政の解決は、体制を担う党として自他共に認めるようになっていた自民党にとっては喫緊の課題であった（富森叡児『戦後保守党史』）。

自民党は、まず、広く国民各層から資金を集める目的で、一九六一年七月に財団法人国民協会を発足させた。これは派閥の力を弱め、党執行部の力を強める措置でもあった。しかし、財界から個別派閥に資金が流れにくくなり、それが後に中小派閥の弱体化をもたらす一因となったものの、政治資金不足を補完する存在として、かえって派閥の存在理由が高まり、自民党政治の金権体質化が進んだ。

しかも、国民協会の設立によって、政治資金が党にある程度集中することで、時の政権主流派がより多くの利益を得るという皮肉な結果を産むことになった。そのことが、党内の権力闘争を激化させる要因となることは明らかであった。

また、池田は、一九六一年一月に党組織調査会を設置し、同年十一月には党近代化の中間報告をまとめさせていた。池田は会長に協同党―改進党の系譜にある三木武夫を据え、旧自由党系の池田が他系統の三木とともに自民党の組織問題を考えるという体面だけは整えた。しかし、この問題は、「反主流派」が池田体制を揺さぶる道具でもあった。その背景には、六〇年十二月、六一年七月の内閣改造で（特に六一年の改造では河野一郎や三木武夫が入閣したので実力者体制といわれた）、池田がいわゆる党人派（大野派、河野派）に接近していったことがあった。池田は政権獲得に協力してくれた岸派、佐藤派を遠ざけ、次第に党人派を主流に入れ替えはじめたのである。このような主流派の入れ替えを受け、岸派が分裂し、のちの福田派の原型となる「党風刷新懇話会」（後に党風刷新連盟）ができあがるのは一九六二年一月のことである。五月に会の旗揚げを行った福田は、派閥の解体、総裁選挙での自主投票などを党刷新の項目に掲げ、七月の総裁選に臨んだ。ここでは福田が自主投票の大義名分で集めた池田批判票が、七五票もの白票・無効票となって現れた。こうして自民党の派閥解消を最大の主眼とする党近代化運動は、派閥運動に利用されることとなった。結局、池田が六三年十月にとりまとめさせた党近代化の最終答申（俗に「三木答申」といわれる）には、①派閥解消、②派閥均衡人事の廃止（適材適所主義）、③党資金の一本化と個人献金の制限、④選挙制度の改革、⑤総裁選挙の廃止と任期延長（三年）、⑥政調会の拡充、⑦地方組織強化と個人後援会の入党推奨などの、かなり思い切った提案が盛り込まれ、その後の自民党政治の欠陥といわれる論点がかなりの程度掲げられた。これにしたがい、一旦は派閥も解消されるが、六三年十一月の総裁選挙を終えると、また派閥は活動を始めることとなる。こう考えると、池田時代の「党近代化」なるものは失敗だったといわざるを得ない。

また、池田の後継者争いも、それまでと同様、深刻な権力闘争を伴った。ポスト池田を狙ったのは、藤山愛一郎、佐藤栄作、そして河野一郎だった。特に、池田から政権を禅譲される気でいた盟友・佐藤が、一九六四年七月、池田三度目の総裁就任を阻止すべく、総裁選に立候補したことで、保守本流たる佐藤と池田の間にも強烈な権力闘争が繰り広げられることとなった。佐藤は、池田が双方の師である吉田茂の意向に逆らって河野を重用し続けていたことに対する反発も顕わにした。七月十日の自民党臨時大会の総裁選では池田が三選を果たすものの、このときの総裁選はそれまでにない多額の金が動いた選挙でもあった。ニッカ（二つの派閥からお金をもらうこと）・サントリー（三つの派閥からお金をもらうこと）などの隠語が使われたのはこのときである。また、佐藤はこの過程で、各派閥に「隠れ佐藤派」を次々と作り、二位（佐藤）と三位（藤山）の合計が、池田に一〇票と迫るまでになり、池田の読みとは三〇票近い差が生まれた。佐藤の日記や伊藤昌哉の回想によれば、このとき、池田・佐藤の間を飛び回ったのは、後に首相となる田中角栄と大平正芳であった。

佐藤・河野と比較すれば、藤山総裁実現の可能性が一番低かったが、佐藤・河野が痛み分けすれば、藤山が総裁になる可能性も充分にあった。総裁選の二ヵ月後にはガンに冒された池田が辞任を決意し、一九六四年十月には、三木武夫幹事長が、総裁選ではなく「話し合い」による総裁指名方式を主張し、池田から佐藤への総裁移譲が決まるものの、その数日間、佐藤は池田に禅譲を迫り、藤山も総裁就任の可能性を信じ、さらに池田内閣を支えてきた河野もまた自分が指名されることが当然と考えていた。池田による佐藤指名は、露骨な争いに発展しうる「選挙」を避けたとはいえ、党内に相当のしこりを残す結果となったのである。

優位政党への変貌の理由　こうして、池田内閣期の権力抗争をみてゆくと、この時期以後自民党政治が安定してゆくとは到底思えない気がしてくる。しかし、実際は池田内閣、そして次の佐藤内閣の時代は自民党の黄金時代であった。この時期、日本は国際組織に次々と加盟し、国際的なデビューを果たしたし、何よりも右肩上がりのいわゆる「高度成長」を続けた。日本の復興、そして急成長は、世界から「奇跡」とすら呼ばれ、日本人もその成果を誇った。また、自民党の議席数も、佐藤内閣期下の一九六九年十二月の総選挙では追加公認を含めて三〇三議席（選挙時の議席は二八八）とした。首相の在職期間をみても、池田は、岸（一二四一日、歴代七位）を抜き、歴代六位の一五七五日の在職期間となり、池田を継いだ佐藤栄作は、実兄の岸はおろか、断続的に五次まで続いた吉田茂（二六一六日、歴代二位）を超え、戦後歴代最高、二七九八日の長期政権となった（ちなみに、歴代三位は小泉純一郎政権の一九八〇日で、四位は中曽根康弘政権の一八〇六日である）。

乱脈ともいえた財政問題、派閥問題、そして党内の権力闘争を抱えつつも、こうした自民党の黄金時代が到来したのには、以下のような理由が考えられる。

第一が、先に指摘した経済成長がこれを後押ししたことである。池田の時代はおよそ九・七%、佐藤の時代はおよそ一二・二%の経済成長率を示した。この時期、佐藤内閣初期には山陽特殊鋼《さんようとくしゅこう》の倒産や山一証券《やまいちしょうけん》の経営危機などがあったものの、蔵相福田赳夫が赤字国債の発行に踏み切り、公共投資を増大させ、ベトナム戦争の特需とあいまって景気を急速に回復させ、六〇年代後半には「いざなぎ景気」と呼ばれる好況期を招来した。そして、六八年には日本のGNPが西ドイツを抜いて、世界第二位となった。もっとも、この経済成長が社会のひずみを生み出していくことも事実であり、池田を継いだ佐藤はすでに池田三選時に「社会開発」を掲げて総裁の座を争ったし、のちには公害対策にも取り組まねばならなくなるが、順調な経済成長が有権者の支持をひきつけ続けた大きな理由であったことは確かである。

第二が、国際関係において、一九五五年頃からのいわゆる「雪解け」以降、「冷戦」構造が安定化し始めていくことであった。もっとも一九六四年にベトナム戦争が始まり、その末期には、一九七一年七月の米中接近、それに続き八月にはドルショックという二つのニクソンショックが相次いで起こるものの、それらは結果としては日本外交が依拠する対米関係の構造を破壊するほどの衝撃を持たなかった。また、日本が試みた日韓交渉（一九六五年六月二十二日調印）、沖縄返還交渉（一九七二年五月施政権返還）などの大きな外交案件も、日本をとりまく外的環境を日本に大きく不利にすることはなかった。

派閥・人事・側近政治　政党史上重要なのは、第三の、自民党の指導者の巧みさという点である。

図8 佐藤内閣

自民党政治が「派閥」の存在を不可避とする党運営を基本とし始めたことは前述したが、池田・佐藤の時代は、また派閥再編成の時代でもあった。特に、池田から佐藤への変わり目において、一九六四年五月に大野伴睦が、そして翌年七月には河野一郎が死去し、党人派がその牙城を失ったことは決定的な変化をもたらした。大野派は、船田中《ふなだなか》の船田派と村上《むらかみ》勇《いさむ》の村上派に分裂し、河野派は森清《もりきよし》の森派と中曽根康弘の中曽根派に分裂する。また、石井光次郎の石井派は総裁選の不調で意気が上がらず、池田裁定時に三木武夫が佐藤を推したことで、政界の長老・松村謙三が三木派を離脱している。岸派も党人出身の川島正次郎《かわしましょうじろう》派と福田赳夫派に分かれていたが、党人派といってよい川島派はむしろ積極的に佐藤を応援した。こうした党人派の再編に加え、六五年八月池田の死去後、池田派も前尾繁三郎に引き継がれていた。池田死去後に消滅してもおかしくなかった宏池会《こうちかい》は、派閥の継承には成功するものの、やがて前尾と大平正芳との間で深刻な対立をみせるようになる。佐藤内閣が本格的な出発を果たすころには、佐藤率いる佐藤派が、一大派閥を確立していった。それは、佐藤派による、一党優位体制ならぬ「一派閥優位」体制といってよい体制であった。

しかも、このような状態であっても、佐藤は実に慎重な人事を行った。年功序列による派閥均衡人事がそれである。石川真澄はこの点を次のように指摘する。「佐藤内閣というのは、〔入閣の際の派閥の〕比例配分が実にぴったりしている。これは〔佐藤以前には〕ほかにないんです。河野を追い出したときの最初の内閣を例外にすれば、それ以降は一度もはずれがないんですね。宮沢喜一氏を経済企画庁長官にしたときには、かなり思い切った人事と言われたんですが、それにしても派閥の割当数を踏み越えてはいないんですね。だから、ライバルがいなくなったのにもかかわらず各派閥に不満を持たせないやり方というのは、実にうまい。ずいぶん用心深い人事だったな、とぼくは感じるんです」〔前掲後藤他〕。

これが、政権当初にはさまざまなスキャンダル〔当時「黒い霧」と呼ばれた〕に巻き込まれながらも党内の反発を抑え得た大きな要因だった。

もっとも、佐藤は、人事を首相の専管事項だとも考えていた。大臣の任免には絶対の権威をもって当たったし、基本的には自分で鉛筆をなめて人事を決定した。側近の松野頼三によれば、「保利〔茂〕に言うのはこれ、私〔松野〕にいうのはこれ、田中〔角栄〕に言うのはこれ、全部違う」ことがたびたびあったという〔前掲松野〕。佐藤にとって、人事は側近にも本当のところは明かす必要のない事項だったのである。それは、長期政権だったこともあるが、相当の数を数える罷免人事にも当然当てはまることである。こうして、人事におけるアメとムチの絶妙なバランスをとることで、党運営が行われていたのが佐藤の時代だった。「人事の佐藤」という佐藤の異名は、人事権を掌握する総理総裁としての「権威」の象徴でもあった。

しかし、こうした絶妙の人事を可能にしたのは、結局のところ、佐藤が党内部の人間関係や派閥の動向を敏感に察知することができたからでもある。俗に佐藤が「早耳の佐藤」と言われたのは、この意味である。派閥が不可避となった自民党のリーダーにはそのような資質が不可欠であったが、その情報をもたらすのが側近たちであった。佐藤には五奉行といわれた側近がいた。橋本登美三郎《はしもととみさぶろう》、保利茂《ほりしげる》、田中角栄、愛知揆一《あいちきいち》、松野頼三の五人がそれであるが、ここに西村英一《にしむらえいいち》、竹下登《たけしたのぼる》を加えることもある。その一人、松野はいみじくも次のように語っている。「〔五奉行と言われている顔ぶれは、佐藤内閣期中〕あまり〔変化が〕なかった。多少、田中が池田の方に行きましたね。池田に近かった。派閥の中で好き嫌いはあったでしょうね。私は佐藤派にいて、親しいのは大野だ。田中は佐藤派にいて親しいのが池田だ。そういうことはありますね。それは一つの触覚ですからね。そういうことも必要なんだ」。また、松野によれば、佐藤派の周山会《しゅうざんかい》とは別に五奉行の会合があり、おおよその内容は五奉行の間で決められ、周山会に諮《はか》られたのだという。

しかも、こうした佐藤の「触覚」となった側近に加え、福田赳夫が党の幹事長として活躍し、宮沢喜一も重用された。池田の側近と比べると、必ずしも官僚出身者が多くない印象があるが、実際には、通産省の山下英明《やましたえいめい》らが佐藤の政策面を支えていたし（『山下英明オーラルヒストリー　続』）、ジャーナリストや学者を巻き込んだ「Sオペレーション」といわれる政策ブレーンも存在した。そして、こうした党運営の相談役、政策面のブレーンを佐藤はそれぞれ巧みに統括していたのである（『楠田実日記』）。

佐藤内閣下での総選挙　自民党政治を安定させた最後の点は、野党の弱さである。佐藤内閣下での衆議院選挙は一九六七年と六九年の二度しかないが、いずれも社会党の不振と凋落が特徴的な選挙となった。一九六七年一月二十九日の選挙では当初自民党の不利が予想された。前年から田中彰治《たなかしょうじ》の逮捕、荒船清十郎《あらふねせいじゅうろう》の罷免、松野頼三の外遊事件などがあいついで明るみに出たからである。このことは当然党内外で問題視され、六六年十二月の総裁選で佐藤は二八九票で再選されるものの、藤山愛一郎や前尾繁三郎らがあわせて一七〇票の佐藤批判票を集めた。そして、野党は自民党批判が高まるこの際、解散総選挙を行うべきだと主張して行われたのが、この選挙だった。

実際、「黒い霧選挙」とも呼ばれたこの総選挙の結果、自民党は二九四から二八〇へと議席を減らした。この選挙は戦後初の、四六七から四八六議席に定数是正がされたのちの選挙であったから、議席減の影響は余計に大きかった。しかし、対する社会党も三議席減らし一四一となった。社会党は、高まっていた自民党批判を議席に結びつけることができなかったのである。

では、有権者の票はどこに流れていったのだろうか。実はこの選挙で初めて衆議院に進出したのが一九六四年十一月に結成された公明党である。公明党はこの選挙で二五人の当選者を出した。また、民社党も七議席増やして三〇議席を得ていた。共産党は前回と変わらず五議席だったが、得票率は三・六%も伸ばしている。つまり、都市部中心で定数を是正したこの選挙は、都市部で増えた分の票が社会党に流れなかったのである。しかも、自民党も全体の得票率が五〇%を下回り四八・八%（ただし追加公認を入れると五二%）、自民党を除く革新系野党が四五・九%の票を獲得し、与野党の差は、得票率で見る限り、七〇年代のいわゆる「与野党伯仲」状況にかなり近づいていた。

次の一九六九年十二月二十七日の選挙は、ニクソンとともに沖縄返還の共同声明を出した直後に行われた。前回とは変わり、華やかな外交交渉後の選挙は、自民党に二八八議席、追加公認を入れて三〇〇議席の大勝をもたらした。逆に社会党は九〇議席と壊滅的な打撃を受けた。年末に行われた選挙のため、投票率は六八・五七%と前回よりも五%以上低かった。また民社党が三一議席とほぼ横ばい、公明党は四七議席と前回の倍近くに急伸した。共産党は、一四人と二〇年ぶりの二桁台の議席となった。都市部の票は相当数、社会党以外の野党に流れたとみられるが、絶対得票率でみると、自民党対野党の割合は、三二・三%対三一・八%と、まさに伯仲するに至ったのである。

以上のように、自民党の黄金期といわれる六〇年代半ばの選挙も決して自民党が安泰だったわけではない。しかし、野党第一党であった社会党の票は伸びず、佐藤の巧みな運営により一体感を保った自民党が一党支配を継続していったのである。

自民党の合理化　ところで、支持率の低下と多党化現象を前に、一度「党近代化」に失敗した自民党がただ傍観していたわけではなかったことも指摘できよう。実は、佐藤内閣下の自民党もさまざまな「改革」を試みている。

その一つは選挙制度の改革である。一票の重みの差について敏感であった社会党からも強い是正の声が上がっていたこの問題に、自民党は、農村部の定数を減らすかわりに都市部の定数を増やすことで一票の重みを平均化する改正を行なった。一九六七年の総選挙で議席数が急激に増えたのはそのためである。もっとも、当時の選挙制度調査会長・松野頼三はこの内実を次のように語っている。「〔選挙の定数は〕農村に多く配分しているものだから、農協が働いてくれて〔自民党は〕勝つんだ。それを〔定数を人口比率で〕平等にやると負けちゃうんだ。それが自民党の大事なところだ。農村に不公平であるから、いいわけだ」。つまり、定数是正の圧力を巧みに切り返すことで自民党は可能な限りの現状維持を図ったのである（前掲松野）。

もっとも、こうして都市部の定数が増えたため、自民党は公明党や共産党の進出を間接的に助けたことになる。しかし、自民党は、したたかにも中道政党として発足した公明党にその結成当初から接近していた。また、自民党はこのころから、国会対策委員会の場などで非公式に野党との妥協を図る手法、いわゆる自社馴れあいといわれる野党の取り込みや国対政治（国会対策委員会の場での話し合いによる政局運営）を発達させてゆくことになる。そして、これらの野党の抱き込み工作の進展に並行して、自民党の国会対策費も増大していった。それまで三〇〇〇万円を下る程度の国会対策費が、一九六五年下半期には一億一九四〇万円、六六年上半期には一億四二〇〇万円に跳ね上がったという。その当時の国会で争点となったのは、一九六五年の日韓条約締結問題だった。請求権問題などをめぐる革新系の反発は強く、国会デモも三六回におよんだ。池田内閣から引き継いだこの問題は、成立直後の佐藤内閣の屋台骨を揺るがす問題であり、その際の野党対策の一つとしてこうした金権攻勢が強まったのだといわれている（毎日新聞政治部『政治家とカネ』）。

以上の試みは、もちろん「改革」というには程遠い変化であった。しかしながらそれらが自民党の長期政権に寄与した度合いは大きい。

また、この時期に、二世議員が数多く誕生したことも自民党政権の安定に寄与した変化としてあげることができよう。六九年までに、衆議院のいわゆる地盤を親族から継承して当選した自民党の政治家の割合は二三％になっていたが、七六年までにそれが三二％にまで増えている。この時期に二世議員が増えた理由の一つは、六〇年代が政治家の代替わりの時期であったことである。戦後政治家に欠くべからざる集票組織として発達した個人後援会は、本来はその人一代限りの後援会であったが、自民党の「半永久的政権」がほぼ自明となると、代替わりに際して、後援会の結束と利益を守るために積極的に二世候補者を擁立するようになった。そうして擁立された候補者は、よほどのことがない限り当選するし、年功序列の派閥人事によって、当選回数が増えれば順調に大臣となり、地方と中央を結ぶ利益配分を行う「導管」として働いてくれることになる。そういう期待のもと、自民党の利益配分システムの中で、六三年から七〇年にかけて、橋本龍太郎《はしもとりゅうたろう》・西岡武夫《にしおかたけお》・河野洋平《こうのようへい》・小沢一郎《おざわいちろう》・羽田孜・小泉純一郎《こいずみじゅんいちろう》など、昭和末期から平成にかけて活躍した政治家が初当選を果たしている。自民党としては、こうした二世議員を受け入れることは、得票率が低下してゆくなかで安定した議席を獲得する一つの方法でもあった。このことも戦後日本の黄金時代における自民党政治の安定の大きな要素であることは間違いなかったのである（松崎哲久『日本型デモクラシーの逆説』）。

4 「一党優位政党制」の動揺と回復

田中内閣の登場　以上、二節にわたって述べてきたような自民党の黄金期の党勢拡張、選挙、政治資金問題、国会対策など、党運営のさまざまな側面を差配した中心的人物の一人は、佐藤栄作の後任として自民党総裁となる田中角栄であった。田中とはどのような人物だったのだろうか。

田中は、当初は進歩党の重鎮だった大麻唯男《おおあさただお》の政治資金提供者であり、「田中土建工業株式会社」の社長に過ぎなかった。その後、進歩党の後身となる民主党から出馬し政治家となったが、田中は道路問題などの公共事業の推進にきわめて熱心であり、議員立法を駆使したその手法も買われて急速に頭角を現していった。そして、池田勇人三選の頃には、佐藤と池田の調整役となるまで党務に熟達していたことは前述したとおりであるし、そもそも一九五七年に岸内閣で郵政大臣として初入閣を果たしていた田中は、全国の郵政ネットワーク（いわゆる特定郵便局のネットワーク）を用いた自民党の集票組織の確立にも関わっている。また、前述の一九六五年の国会対策費急増も、実は田中の幹事長時代のことであったし、佐藤内閣期も幹事長として選挙の陣頭指揮をとっていた。このとき、田中は福田と交代で幹事長を勤めたのだが、田中は福田よりも党運営に関しては一枚も二枚も上手であった。

このように党人としての並々ならぬ実力を示した田中が、「ポスト佐藤」本命といわれた福田と争うこととなったのはある意味で自然であった。そして、かつて岸派に属していた川島正次郎《かわしましょうじろう》が田中

図9 田中角栄

と組み、同じ岸派出身の福田を牽制した。前尾繁三郎が死去し、宏池会も、田中の盟友であった大平に代わっていたが、田中の側についていた。これに対する福田の後見人は、保利茂と岸信介という構図であった。

ところで、政権末期、佐藤栄作は、後継者を福田に決めていたという説が有力であるが、少なくとも佐藤は遂に自分の後継者は福田であるとは明言しなかった。田中にはいざとなれば総裁選で堂々と福田に勝てる自信もあったように思われる。そして、政権末期の一九七二年五月ごろ、佐藤派は、田中を支持する八〇名ほどの田中派と福田派合流組とに分裂する。「分裂」というが、保利茂や松野頼三のような佐藤の側近であり、結局福田派に合流せざるを得なかった者たちからすれば、佐藤派は田中に「簒奪」されたことになる。派閥の継承や吸収ではなく「簒奪」は、自民党史上、田中が初めて行ったものである。

もっとも、福田派に合流した松野も佐藤の参謀役だった楠田《くすだ》実《みのる》も、田中が「派内派」を旗揚げしようとしているのは分かっていたという。三月頃からは、田中は周山会とは別に田中邸で会合をするようになっていた。このとき、佐藤派で田中派に加わらなかったのは、保利や松野などの古参議員のみであるが、古参議員の中にも、愛知揆一や橋本登美三郎のように田中派となった人物もいた。そこには政治資金問題が見え隠れしている。また、田中派は参議院をも派閥に取り込んだ点でも画期的であった。一九七一年六月二十七日の第九回参議院議員選挙後の七月、参議院議長選で岸・佐藤の盟友であった重宗雄三《しげむねゆうぞう》が河野謙三《こうのけんぞう》に過半数を上回ることわずか四票で敗北し、三期続いたその座を追われていたが、田中は参議院の佐藤派の切り崩しにも成功していたのである。これらの背後にも政治資金の問題が見え隠れしていた。

そして、翌七二年六月十七日の佐藤首相の退陣表明を受けて、田中は、六月十九日の中曽根派の田中支持表明を決定打として、七月五日の党大会総裁選で、田中派は福田派に次ぐ党内第二の派閥だったのだが、決選投票の末、総裁に選出された。しかし、その過程では田中に総裁を断念させる説得工作もあった。松野は、実際に田中と会談し、福田に政権を譲るべきだと説得したことがあったという。また、楠田は、キッシンジャーに「なぜ佐藤の後が福田ではなく田中なのか」と詰問されたことがあるといっている（渡辺昭夫『大国日本のゆらぎ』）。大方の見方を覆した田中内閣の成立の衝撃を語って余りない証言である。

田中の二面性　このときの田中の勝利の要因として、田中政治なるものの性格として悪名高い「金権体質」を指摘することは簡単である。しかし、自民党の若手議員が田中に大きな期待をかけていたことも、実は田中の勝利のきわめて重要な要因であった。彼ら若手議員には、あたかも大企業や官僚制のような既得権に基づく合理化が進みはじめた自民党に対し、変化を求める気持ちが強かったのである。後に自民党を割る新自由クラブの系統とも親しい藤波孝生《ふじなみたかお》や青嵐会《せいらんかい》の中心であった中川一郎《なかがわいちろう》らも、そういった田中ファンの一人であった。ポスト佐藤の時代は、三角大福中（三木武夫・田中角栄・

大平正芳・福田赳夫・中曽根康弘）の時代などともいわれるが、すでに六十七歳になっていた「明治三十八歳」が口癖の福田よりも、「大正七歳」だった若い田中に若手が期待するのは自然だった。田中は、そういった党の変化を求める党内世論も受け、総裁選を勝ち抜いたのである。その意味で、田中は合理化が進む自民党政治の改革者として期待されていた側面もあったといえよう。

ところが、そのような田中は、他方で戦後保守政治の申し子でもあった。田中は、イデオロギー重視のハイポリティクスではなく、生活に密着した開発政治を目指し、政策的な魅力と説得力、そして相当のビジョンを誇った「日本列島改造論」を掲げた。それは、さらなる成長とその成長の果実による福祉の実現という、従来の自民党路線を引き継ぐことを示したものであった。

一九七二年七月六日に成立した田中内閣は、六二％という一九九三年の細川内閣まで破られなかった高い支持率を得た。田中は、福田との厳しい競争に勝ち抜いた勢いに乗って露骨な論功行賞人事を行い、総裁選で自分を支えてくれた派閥を党内の主流派として優遇した。それは最大派閥だった福田派との対立をもたらし、福田派は二つのポストへの入閣を拒否することで田中への対抗心をむき出しにした。

しかも、勢いに乗る田中は、組閣して二ヵ月半にもならない九月二十五日に中国を訪問し周恩来《しゅうおんらい》首相との会談を経て、九月二十九日の日中共同宣言の調印をもって日中国交正常化に成功する。長年の懸案であった日中国交正常化を行ったことはさらに田中の人気を増した。「日中国交回復を総務会で議論すると、反対意見がたくさん出てどうにもならない状況」（後藤田正晴『情と理』）をまとめ上げた腕前はやはり田中ならではのことだった。そして、それと同時に、田中は持論の「日本列島改造論」を始動させてゆく。八月七日には首相官邸で「日本列島改造問題懇談会」の初会合を開き、十月二十七日招集の臨時国会の施政方針演説で、改めて列島改造論を披露した。

与野党伯仲時代の到来　こうして、自民党を我がものとし、日中と列島改造の二枚看板で突き進む田中は、一九七二年十二月十日の総選挙でさらなる勝利を手に入れようとした。しかし、「コンピューター付きブルドーザー」と呼ばれた田中も万能ではなかった。結果は、自民党は二八四議席と前回より一六議席も減らし、逆に社会党は一一八議席と議席を回復した。また、公明・民社が四割近く議席を減らしたのに対し、共産党が四〇議席を獲得したのも特徴的だった。自民党は、前回は、社会党への支持を横取りした形であったが、今回は共産党が公明・民社の議席減を横取りし、都市部での強さを誇示した。特に前回に比べて八割増という共産党の異常な得票率の増加は、党方針のソフト路線への転換と組織拡大運動の成果の表れであったといえる。

いずれにせよ、選挙の神様とも称された田中も首をひねったといわれるこの選挙結果を自民党は敗北と受け止めた。俗にいう「与野党伯仲状況」がこうして顕在化し始めるのが、実は田中の時代だった。その状況を打破するために、一九七三年四月に田中は小選挙区・比例代表併立制の選挙方式導入に躍起となったが、野党および党内の反対に遭い提出を断念した。また、七三年を「福祉元年」とすべく、田中は年金の受給額を増やすなど、高齢者層のとりこみも図った。しかし、汚名挽回のため、多数のタレント議員を擁して戦った七四年七月七日の参議院選挙でも、自民党は一三五から一二九に議席を減らした。過半数を漸く三議席上回るだけで、参議院では一足早く本格的な与野党伯仲時代が到来することとなったのである。

日本列島改造論の挫折と田中スキャンダル

また、このころには、田中の「日本列島改造論」も失速し始めていた。改造論は土地投機ブームを呼び、生活を豊かにするというよりは、経済の乱脈、生活のさらなる窮乏観をもたらした。列島改造論にしたがって大型予算を組むと、七三年のいわゆる「狂乱物価」の一因となるが、その火付け役となった田中は旧敵福田を閣内に取り込んで党内を安定させつつ、今度は必死に火消しに回らざるを得ない状況に陥った。

しかも、七三年二月の円の変動相場制への移行実施と十月に始まった原油価格の急騰によるオイルショックが重なることで、列島改造論は結局失敗することになる。内閣の支持率も十一月には二二%へと急落した。同年七月には福田派を中心とした各派の若手を中心とした青嵐会が結成されるが、そこには田中への期待が裏切られたことへの反発も少なからず作用していた。そして、七四年七月の参議院選挙の敗北を受けて田中批判を本格化した三木・福田は閣僚を辞任し、彼らを留任させられなかった責任をとって田中を支えた保利茂も辞任するに至る。田中の凋落は誰の目にも明らかだった。

しかし、田中の最大の誤算は、自身が身辺の問題、金脈問題で退陣しなければならなかったことだろう。一九七四年八月にアメリカのニクソン大統領がウォーターゲート事件で辞任したその二ヵ月後には、『文藝春秋』一九七四年十一月号に掲載された、児玉隆也「淋しき越山会の女王」と立花隆「田中角栄研究—その人脈と金脈—」が田中のプライバシーを暴き、田中の金脈を暴露した。このことをきっかけに、田中角栄は十一月二十六日に辞意を表明し、十二月一日には副総裁であった椎名悦三郎の裁定案（いわゆる「椎名裁定」）により三木武夫が総裁に選出され、九日に三木武夫内閣が成立することとなる。

「繕いの政治」の始まり　派閥の力を無視した三木内閣の誕生は、田中内閣の成立以上に、それまでの自民党の暗黙の序列や慣行を無視したものであった。しかし、それは自民党へのさらなる激震の予兆に過ぎなかった。三木内閣成立の翌年、七五年二月には、アメリカ上院外交委員会の公聴会で暴露された証言で明らかになったロッキード社の航空機売り込み工作の資金をめぐるいわゆる「ロッキード汚職」により、前首相・田中角栄の逮捕という空前の衝撃が政界を襲うことになるからである。朝日新聞の記者だった後藤基夫《ごとうもとお》は、三木武夫が総裁となって以降の自民党政治は「繕《つくろ》いの政治」であったという名言を残している。確かに、三木の総裁就任は田中問題に揺れる自民党の「繕い」の一つの方法だった。その繕いに成功しなければ自民党は崩壊したかも知れない。このころの自民党内には政策集団ができあがり、後述するように、政策集団を母体とした新自由クラブが、初めて自民党を分裂して新政党を組織するのはその一つの証拠となろう。

図10　三木武夫

しかし、自民党は結局その危機を克服し、一九八〇年、一九八六年の総選挙での勝利を手にする。それは「繕いの政治」が一定の成功を収めたことを意味した。だが、その過程で、自民党の権力構造はきわめてゆがんだものとなっていく。

三木内閣の誕生　一九七四年十二月九日に成立した三木政権は、七六年十二月二十四日までのおよそ二年間の政権だった。最初の一年は、椎名裁定の権威を背景としながら、党内人事で幹事長を自派から出さずに中曽根康弘を据え、政調会長には福田派の松野頼三を、総務会長には無派閥の長老・灘尾弘吉を据えて党内融和に留意した。「繕いの政治家」として、三木は自分の役割を充分に知っていた。そして、党内外の輿論に配慮して、一九七五年七月四日参議院本会議で公職選挙法と政治資金規正法の改正を成し遂げ、自民党改革に着手した。

続いて三木は、独占禁止法の改正に手をつけようとする。また、同年十一月から十二月にかけての「スト権スト」をめぐる過程でも、三木がスト権を剥奪されていた公務員に「条件付き」でのスト権を付与しようとした。自民党は三木への強い不信を持つようになる。これは自民党の思想的立場からすれば急進的に過ぎる案だったからである。結局、いずれも根強い党の抵抗にあい、当初の三木のねらいは貫徹されなかったが、この過程で、「繕い」以上のことをしようとする三木への党内の風当たりは強まって行った。

このような状況にあって、七六年二月に始まり、七月二十七日の田中角栄逮捕にいたる一連のロッキード事件は、三木にとって態勢挽回のチャンスだった。三木は、徹底解明を約して、自民党批判の世論を背景に、党内の守旧派および田中擁護派と相対した。こうして、三木内閣の後半は、富森叡児がいうように、党の分裂をも辞せずとして戦おうとする「遠心力」と、あくまでも半永久的ともいえる権力を維持しようとする「求心力」との間で、自民党内で深刻なせめぎ合いがみられる時期となった。

三木下ろし　当初、三木のロッキード徹底糾明の姿勢は、改革を不可避としていた自民党にとって正面切って否定しきれるものではなかった。事実、田中逮捕直前の七六年五月の「第一次三木おろし」は「ロッキード隠し」といわれることですぐに挫折する。

だが、田中逮捕直後に、三木派と中曽根幹事長の中曽根派を除く全派閥（衆参両院の自民党議員の三分の二を超える二七七人を擁した）により「挙党態勢確立協議会」（略称挙党協）が八月十九日に創設され、「第二次三木おろし」が始まった。田中が三億円の保釈金で保釈された二日後に挙党協が結成されたのは、そこに田中の怨念が介在していることを推測させた。三木の最後の手段は、大敗を予想された解散総選挙に出るという一種の脅迫だった。八月二十四、二十五日に三木・福田・大平会談が行われるが、挙党協と三木との妥協はならず、また、福田と大平は、息巻く挙党協を鎮めることすらできなかった。挙党協は保利茂を担いでさらなる反三木の強硬姿勢をみせ、八月二十九日に党五役が作成した事態収拾案も拒否し、自民党の分裂は避けられない情勢となった。田中の影響が強かったといわれる中曽根は幹事長として東奔西走するが、解決には到らなかった。この危機は、結局、九月十一日の中曽根・船田中・保利・三木会談で収束する。ポスト三木を狙う大平、そして中曽根、また保利・灘尾らの党長老らの分裂回避の努力は、三木総裁の続投と解散総選挙の中止との取引に結実し、党を救うことになったのである（毎日新聞政治部『政変』）。

福田内閣の成立　しかし、衆議院議員の任期満了に伴う、一九七六年十二月五日の総選挙は、事実上、自民党が分裂したままの選挙となった。結果は自民党が二四九議席という初めて過半数を割るという大敗を喫した。さらに自民党から分裂してできた新自由クラブが一七人の当選者を出したことは、世論における自民党批判の強さを印象づけた。新自由クラブは、同年六月二十五日に党内の政策集団・政治工学研究所が「新自由クラブ」として史上初めて自民党を割って出たもので、河野洋平・西岡武夫・田川誠一《たがわせいいち》など衆議院五人・参議院一人の六人が離党し、結成したものである。

図11　福田赳夫

こうして、総選挙敗北の責任をとって辞任した三木を継いだのが福田赳夫であった。かつて党風刷新連盟を立ち上げたことのある福田も、自民党の改革に積極的に取り組まざるを得なかった。退陣の際、三木は「私の所信」として、①金権体質と派閥抗争の一掃、②長老政治の改善、③全党員が参加する総裁公選制度の採用の三点を提言したが、福田は、この所信を受け止め、自らが本部長を務める「党本部改革実施本部」案に基づき、一九七七年四月二十五日、全党員が参加する総裁予備選挙の実施を決定する。それは活発な党員拡大活動を促し、一九七八年二月の段階で、党員の数は一五〇万人を超えた。三木の置き土産の一部がこうして実を結ぶことになった。

また、福田は自分の派閥から幹事長を出さずに、党運営は大平に任せるという協定に基づき、内閣を発足させていた。これは、それまでたびたび行われていた論功行賞的意味を持ついわゆる「主流派体制」を避ける配慮だった。大平はこの協定に基づき誠実に福田を支えた。福田は、田中内閣の経済企画庁長官時代より引き続いて財政問題に取り組み、七四年からのインフレ抑制に成功していた。また、中国に近かった大平と台湾派であった福田のコンビは、一九七八年八月十二日の日中平和友好条約締結についても党内とりまとめに有効だった。かつて大平とともに池田勇人を支えた伊藤昌哉は、自民党の分裂を回避し、党の一体性を回復したという意味で、福田・大平の連携を「第二次保守合同」と呼んでいる（伊藤昌哉『自民党戦国史』）。

大平内閣の成立　しかしこの協調体制は、日中問題が解決すると急速に崩れ始める。福田は、総裁に就任する前に、大平と二年後の政権委譲を約束していたといわれたが、二八％という当初の低支持率も次第に上昇をみせ始め、自民党支持率も上昇していた福田にとって、政権譲渡の約束などなきに等しかった。そもそも福田と大平の対決は、ポスト佐藤時の角福戦争以来の因縁があった。福田は、解散総選挙に打って出て、政権二年目で支持が上向きとなった好機をとらえ、「与野党伯仲」状況を打破して二期目の総裁選に出馬しようとした。大平は解散に強硬に抵抗したものの、福田は自らが決定した総裁予備選の実施に踏み切った。それに対して大平は、電話一本で総裁選に出ざるを得なくなったと伝えた福田に激怒したといわれる。

総裁選の予想は福田に有利だったのだが、大平の巻き返しは見事だった。しかし、それ以上に大平の勝利に執心したのは、反福田に執念を燃やす田中角栄だった。田中派はこのころから「軍団」と呼ばれるようになっていたが、大平・田中連合軍は後藤田正晴《ごとうだまさはる》の活躍もあって次々と党員の「大平支持」を固めていき、福田有利の予想をはね返して、一九七八年十一月一日の総裁予備選で大平圧勝を導いた（中曽根康弘『天地有情』）。

一九七九年十二月七日、こうして総理総裁の座を得た大平だが、実は、自民党の歴史の中で、ある政権を打倒したものがその次の政権を組織したのはこのときがはじめてであった。さらに党員が投票する自民党初の予備選挙によって勝利を得た大平は、宰相の地位が正統であることを改めて感じたであろう。

だが、自派から鈴木善幸《すずきぜんこう》を幹事長に据えようとした大平に、福田は強硬に反対する。鈴木は福田と因縁ある田中ときわめて親密だったからである。結局自派の斎藤邦吉《さいとうくにきち》が幹事長に就任するが、大平の組閣人事はやはり「派閥均衡」に徹せざるを得なくなった。

さらに、一九七九年六月に東京で開催された初のサミット（東京サミット）を何とか乗り切った大平は、同年九月七日に解散、十月七日総選挙に打って出た。しかし、同年の第二次オイルショックを首尾よく乗り切ったものの、日本に忍びよっていた財政危機を正面から捉え、大平が一般消費税の導入を示唆していたこともあって、結果は二四八と前回よりも一議席下回った。その後追加公認で二五八となる。選挙結果に対する責任を厳しく追及する福田を三木派と中曽根派が推し、一九八〇年十一月六日の衆参両院本会議では、自民党主流派は大平を、非主流派は福田を首相指名候補とすることとなって、一つの党から二人の首班候補が出されるという異常事態となった。実際の首班指名では、新自由クラブが大平に投票したほか、他の野党の棄権もあり、大平の続投がかろうじて保たれた。しかも、組閣でも、中曽根の幹事長就任などをめぐって紛糾が続き、十一月十六日にようやく落ち着いた。十月七日からのこの一連のゴタゴタは、俗に「四〇日抗争」と呼ばれている（福永武夫『大平正芳』）。

保守復調　以上のような混乱の五年間、自民党の「一党優位政党制」が揺るがなかったのは奇妙ですらあった。その説得的な理由を探せば、その一つは、自民党が強かったからというよりも、野党が弱かったからという理由をあげるほかないだろう。

この間、一九七六年二月には社会党の江田三郎が、将来の合同を視野に入れて、公明・民社両党と「新しい日本を考える会」を立ち上げていた。七七年一月には「革新・中道連合政権」構想を発表するが、社会党では構想の説明すら拒否された。再び社会党左派の反発を受けた江田は、二月には副委員長を解任され、三月には離党に追い込まれた。江田は、後に政界再編の中心の一人となる市民運動家の菅直人《かんなおと》らと「社会市民連合」（社市連）を結成するが、江田がそのわずか二ヵ月後に急死してしまう。その後も社会党の内紛は続き、七七年九月には田英夫《でんひでお》らが離党し、七八年三月には社市連と合同して「社会民主連合」（社民連）を結成した。そのため七九年十月七日の総選挙では、飛鳥田一雄《あすかだいちお》を委員長とする社会党は前回から一七議席を減らし一〇七議席となった。反対に、公明は二議席、民社も七議席増やし、共産党に至っては一九議席から四一議席に復調している。選挙結果全体でみれば、「与野党伯仲」は着実に進行していた。

この時期、いくつもの野党連合が試みられたのは、一つの党では自民党から政権を奪取できなかったからであった。しかし野党間の敵対心は、ややもすれば彼らの自民党に対する敵対心よりもさらに強いものがあった。そして、この間の野党連合結成の試みは、結局全て挫折してしまう。自民党という衣がだめになったからといっても、衣替えとなる野党あるいは野党連合が結成されない状態では、自民党政権の継続以外の選択肢はあり得なかったのである。

また、自民党政権が維持されたもう一つの理由は、得票率でみると、七〇年代の後半には「与野党伯仲」状況から「保守復調」といえる状況への変化が現れていたことが指摘できる。六〇年代後半以降の「与野党伯仲」は一〇年ほどで終焉したことになる。これには幾つかの仮説が存在するが、村上泰亮は、①七〇年代に入り、自民党が政策を都市にも向け始め、福祉水準の引上げ、公害問題への取り組みなど、日本人が豊かな生活を本格的に享受できる政治を目指したこと、②石油危機を克服して、世界から一目置かれる経済運営を行ったことを指摘している（村上泰亮『新中間大衆の時代』）。

一九八〇年六月二十二日に行われた衆議院・参議院の同日選挙、いわゆる「ダブル選挙」でこのことが明らかになった。社会党提出の大平内閣不信任案が福田・三木派の棄権により予想に反して成立した際、大平は解散に踏み切り、初の衆参同日選挙となったのであるが、予想外であったので「ハプニング解散」と命名された。しかし、本当のハプニングは、選挙公示日の夜に大平が倒れ、六月十二日に死去したことだった。大平に対する同情票も加わったと考えられるが、この選挙で自民党は二九議席増の二八四と大勝した。社会党は一〇七議席で横ばいとなったほか、公明が二四議席減、共産が一二議席減となった。今まで中道から革新系に流れていた票が、今回は「保守」にまわったと解釈される結果だった。その証拠に新自由クラブも四から八へと議席を伸ばして復調したのである。

鈴木内閣成立の意味　選挙後の六月二十四日、自民党の両院議員総会で宏池会に所属していた鈴木善幸が総裁に選出され、鈴木内閣が七月十七日に成立する。しかし、鈴木は、党の総務会長としての、いわば「調整役」としての経験豊富な人物であったにすぎなかった。そのような彼を総裁にしたのは、田中以降のあまりに激しい党内抗争を経験した自民党の一つの知恵であった。しかし、もう一つの大きな理由は、鈴木が田中角栄に近い政治家だったことだった。つまり、自民党の総務会長を一〇回余りも務めた鈴木は混乱後の調整役としても適役であり、それ以上に大平という盟友を失った田中にとっても、余人をもって代え難い存在だったのである。

図12　鈴木内閣

その鈴木が「和の政治」を自らの内閣のスローガンにしたことは、鈴木が自らに与えられた役割を自覚していた証拠だった。しかし、日米同盟についての発言の齟齬などで、党内が再び騒がしくなると、二選が確実だといわれながら、一九八二年十月十二日、総裁選を待たずに突然不出馬を宣言して総理の座を降りてしまった。

突然の鈴木不出馬を受けた後継総裁選びは難航した。結局、中曽根康弘・河本敏夫《こうもととしお》・安倍晋太郎《あべしんたろう》・中川一郎の四人が予備選を戦うこととなったが、田中派の後押しを受けた中曽根が、派閥規模で四番目でしかないにもかかわらず、全体の六割近くの票を集め、一九八二年十一月二十五日に総裁の座を射止めたのである。


「田中支配」という権力構造　こうして、一九七〇年代後半から八〇年代前半にかけて、大平・鈴木・中曽根三代の総理総裁は田中派の後押しを受けて誕生することとなった。失脚後の田中は、自派からは総裁を出していないが、田中派の後見がある人物が政権を獲得してきたのである。このころの田中はメディアから「キングメーカー」「闇将軍」などと呼ばれた。中曽根内閣も「田中曽根内閣」「角影内閣」などと揶揄される有様であった。

この田中支配の時期は、先に述べたような七〇年代後半からのいわゆる「保守復調」の傾向と重なった。つまり、この時期、日本人が求めていたのは、経済が成長し、生活が豊かになる当時の現状が続くことであった。大平のように、また政権末期の中曽根や竹下登のように、経済繁栄を維持するために日本政府には過度の財政負担が強いられており、増税が不可避であるという当然の理屈を語れば、利益志向型の国民の支持は得られなかった。

他方で、この時期は田中の復権の時期でもあった。田中は、一九七八年一月に「政治同友会」を結成し、派閥の本格的な再建に着手する。そして、大平の総裁予備選に大きくてこ入れして存在感を示し、七九年の総選挙後には、椎名派・水田三喜男《みずたみきお》派・船田派・石井派の中間四派から議員を吸収した。大平亡き後の八〇年十月には「木曜クラブ」（会長・西村英一）を結成し、無派閥議員をも吸収して、程なくして衆参両院を併せて日本政党史上初の一〇〇人派閥を形成した。田中は、その力を悪びれることなく誇示してやまなかった。

田中がこの時期に派閥拡張を目指した理由は何だっただろうか。当初の田中は福田との争いに躍起だった。それが田中が大平を支えた理由だったのだろう。だが、それだけでは大平後の田中の暗躍を説明できない。田中はいずれ自分が総理総裁として政界に復帰することを目指していたと考える他ない。しかし、田中の意図が何であれ、もし、政治の透明性やリーダーシップのあり方が問題となるのであれば、この時代に自民党への支持が失われても不思議ではなかった。

「総合病院」としての田中派　にもかかわらず、当時の国民は自民党の改革よりも現状維持を、つまり痛みを先送りした繁栄の維持を望んでいた。「増税なき財政再建」が政策として掲げられるようになった理由はそこにあった。また、三木・福田・大平という豊かな政治的個性が、その可能性を充分に開花させずに政権を投げ出さねばならなかったことも、そういった自民党の混乱をもたらした元凶の一つが田中派の存在であったことも、国民は気にとめなかった。その証拠は、一九八三年十月十三日、ロッキード事件で田中にまさかの有罪判決が出され、懲役四年、追徴金五億円の判決が出された後の総選挙であった（一九八三年十二月十八日）。この選挙で自民党は二五〇議席と予想どおり低迷した。公明が五八議席、民社が三九議席と好成績を残し、社会党も一二議席増の好成績を残した。しかし、田中自身は二二万票余りを獲得して当選した。しかも、田中派全体でも、この選挙ではたった二議席しか減っておらず、自民党内で最も議席減の少ない派閥は、何と田中派だったのである。さらにいえば、この選挙で田中は、新人発掘をも再開していた。新人議員、つまりその直前まで我々と同じ一有権者であった国民の中にも、「スーパー派閥」となっていた田中派に依頼して政界に躍り出ようという者が少なからずいたことになる（毎日新聞政治部『自民党　転換期の権力』）。

こうしてスーパー派閥となった自派を、どのような陳情も処理できるという意味で、田中は「総合病院」と呼んだ。それは、かつて小説家を目指していたという田中の一流の比喩だった。具体的にいえば、田中は、俗に「族議員」と呼ばれる、官庁との密接なパイプを持ち、それぞれの政策分野で有権者や支持団体の要求に応え、官庁の人事にさえも介入しうる能力をもつ議員を多数抱えていたのである。

つまり、田中にとって、派閥とは、総裁選で政権を担う道具であるだけではなく、政治家と後援会がもたらす要求を整理し、社会と国家を結び、利益の再配分を行う存在でなければならなかった。そして、田中の比喩を敷衍すれば、政治家は、「病人」（陳情者）を治療する「医者」であり、病気を治療する「道具」（国家行政）を使いこなすスペシャリストでなければならなかった。

このような政治家たちの集まる派閥のイメージが、実は「包括政党」のイメージに瓜二つであることは一目瞭然だろう。田中は、そのような政治家が多数集まっていることが良い派閥の条件であり、自民党を優位政党たらしめている理由だと考えていた。そして八〇年代の自民党の各派閥は、この田中に負けじと、自派を「総合病院化」させはじめる。ゆがんだ権力構造を内包していた自民党は、こうして経済繁栄を是とする有権者の支持を集め、危機を克服して、衆議院第一党の座を守り続けた。自民党の「包括政党」化は、こうして八〇年代にその絶頂を迎えることとなる。

自民党の制度疲労　しかし、自民党が大きな変化を遂げ始めたことは明らかであった。自民党は、第一節でもみたように、社会党の再統一の反射として急ごしらえで結成されたためもあって、総裁が巨大な権力を持って党を統制する仕組みを持つことなく党の歩みを始めた。自民党には、当初から幾つかの派閥が存在し、派閥のリーダーたちは権力の座を目指してときに激しく競争してきたが、総裁に巨大な権力を与えるという発想は、権力が分散する派閥政治の現実を踏まえると、党内で合意を得られにくかった。その結果、自民党内ではそのときの派閥力学によって虚々実々の駆け引きがしばしば行われることとなった。

だが、自民党が政権党でありつづけることがいわば既成事実となるにつれて、各派閥の指導者たちは、有権者・国民が政治に何を期待しているのかを発見し、その実現に力を入れようとし始めた。そこに政権党としての自民党の矜持があったのだろうし、そうすることで派閥の領袖たちは他派閥との競争で優位に立とうとしたのである。こうして自民党の派閥政治には、擬似的ではあるものの、有権者の意見が一定程度取り込まれることとなった。その結果、国民がもつ現状維持感覚に根ざしながら国民の期待を吸収し、ときに国民に先んじて問題を提起しつつ、国民の倦怠が爆発しない程度の政権交代を党内で行うという「ソフトな支配」が確立していた。つまり、党内の新陳代謝を促進し、党の一体化を維持し、長期政権の確立に役だっていたことになる（北岡伸一『自民党』）。

しかし、田中スキャンダルで揺れた自民党は、「繕いの政治」を余儀なくされる中、やがて党の危機をもたらした人物その人に権力の所在の決定権を委ねることとなった。同じ派閥政治ではあっても、そこからは、かつての派閥政治がもっていた「競争」という名の権力の自浄作用がなくなっていた。もし、このとき、自民党に代わって政権を担うに足る党があれば、政権はその党に移動していたかも知れない。しかし、そのような政党はみあたらなかった。衆議院第二党である社会党は、一九八〇年代には「日本における社会主義への道」の見直しを始め、一九八四年頃からは政策の現実化を進めていた。そして、一九八五年九月十一日、自らを階級政党であることを否定し、「保守」との連合もあり得ることと明記された「新宣言」が提出される。そこには、六〇年代に端を発する中道政党の連合による政権路線、社公民路線への一定の評価があった。マルクス・レーニン主義から西欧型社会民主主義路線への転換を示唆した新宣言は、激しい議論の末に、一九八六年一月二十二日の第五〇回大会で採択された。これは画期的なことではあったが、「日本における社会主義への道」を否定するまでに二〇年の歳月が流れたことになる。「五五年体制」を政権交代可能な政党体制に戻すには長すぎる時間であった。

一九八六年の総選挙　その結果は、一九八六年七月六日の二度目の衆参同日選挙の結果に如実に表れた。一般にダブル選挙とも呼ばれる衆参同日選挙が行われるのは、一九八〇年の選挙以来二度目であった。一般に、ダブル選挙は投票率を上げる効果があるとされている。特に、大都市部になればなるほどその傾向があり、一割程度の増加がみられるといわれる。さらに、このころから、支持政党なし層（「浮動票層」「無党派層」）の動向が選挙結果に大きな影響を与えることが注目されはじめていた。そして、この層は、前述した「保守復調」を支える層であり、支持政党なし層が投票すると、組織票に依存する社会党や共産党に不利な結果が出やすいと考えられていた。

このような効果を持つこのダブル選挙は、一九八三年の選挙の敗北を受けて、中曽根自身が強く望んだことだった。だが、この時期、一九八五年七月十七日に一票の格差問題で最高裁が違憲判決を出したため、中曽根内閣は公職選挙法を改正せざるを得ず、一九八六年五月二十二日に改正案が可決されたばかりであった。しかし、六月二日、中曽根内閣は、藤波孝生国対委員長の戦略が奏功し、臨時国会冒頭で解散に踏み切った。社会党は不意をつかれた形になった。俗に「死んだふり解散」とよばれるこの解散後の総選挙で、自民党は積極的に票の掘り起こしにも努めていた。また、中曽根自身、前回の選挙での過半数割れを挽回すべく、カミソリといわれた後藤田正晴や竹下登ら田中の腹心との密接な関係を築き、浅利慶太《あさりけいた》らのブレーンの「テレビ時代の首相像」の演出を取り入れ、この選挙に取り組んだ。

その結果、自民党は、前回より四五議席という大量増の三〇〇議席、追加公認で三〇四議席となった。これに対し、社会党は「新宣言」を出したにもかかわらず、二七議席を減らして八六議席という大敗を喫した。六〇年代末期から揺らぎ始めていた自民党の「一党優位政党制」は、こうして再び安定を取り戻し、このとき、自民党は新時代を迎えたと考える人も相当に多かった。自民党は、中曽根総裁の任期を延長することでこの功績に報いた。

だが、その新時代の裏側で、個別利益の集合体としての性格を強化しつつ、競争による権力獲得の装置としての性格を著しく後退させ始めていた自民党の「制度疲労」は、静かに、しかし確実に進行していくのである。以下では章を改めてこの点をみていきたい。

特論 戦後政党と日米関係Ⅱ 五五年体制の形成と日米関係（一九五五―八九年）

外交の調整と自民党――日ソ交渉と安保改定 第五次吉田内閣が退陣すると、一九五四年（昭和二十九）十二月には日本民主党（以下、民主党と略称）の鳩山一郎《はとやまいちろう》総裁が首相に就任して新内閣が発足した。民主党は同年十一月、自由党から離反した反吉田派勢力が、改進党などと合流して結成されていたのである。翌五五年二月の総選挙で、民主党は一八五議席を得て第一党となったが、過半数には及ばなかった。同年十一月には民主党と自由党の保守合同により自由民主党が結成された。これに先立つ十月には、両派社会党が統一社会党を結成していた。その結果、自民党と社会党との二党からなる五五年体制と呼ばれる政党政治の枠組みが形成されたことになる。

鳩山内閣が掲げた新たな外交方針とは、吉田外交を向米一辺倒と批判して自主外交を掲げ、ソ連・中国との国交正常化を推進するものであった。これは鳩山民主党政権成立の事情からみて当然取るべき立場であったといえよう。その後、鳩山首相は、一九五六年十月まで三次にわたって組閣し、日ソ国交正常化と日本の国連加盟などの成果を残した。日ソ国交回復については、就任直後から意欲をみせていた鳩山首相に対して、ソ連からも前向きの対応があり、一九五五年六月には、ロンドンで松本俊一全権とマリク全権との間で交渉の開始をみた。しかし、北方四島（歯舞《はぼまい》・色丹《しこたん》・国後《くなしり》・択捉《えとろふ》）をめぐる領土問題で交渉は難航する。マリク全権が松本全権に示唆した二島（歯舞・色丹）返還方式に松本は交渉妥結の期待を持ったが、これに対する外務省の訓令は、重光葵《しげみつまもる》外相

図1 重 光 葵

図2 ダ レ ス

の意向を受けてあくまで四島返還による平和条約締結をめざすべきとのことであった。翌五六年一月に交渉再開となったものの、領土に関する進展はみられず、その後、重光葵外相が八月にモスクワで交渉に当たることとなる。

この推移をアメリカはどのようにみていたのだろうか。アメリカ政府は日ソ国交回復について強く反対することはなかった。しかし、日本が領土問題でソ連に対し過剰な譲歩を行うことには懸念があったのである。一九五六年八月十九日、重光外相はモスクワからの帰途、スエズ運河国有化に関する国際会議のためにロンドンに立ち寄った。ここでダレス米国務長官と会談した重光に対して、ダレスは次のように牽制したのである。ダレスの発言は、もし日本が二島返還でソ連に譲歩した場合、アメリカは琉球に対する完全な主権を主張する、というものであった。琉球に対する潜在主権を持つ日本にとって、これは将来の施政権返還を不可能にする選択肢であった。このことを考えれば、ダレスの牽制は日ソ交渉において二島返還方式への道を実質上閉ざすことに繋がったのである。しかし、同時にダレスは日ソ交渉で日本の立場を擁護する方針をも示していた。つまり、アメリカ政府は、択捉・国後が日本の領土であることは調査の結果、歴史的事実として明らかであるとして、四島返還方式についての日本の主張を明確に支持したのである。これは、ダレス国務長官から谷正之駐米大使宛の覚書（エイドメモワール）のなかで公式見解として伝えられたものであった。こうして、アメリカは北方領土について日本政府を支持しつつ、日本の譲歩を牽制したのであった。

こうした交渉の経緯のなかで、鳩山首相はアデナウワー方式により、領土問題を棚上げして国交回復をめざす立場を固めた。十月に入り、鳩山首相は全権団を率いて自らモスクワ入りし、ブルガーニン首相とともに日ソ共同宣言に調印したのである。その結果、領土問題は未解決のままに残され、平和条約は締結されなかったものの、両国間の戦争状態終了が合意され、漁業問題解決、ソ連による日本の国連加盟への支持などの成果がもたらされる結果となった。この共同宣言調印に対して、アメリカは異論をはさむことはなかった。とはいえ、モスクワからの帰途アメリカに渡り、ニューヨークに立ち寄った鳩山全権団に対して、アイゼンハワー大統領とダレス国務長官は会見を行わなかったのである。これが、自主外交を掲げた鳩山政権に対するアメリカの懸念と不信感の表明であったことは否定することができない。

鳩山内閣の退陣後、短命に終った石橋湛山《いしばしたんざん》内閣に続いて、一九五七年二月、岸信介《きしのぶすけ》が首相に就任、

図3　マッカーサー

岸内閣の発足となった。岸の外交課題は、保守合同以後の吉田外交批判に端を発する自主外交路線を再検討することに焦点が当てられる。つまりアメリカの対日不信に配慮した日米関係の修復が岸の課題となったのである。首相に就任して間もない同年四月、岸は、新任のD・マッカーサー（二世）駐日大使と会談、日米関係についての見解をまとめたトーキング・ペーパーを手交した。その内容には、日米安保条約の見直しの他、沖縄・小笠原の返還なども含まれていたのである。これらの課題のなかで沖縄・小笠原の返還については米軍部の意向により大きな進展がなかったが、日米安全保障条約については見直しの機運が次第に強まった。一九五八年になって沖縄の那覇市長選でアメリカ統治に対して批判的な兼次佐一候補が当選したことは、アメリカ政府に対日政策の再検討を迫る結果につながった。マッカーサー大使は同年二月、条約再検討に当たって骨格となる適用範囲の問題について、従来の方針から一歩踏み出す新たな構想をダレス国務長官に向けて提言していた。従来の方針とは次のようなものである。つまり条約を対等なものにするためには、攻撃を受けたアメリカ領土に向けて日本が海外派兵を行うことを義務付ける必要がある、という方針であった。日本は憲法の解釈上、海外派兵が禁じられており、この義務を果たすことはできない。この点を踏まえて、マッカーサー大使の新たな提言は、「もしアメリカが日本をパートナーとしてもち、アメリカにとって非常に重要な日本の軍事的兵站基地の使用の継続が可能であるならば、かなり限定された地域を除いて日本をわれわれの援助にコミットさせることは不可欠ではない」というものであった。つまり、アメリカが攻撃されたときに、日本からアメリカ領土（たとえばグアム）への支援がなくとも、在日米軍基地使用が可能であれば、新条約締結に向かうという新方針であった。こうして条約における日本の海外派兵義務を免除したことは、新条約の焦点となったのである。

この新たな方針によって大きな障害が乗り越えられた結果、九月に藤山愛一郎外相が訪米、ここから交渉の開始となったのである。国会の警職法審議による混乱で交渉の中断があったが、一九六〇年一月六日には新条約が調印される運びとなった。この新条約は、旧条約（一九五一年九月にサンフランシスコで調印された）と比較して、次のような改善点があった。まず、旧条約では、条約に期限が付けられていなかったことに加えて、在日米軍の日本防衛義務が明記されず、内乱条項、第三国条項などの日本にとって不利な条項が存在していた。新条約は、これらの点を改めて、条約に十年の期限を付し、在日米軍による日本防衛義務を明文化したほか、内乱条項、第三国条項を削除していた。その意味で、外交交渉上の成果に限定して考えれば日本側の要求にアメリカ側が譲歩した側面がなかったとはいえない。

しかし、国会周辺の条約に対する反対運動は、岸内閣に対する倒閣運動の動きを強めながら次第に拡大していたのである。社会党と総評を中心とし、一般市民の参加が拡大するなかで条約反対運動と岸退陣要求は高揚する。国会を取り巻いたデモ隊と警官隊の衝突のなかで女子学生一名の死亡という事態になったとき、岸退陣は避けられないものとなった。岸内閣は、条約成立を待って総辞職したのである。

日ソ交渉から安保改定に至る一九五〇年代後半の日米関係は、政党政治に対してどのような影響を生じたのであろうか。まず、自民党についてみると、保守合同にさかのぼってみられた二つの潮流の接近を指摘することができる。つまり、改進党から民主党系の対米自主外交路線と、自由党・吉田派の対米協調路線が、岸内閣による条約改定で接近することとなった。その際、接近の実態は、対米協調路線による対米自主の包摂といってもよいものであった。何故なら、岸が訪米直前に防衛庁にまとめさせた「国防の基本方針」は、日本の安全保障について安保条約を中心として対応することを明記しており、その点では自主防衛論に示される対米自主路線が次第に退潮したことを示していたからである。皮肉なことに、岸内閣退陣後の後継政権が、憲法改正に向かう発言と行動を強く抑制したことも、注目されよう。岸信介は旧自由党内で吉田外交を批判する立場から保守合同を目指した政治家であった。しかし首相になった岸は、持論であった憲法改正に着手しなかっただけでなく、いわゆる「吉田ドクトリン」を否定することも慎重に避けたのである。結果として、岸内閣期に自民党は、「吉田ドクトリン」を受容し、その定着をみることになった。

最後に政党政治の動向が日米関係全体に与えた影響をみよう。安保改定交渉の成果と、それに伴う岸内閣退陣の経緯は、日米両国政府に大きな教訓を残した。つまり、外務省、国務省はともに、この事態を通して初めて日米関係の政治的基盤について慎重に熟考する必要を確認し、その安定的な運用に配慮することを課題として自覚したのである。これ以降、外交案件を進めるに当たって日本の国会運営と世論に配慮する傾向は国務省に定着する。日米関係を政党間対立の争点にしない、という方針はその後も継続することになった。

デタントと対米協調の深化　安保条約調印後の政治的混乱のなかで条約成立後に岸は退陣を表明し、池田勇人を首相とする新内閣発足となった。一九六〇年（昭和三十五）七月のことであった。同年十一月の総選挙では、安保条約反対運動の熱気がさめたかのように、自民党が二九六議席を得て勝利し、社会党議席は一四五にとどまった。このことは、一九五五年に発足した五五年体制が、次第に自民党の一党優位体制に転じてゆく兆しを示すものとなった。実際、社会党の総選挙に対する立候補者数は、一九六〇年以後二〇〇名を超えることがなかった。社会党は衆院の約三分の一となる一五〇議席の獲得を目標とすることで、野党第一党であると共に護憲勢力として長期的な役割を果たす結果となった。

池田内閣発足の四ヵ月後、一九六〇年十一月にはアメリカ大統領選挙で民主党のケネディ候補が勝利し新政権の発足となる。ケネディ新政権は、ハーバード大教授で日本専門家のE・ライシャワーを新大使に任命した。着任したライシャワー大使は、日米関係の国内的基盤を強化することに努め、社会党、総評、知識人などと接触して、新たな支持層を広げようとした。

日米関係は、この時期以降、高度成長期の日本経済との結びつきを強めることとなる。日米関係のなかで経済的次元の比重が強まったのである。これが具体化したのは、貿易自由化であった。一九六〇年六月には、政府が「貿易為替自由化大綱」を決定し、工業製品については国内産業保護から国際競争への参加をめざす方向に転換したのである。この方向は、一九六四年五月、ジュネーヴで始まったGATTケネディ・ラウンドでさらに加速する。ケネディ・ラウンドは五五ヵ国が参加する貿易自由化交渉であり日本もこれに加わった。一九六七年六月に交渉妥結となったが、これを契機として日本の輸出市場としてのアメリカの存在感が高まった。一九六五年には、日本の工業製品の対米輸出増が本格化し、やがて対米貿易黒字の増加が問題となるのである。

その過程で政党政治にも変化の兆しが生じていた。一つは多党化であり、社会党の低迷とともに、公明党、民社党の中道政党の進出がみられた。加えて、政党政治の争点も多様化し始めた。外交・安全保障分野の政党間対立が次第に背景に退き、環境、福祉など、新たな争点が政党間の争点として登場するようになったのである。地方自治体のレベルでいち早く生じたこの変化は、一九六〇年代半ばには、国政レベルに波及し始めることになる。この傾向が、逆に外交・安全保障政策の行方をも動かすことにつながってゆく。

池田首相の病気による退陣の後、一九六四年十一月には佐藤栄作《さとうえいさく》が首相となり新内閣が発足した。佐藤内閣は、日韓国交正常化、沖縄返還など戦後の日本外交における懸案の解決に取り組むなかで、日米関係の深化を図った。

一九四五年四月の沖縄戦以来、米軍は沖縄の占領を継続していた。沖縄の国際的地位については、一九五一年九月のサンフランシスコ平和条約第三条で、その施政権をアメリカが行使することとなり、日本は沖縄に対する潜在的主権を持つに留まっていた。一九六〇年の安保条約改定時までに、既に沖縄基地への核配備が始まっていた。安保改定交渉では、沖縄を新条約適用地域に含むには至らず、その結果、新条約のもとで導入された事前協議制度は本土基地には適用されたが、沖縄基地には適用されないままとなっていた。こうして、沖縄基地は依然として米軍による自由使用基地となっていたのである。本土基地と沖縄基地の使用に関する格差は、一九六五年にヴィエトナム戦争が本格化したとき、改めて注目されることになった。沖縄の嘉手納空軍基地からはB—52戦闘機のヴィエトナム向け発進が頻繁に行われ、この事態が国会で取り上げられるに至ったのである。沖縄が戦後二〇年を経てなお本土から分離され続けていることに加え、米軍基地の自由使用の実態が明らかになるに従って、国内世論の関心は次第に高まり始めた。

佐藤首相とその周辺のブレーン・グループは首相就任前から既に沖縄問題に関心を示していたが、本格的な施政権返還への取組みの意欲を表明したのは、一九六五年一月の訪米時であった。施政権返還にとって最も困難であったのは、自由使用となっていた沖縄基地をどのような形で日本に復帰させるか、という問題であった。つまり安保条約の事前協議制度を沖縄基地に適用できるかどうかの判断が、難しかったのである。最終的に首相の判断は、事前協議制度を変更することなく、本土と同様に沖縄基地に適用する方針で対米交渉に臨む決意をし、これを一九六九年三月の国会答弁で示唆したのである。佐藤の答弁振りは必ずしも明断とはいえなかったが、保利官房長官が説明を補足した。この方針が当時「核抜き・本土並み」と表現されたものである。つまり、「核抜き」とは返還時に核兵器を撤去して非核三原則を適用し、「本土並み」とは、安保条約の事前協議制度を本土と同様に沖縄基地に適用する、という意味であった。その結果、安保条約について基本的に反対の態度を取ってきた社会党を中心とする野党勢力は、一方では態度を硬化させるとともに、他方では領土回復を願望する世論との間で苦しい立場に立つこととなった。結局、六九年十一月の佐藤・ニクソン会談は、緊急時には事前協議に対して日本が肯定的に応じることに同意した。こうして沖縄の本土復帰が実現をみたのである。その後、返還協定批准国会は野党の反対で荒れたものの、既に多党化していた政党勢力は、公明党、民社党が最終的に批准賛成に回り、返還協定成立となった。

佐藤首相が沖縄返還について「核抜き・本土並み」への国内世論の支持をとりつけたことは、既に進みつつあった講和以来の政党間対立の変容を決定的にした。つまり、外交・安全保障政策分野で保革両陣営が厳しく対立した構図が次第に解消する。これに伴い、安保効用論にみられるとおり、経済的繁栄と大国化現象のもとで安保条約を受容する傾向が生じてきたのである。この変化が日米関係と戦後政党との関わりについての転換点となった。

一九六〇年代の前半は、国際環境における冷戦構造に新たな変化が生じ始めた時期であった。それは米・ソの二極構造が次第に多極化へ向かう変化であった。その一翼を担ったのは日本であった。つまり日本の経済成長にともない西側陣営内部ではアメリカ、西ヨーロッパ、日本の三極構造が存在感を高め始めたのである。冷戦構造のこうした変化のなかでアメリカは日本に対する地域的役割分担を求める立場を強める。これがやがて日米間の経済摩擦につながってゆくのである。

佐藤内閣末期から大平内閣の頃まで、一九七〇年代の日米関係は、多くの試練に遭遇する。政党政治の次元では、福祉政策が重要な争点になるとともに、その財源をめぐって一般間接税など、税制と財政問題に有権者の関心が高まった。政党政治の対立は、外交・安全保障から経済問題に軸足を移しはじめたのである。

一九七〇年代の日米関係は、沖縄の本土復帰によって戦後最大の難問を解消したにもかかわらず予想外の試練に見舞われ続けた。日米双方が相互不信を高める事態が次々に起きたのである。一九七一年夏に訪れた二つのニクソン・ショックは、それぞれ米中接近と、ブレトン・ウッズ協定（一九四四年）以来続いていた金・ドル固定相場制の停止をめぐり、アメリカ政府による一方的政策変更の表明となった。日本政府に対する事前通告はわずか数時間前という事態であったことが、日本の対米不信を醸成したことは否定できない。

他方で、一九七三年十月の第一次オイル・ショックのもとで田中角栄内閣はいち早くアラブ産油国を支持する官房長官談話を発表した。田中の「資源外交」が大国化しつつあった日本の独自性を求める意欲の現われであったことは間違いない。この方針のもとで三木副総理が中東諸国に派遣されたのである。

こうした事態のもとで両国政府の政権交代が日米関係の再構築が図られる契機となった。まず、一九七四年八月には、ウォーターゲート事件で退陣したニクソン大統領に代わり、G・フォード新大統領が就任した。フォード大統領は十一月に現職大統領としてはじめて日本を訪問する。翌一九七五年十二月に発表された「新太平洋ドクトリン」は、太平洋地域におけるアメリカの重要性と、日米関係の重要性を改めて確認し強調するとともに、新韓国条項といわれる朝鮮半島に対するアメリカの立場をも確認した。これは一九六九年八月の「ニクソン・ドクトリン（グアム・ドクトリン）」を微調整し、改めてアメリカの地域的コミットメントを強調する役割を果たしたのである。

日本では、一九七八年末に大平正芳内閣が発足し、その後のカーター大統領との日米首脳会談で、日米関係を「同盟」関係として表現する。大平首相の日米関係に関する取組みは、より広い文脈を持つものであった。内閣発足直後の一九七九年十一月には「環太平洋構想」が掲げられ、これが太平洋地域協力への第一歩となったからである。これは、日米関係をアジア・太平洋の地域的な厚みのなかで再構築し強化しようとする発想であった。

こうして一九七〇年代から八〇年代にかけての日米関係は、相互不信を内包しつつ相対的な安定へ向かった。日米関係、とりわけ安全保障関係そのものが政党間対立の争点となることはほとんどみられなくなった。非武装中立を掲げる社会党の議席が一九五八年の一六八議席を頂点としてその後長期低落傾向に向かったことは、これを裏付けている。こうして保革の対決は緩和された。しかし、新たな課題は日米関係の安定的な運用が微妙な舵取りを必要とする場面が増え、その舵取りと国内的要因との間での調整が必要となったことであった。そうなると、日米関係の安定的運用という課題は、場合によっては自民党の一党優位体制に対して、その統治能力に対する負荷となる傾向が生じてくる。この傾向は、その後長期的にみると、内閣機能の強化と拡充に向かう動きを強め、さらに自民党政権下の政官関係にまで変容を迫るものになってゆくのである。

こうした傾向について、自覚的であったのは中曽根康弘《なかそねやすひろ》であった。中曽根内閣期に実現した内閣官房改組では、官房に外政審議室、安全保障室を新設する案が発端となった。最終的には内閣に五室を置く制度となったが、この時期にはまだ官僚機構による抵抗は大きいものがあり実質的な役割を果たすには至らなかったようである。しかし、その後、一九八〇年代末の冷戦終焉を迎えて、自民党政権には日米関係の安定的維持に向けた政治的負荷が課せられる場面に直面するのである。

五　政治改革と政界再編（一九八六―二〇〇九年）

1　八〇年代の自民党

日本がバブル経済に突入し、空前の経済繁栄を謳歌し始めるのは、前章で述べた中曽根康弘内閣のおわり、一九八六年（昭和五十九）ごろからである。八〇年代にはいると、対米輸出が対日輸出を上回り始め、八五年のプラザ合意を境に、かつてないほどの円の価値が高まっていく。また、八〇年代後半から日本を売ればアメリカが三つか四つ買えるといわれたほど地価も高騰し、巨大な投機ブームも起きた。日本はこの八〇年代後半に繁栄の頂点を迎えたといってよい。

そうした繁栄と符合するかのように、自民党の「一党優位政党制」も、七〇年代の危機を乗りこえ、さらなる繁栄に向かって歩み始めたように思えた。現在も参照される自民党研究の古典が国の内外で相次いで書かれ、「自民党システム」とでもいうべきその仕組みを高く評価する研究が現れるのもこのころからである。確かに、戦後日本政治の仕組みは、「欧米標準」のデモクラシーではないかも知れなかったが、それでもその効率性と合理性は、日本を二度のオイルショックの痛手からいち早く脱却させ、世界経済をけん引するだけの経済大国に成長せしめた。それは低成長にあえぐ先進国をある意味で嫉妬させせつつ驚嘆させるに十分な成果をあげたのである。

しかし、バブル経済も自民党システムも、盤石ではなかった。米ソ冷戦の終焉に追随するかのように九〇年代初めにはバブル経済が崩壊し、時を同じくして自民党も下野する。そして、日本は、長い不況の中で政治改革と数々の政党が乱立しては消えてゆく政界再編が並行して進んでゆく時代に突入する。本章では、この政治改革と政界再編の第一の成果を自民党が下野した一九九三年（平成五）の政変に、第二の成果を二〇〇九年八月の総選挙、つまり、自民党が結党以来初めて衆議院第一党の座を降りるときにおいて、八〇年代半ばからの政党史を論じていきたい。

図1　中曽根康弘

田中支配の終焉と世代交代　さて、一九八〇年代以降の自民党を語るにあたり、まず触れておきたいのは、このころの自民党が結党以来何度目かの「世代交代」の時期を迎えていたことである。その起点は、大平内閣成立後から一〇年に及び自民党を支配し続けていた田中派が事実上消滅した一九八五年（昭和六十）ころに置くことができる。

もっとも、田中派の動揺それ自体は、一九八三年の総選挙の頃には明らかになっていた。前述のように、ロッキード事件の第一審判決が出されたあとの十一月の総選挙で手痛い敗北を喫した中曽根が、十二月十四日、「いわゆる田中氏の影響を一切排除する」との声明を出して、党内の混乱を収拾しようと試みたのである。日本の最高権力者である自民党の総裁たるものが庇護者の影響力を自ら認め、それを排除することを宣言するというのはかなり異例なことである。逆にいえば、この声明は、自民党内に田中支配に対する強い疑念と批判が生まれていることを示していた。

また、翌年の総裁選でも、依然として田中の影響下にあるとみられていた中曽根の再選を阻止しようと、福田赳夫《ふくだたけお》・鈴木善幸《すずきぜんこう》らが田中派の二階堂進《にかいどうすすむ》を擁立しようとした。ここには、田中の了解を得ないまま、田中の信頼が最も厚い二階堂を擁立することで田中派を骨抜きにする狙いがあったといわれる。結局、何度か試みられる二階堂擁立は、田中の強い反対で終わりを告げた。しかし、重要なことは田中派の中から田中の了解を得ずに独自の行動を行う人物が生まれてきたことであった。

こういった田中派内部の動揺の過程で、田中から二階堂・竹下登《たけしたのぼる》・金丸信《かねまるしん》らの世代に田中派の実権は移動し始めていく。田中派の若手議員でその後の政局の中心となる竹下・金丸に加え、小沢一郎《おざわいちろう》・羽田孜《はたつとむ》・梶山静六《かじやませいろく》・小渕恵三《おぶちけいぞう》・橋本龍太郎《はしもとりゅうたろう》らが築地の料亭「桂」に集合し、竹下を総裁候補に擁立しようとしたのは、二階堂擁立が挫折し、中曽根再選が決定した直後の一九八四年十二月である。そして、彼らの手によって、田中派の中から「派中派」というべき「創政会《そうせいかい》」が一九八五年二月旗揚げされる。結果的には田中の締め付けが奏功して四〇人での出発となったのだが、当初は一二〇人を擁する田中派から八五人もの参加が予想されていた。

すでに述べたように、自民党史上初めての一〇〇人を超える大派閥となって栄華を誇っていた田中派が、こうして内部から揺らぎ始めたのは一体なぜだったのだろうか。その理由は実はきわめて単純であった。自らは政権に就かないまま自民党を、そして日本政治を支配するという田中支配方式に対する不満がそれであった。派閥が総裁を生む「権力の道具」なのであれば、総裁候補のいない派閥は中心を失い、求心力を発揮できない。田中は自分が将来の総裁候補だと思ったのかも知れない。このような動きが自派に生まれても、田中はまだ危機を悟っていなかったといわれる。ようやく竹下らの企図を感じ取ったころにはすでに手遅れだった。一九八五年二月十三日、創政会の旗揚げを報告した竹下に対し、田中は「いやいいんだ、同心円で行こう」と語ったとされるが、田中派の円の中心はすでに竹下という総裁候補に移っていた。そして、その直後の二月二十七日に田中が倒れたことで、田中派は事実上の終焉を告げたのである。

こうした田中支配の終焉を序曲として、一九八六年から八七年にかけて、自民党派閥の再編成が一挙に進むこととなった。中曽根内閣末期からは、ポスト中曽根をめぐって自民党内にさまざまな動きが生まれていたが、ポスト中曽根を狙う動きの中で、福田派が安倍晋太郎《あべしんたろう》に、鈴木派が宮沢喜一《みやざわきいち》に継承されるのは八六年であり、中曽根の任期が切れる一九八七年には、再び二階堂が総裁選に出ると宣言するものの、田中派のほとんどは改めて竹下を支持し、同年七月に経世会が旗揚げされる。八六年の選挙で増大した竹下派は総勢一四〇人にも膨れあがっていた。そして、一九八七年十一月、その竹下がポスト中曽根の総裁に指名されたことで、自民党派閥の世代交代は誰の目にも明らかとなったのである。

八〇年代の派閥再編成

ところで、八〇年代の派閥再編はいくつかの特徴を持っている。以下では井芹浩文『派閥再編成』を参考にその特徴をまとめていきたい。

第一の特徴は、竹下派＝経世会をのぞき、実質的に派閥の会長が変わっただけで、派閥の継承がほぼ平和裡に行われたということである。それまでの自民党の派閥は、総裁選の結果や領袖の死去による盛衰を免れなかったし、世代交代は派内での激しい闘争や他派閥との吸収合併を伴うことが普通だった。それは、派閥が総裁選に勝ち抜くための実力者たちの道具であれば、当然のことであった。

しかし、このころの派閥は、そういった性格を変化させていた。竹下らにしても、本音はそもそも田中の引退にあって、田中派の平和裡の継承を目指していたのだといわれている。つまり、リーダーがいて派閥があるのではなく、派閥があってそのリーダーがいるという図式が次第に成立し始めていたのである。田中派を例にすれば、田中がいて田中派があるのではなく、田中派が存在する限り、そこには中心となる総裁候補がいなければならないという発想が顕在化し、竹下派が生まれたわけである。そこには、六〇年代後半、政治家の個人後援会が二世議員を生み出していったのと同じ論理、すなわち「組織防衛」と「既得権益擁護」の論理が生まれていたと考えられる。その究極の形は、平和裡に派閥の継承が行われることであったのは理解しやすい理屈であった。

第二に、そのような「組織の論理」に目覚めた派閥は、必ずしもリーダーの意のままになる組織ではなくなっていたことである。つまり、リーダー中心ではなく、組織中心の派閥運営が始まって行くのである。組織中心での運営は、所属議員に平等感や参加する満足感を与え、派の一致団結を可能にしやすいという利点を持つ。田中派における、猪突猛進型のリーダー田中から利害調整型の竹下への転換は、この派閥の性格変化を象徴しているといえるだろう。

こうして「オーナー」のための組織から所属議員のための組織となっていく派閥は、同時に機関中心的な組織整備を着々と進行させていく。その象徴は、各派が事務総長という役職を置いたことである。このポストは、田中派が一九八三年に小沢辰男《おざわたつお》を初代の事務総長に据えたことに始まるとされる。しかも、設置当初から、事務総長ポストは派内抗争の要とみなされるようになっていた。鈴木善幸から宮沢喜一への継承の際の宏池会《こうちかい》でも事務総長の更迭があったし、福田赳夫から安倍晋太郎への派閥継承の際に、清和会では三塚博《みつづかひろし》と加藤六月《かとうむつき》の確執が噂された。中曽根派内でも藤波孝生と渡辺美智雄《わたなべみちお》の確執があった。これらの争いは、派閥内で実力をつけるキャリアパスとして、設置当初からこのポストが重要であったことを意味している。

また、事務総長の役割は、派内の閥務の処理だけではなかった。事務総長はたびたび政局の舞台回しを行うようになっていく。竹下総裁誕生のときには、藤波孝生の発案で「師走会《しわすかい》」と名付けられた事務総長の定期会合が始められるが、事務総長が頻繁に会合を開き意見の調整に当たったということは、事務総長が、派閥間の利害関係の調整を通して、党全体の意志決定を調整する一つの役割を与えられたということを意味する（『藤波孝生オーラルヒストリー』）。

さらに、派閥の調整役となった事務総長の下で、派内機関も整備されていった。その原型も田中派にあったとされる。田中が病気で倒れてからの田中派運営の最大の焦点は、今後の派閥の意志決定はどこでなされるかにあったのだが、一九八六年の選挙後には、「常任幹事会」という意志決定機関を設置し、総務局・政策局・事務局などの局制をしいた。派閥の決定は、ボトムアップで、しかも集団体制で決定されることが合意された。経世会発足後、竹下はこの機構をそのまま継承した。宮沢派や中曽根派が設置した委員会制も、これと類似の集団指導・集団決定という発想に基づくものであることは明らかである。また、各派閥に年次別・当選回数別の親睦組織が結成され、派閥の管理の下で、一定の結束を維持していくのもこのころである。その原型もまた田中派にあった。田中が大平内閣の後ろ盾として政局にてこ入れを始めたころ、田中は「七日会」という新人代議士の組織を作っている。これは年次別で派のメンバーを分断管理する方法でもあったのだが、その方法が広く整備されたのがこのころであった。

こうした組織化が至るところで進行すると、派閥の入会と脱会も厳格になる。自民党派閥の性格変化として、この点を第三に指摘したい。入会脱会を厳格にするということは、派閥が他派の動向を鑑みながら組織防衛に取り組み始めたことを象徴するできごとである。当然、派閥の目が張り巡らされ始めた自民党で無派閥でいるということは困難になっていき、七〇年代には二〇人前後いた「無派閥」や二派以上にまたがるいわゆる中間派議員は、八〇年代半ば以降はゼロになってしまうのである。

自民党の総裁選と密接な関係を持ちながら整備されていった自民党の派閥は、何よりも、自派から「自民党総裁」という権力者を創出するために存在していたはずであった。しかし、八〇年代の自民党派閥は、高度に組織され、合理化され、既得権益の擁護を第一の目的とし、所属議員の努力にみあった利益を分配することを第二の日的とするものに変化していった。これは、井芹浩文がいうように、「株式会社化された派閥」とでもいうほかないものである。しかも、そうした派閥には、従来にもまして熱心な日常活動が必要となり、一九八六年には、田中・鈴木・福田・中曽根・河本の五大派閥への政治献金の総額は八一億一〇〇〇万円と、前年の五一億一〇〇〇万円を大きく上回った。それだけではなく、派閥と後援会（政治家個人）の収入合計が、なんと「政党」としての自民党の収入を初めて上回ったのもこのころだった（石川真澄・広瀬通貞『自民党―長期政権の構造』）。党の存在をさまざまな意味で凌駕するような派閥の存在感は、確かにそれ以前からみられたものであった。しかし、ここまで合理化された、党の存在を完全に凌駕する派閥の登場は、この時期における自民党の変貌を如実に示していたといえるだろう。

「自民党システム」とは何か　ただ、注意すべきは、「株式会社化」され、極度に合理化されたこのシステムは、類稀なる調整力を生み出すこともできたことである。たとえば、一九八七年（昭和六十二）十月、総裁中曽根康弘から指名を受け、総裁に選出された竹下登は、八八年十二月、大平・中曽根が挫折した税制改革（消費税導入）を、世論の反発や廃案の予想を覆して成功させた。竹下は、この税制改革に執念を燃やした。その結果、竹下内閣の支持率は八％あまりと極端に落ち込んでしまうが、竹下はそれを意に介さなかった。これは竹下内閣が後世に誇るべき功績であり、余人を持って代え難いものだった。

後藤田正晴は、辛抱強く、細かな気配りをして、仕事の本丸を落とすために周辺の堀から埋めたてていく竹下のその手法に素直に驚嘆している（後藤田正晴『情と理』）。竹下自身は、そういった自分の調整力を「ハーモナイゼーション」力と呼び、「ハーモナイゼーションもガバナビリティの一つ」と自ら語っている（竹下登『政治とは何か』）。もちろん竹下の人柄や手法にもみるべきものが多かった。しかし、竹下の類稀な調整能力の背景には、幾重にも調整がくり返される、合理化の極致に到達した「自民党システム」があった。

もちろん、「自民党システム」なるものは、憲法の規定や、日本政治の伝統、文化をも包み込んで成立している。そのシステムの主な特徴といわれるものを掲げてみると以下のようになろう。

①国際比較の上でも例外的に巨大な党本部組織、特に省庁別にきめ細かく組織化された政策決定機構

②派閥の連合体としての自民党

③たとえ党を離れても代議士が当選することすら可能な後援会組織の存在

また、この他にシステムを成立させる重要な要素として、

①官庁に影響力をもち、社会の利害関係を国家の政策に結びつけることのできる「族議員」の存在とそのような政治家を利用する「政治的官僚」の存在

②対立があっても排除しない、慎重なボトムアップとコンセンサス重視の組織運営

③当選回数で合理化されたキャリアパス

といった点を指摘することもできよう。

これら一つ一つの要素の詳しい分析については、野中尚人『自民党政治の終わり』などの文献に譲る他ないが、これらの諸特徴は、前章でも触れたように六〇年代後半から七〇年代にかけての自民党に原型を求めることが可能である。しかし、これらの特徴が八〇年代に確固たる慣例となり、制度化されて、「完成体」に近づいてゆくのである。

竹下派支配　また、田中の遺産を最も直接に継承した竹下は、このようなシステムを前提に、後見人として自民党を支配する手法も受け継いでいる。一九八九年（昭和六十四）一月の天皇崩御をはさみ、四月二十五日に退陣表明した竹下は、後述する九二年の竹下派分裂まで、宇野宗佑《うのそうすけ》・海部俊樹《かいふとしき》・宮沢喜一の三人の総裁の選定に決定的な影響力を行使した。これは、「竹下派支配」「二重支配」などと呼ばれることとなる（朝日新聞社政治部『竹下派支配』）。

つまり、自民党の絶頂から冷戦終結・バブル経済崩壊の時期まで、自民党の最高権力者の地位につくためには、派閥の大きさもその派閥の長の政治理念も、究極的には派閥の領袖であることすら、重要な要素ではなかったのである。この権力構造は、慣例であるとも制度であるともいえないものである。しかし、「非主流派はあっても反主流はない」という言葉に象徴される、当時の「総主流派」時代の自民党派閥の背後で党、そして国の権力の所在を決めたのはこの構造であった。

これは、もはや「疑似政権交代」のシステムですらないことは明瞭であった。そして、このころから、衆議院第一党として行政権を手にしているはずの自民党が、ときおり時の内閣から自律した行動すらとるという奇妙な体制が殊更に強調されるようになる。のちに「政府・与党の二元体制」などと呼ばれるこの権力構造の背景には、田中・竹下と続く「二重支配」が存在していたのである（飯尾潤『日本の統治構造』）。

この権力構造に支えられた「自民党システム」が、日本政治の劣化にきわめて大きな影響を与えてゆくことは見逃すことができないだろう。この時期以降の日本政治の最大の問題は、リーダーシップの欠如にあるといわれるが、既得権益を擁護することを目的とする派閥が繰り広げる談合政治からは、国際環境・経済条件・複雑化する日本社会に適応する「創造的なリーダーシップ」は生み出し得ず、与党自民党の総裁であり、一国の総理総裁となるものが誰かに「庇護される者」であってみれば、彼に大胆な決断など望むべくもなかったのである。

2　一九九三年の政変へ

改革者・小沢一郎の登場　もちろん、このような状況に危機感を覚えた人物が自民党にいなかった訳ではない。羽田孜《はたつとむ》がその一人である。また、知事出身ではあるが、細川護熙《ほそかわもりひろ》もそのような人物の一人であるといえるだろう。また、小沢一郎もその一人である。毀誉褒貶の激しい小沢の足跡を評価するにはまだ早いが、少なくとも一九九三年（平成五）の政変までの道筋を彼抜きに語ることは不可能である。一九八〇年代後半から、一九九三年の政変に至るまでの政党史における小沢の功績は三つあるといえる。第一が自民党を分裂させる推進力となったこと、第二がその際に「政治改革」を政界再編の軸としたこと、第三に連合形成の立役者となったことである。言い換えれば、小沢は自民党を政権の座から引きずり下ろす原動力となり、それ以降の政治改革の潮流を作り上げた人物の一人となっていくのである。以下では、まず、他の多くの改革者たちの足跡と重ね合わせながら、一九九三年の政変に至る彼の足跡をみていく。

政治改革の時代の現実　ところで、竹下内閣成立から宮沢喜一内閣総辞職までの六年弱の政界は、自民党のさまざまなスキャンダルが露呈し、多くの混乱がみられた時期であった。また、この時期には社会党の躍進もみられた。この一つの区切りは、一九八九年（平成元）八月九日の海部俊樹内閣の成立にあった。

竹下内閣は、副総理・蔵相宮沢喜一、外相宇野《うの》宗佑《そうすけ》、官房長官小渕恵三など世代交代後の派閥の領袖を得て、一九八七年（昭和六十二）十一月六日に成立した。「ふるさと創生」の提唱や新型間接税の導入、また対外関係では日米経済摩擦打開などに尽力するものの、八八年六月以降のリクルート事件の進展に追われることとなる。リクルートコスモス社の未公開株を公開前に政官財の有力者に譲渡し、多大な利益を得させたとされるこの疑獄事件は、竹下首相らの政府与党首脳や上級官僚にまで波及した。八九年一月七日、天皇が崩御し、新元号が平成と決定され、二月二十四日の大葬の礼をつつがなく行った竹下内閣は、四月一日に消費税の実施を見届けた後、四月二十五日に辞任を表明した。

竹下の後を受けて、八九年六月二日の自民党両院議員総会で総裁に選出されたのは宇野宗佑である。しかし、就任直後、七月二十三日に行われた参議院選挙では、消費税問題、リクルート・スキャンダ

図2　竹下内閣

図3　宇野内閣

ル、そして宇野の女性問題が三点セットとなって、自民党の議席数は、一一一議席と参議院過半数の一二七を大きく割り込むこととなった。その責任を負う形で宇野は辞任し、わずか二ヵ月の短命内閣に終わった。

他方、このころの社会党は、八六年の総選挙後に石橋政嗣委員長を継いで日本史上初の女性党首となった土井《どい》たか子の人気も大いに効果があり、いわゆる「マドンナブーム」を引き起こしていた。また、社会党系の総評、民社党系の同盟に加え、共産系の新産別、そして中立系の中立労働組合連合会議（中立労連）の労働四団体が、八九年十一月に日本労働組合総連合会（連合）の創設にこぎ着けていた。七八単産、八〇〇万人の労働者を擁するナショナルセンターの連合は、社会党と民社党の共闘を模索し、八九年の参議院選挙では「連合の会」（のち民主改革連合）を結成し、野党統一公認候補として一一人の当選者を出していた。

その結果、参議院での与野党勢力の逆転現象が初めて生まれることとなった。参院選の後の首班指名では、衆議院では海部が、参議院では土井たか子が首班に指名される現象まで起きていた。四一年ぶりに両院協議会が開催され、海部俊樹が組閣する。さらに翌一九九〇年二月十八日の総選挙でも、社会党は八六人から一三九へと躍進し、自民党は辛うじて二八六議席の安定過半数を維持するものの一八議席を減らしている。選挙後、二月二十七日に特別国会で海部俊樹が首班指名され、翌日第二次海部内閣が成立するものの、自民党批判、そして社会党の躍進は顕著であった。

改革の気運　小沢一郎が自民党政権を支える存在として頭角を現していく時代とはこのような時代であった。小沢は、田中角栄の早逝した息子と同い年（一九四二年生まれ）だったこともあり、田中から実の息子のように可愛がられ、政治家としてのスタートを切った。田中派が竹下派となってからは、政治資金の管理から閣務まで絶対的な信頼を寄せられる存在となり、竹下内閣期に官房副長官となってからは、まだ四十代であった小沢は、めきめきと頭角を現していった。また、竹下内閣期の日米経済摩擦交渉でもその手腕が発揮された。そして、海部内閣成立時には、金丸信の推薦で幹事長に就任し、党内の誰からも一目置かれる存在となっていたのである（朝日新聞政治部『小沢一郎探検』）。

こうして「自民党システム」をその絶頂期に体験することとなった小沢が、「自民党が消えてなくなることになってもやむを得ない」（九〇年四月十四日）とまで語るのは、海部内閣を支えた幹事長時代のことであった。その背景には、冷戦の終結による国際環境の巨大な変化があった。すでに既得権益擁護に邁進し始めていた「自民党システム」の変貌の必要性を、小沢は田中スキャンダルのころには感じていたという。特に日米経済摩擦をかかえ、他方で湾岸戦争などをめぐって国際社会での新しい役割を期待されるようになっていたこの時期、「足して二で割る」日本政治、その「ぬるま湯」に浸っている日本政治の危機を、竹下支配の中核として嫌というほど痛感した小沢は、痛いほど感じていたのである（五百旗頭他『九〇年代の証言　小沢一郎』）。

その小沢にとって幸運だったのは、このときに金丸信という後ろ盾を得たことである。それは、前章で触れたような「五五年体制」形成時における岸信介と三木武吉の関係に似ていたかも知れない。金丸は、リクルート事件で派閥の領袖たちが軒並み疑惑の対象になる中で自然と浮き上がり、経世会の会長にまで上り詰めていたが、同時に自分をないがしろにする竹下に対する反発を強めていた。この金丸が、実は「政界再編」への地ならしを行っていた。八九年の参議院選挙直後、金丸はこういった国際的危機の中では「挙党一致内閣くらいは必要だ」と考え、長く対立してきた（実際は「馴れあい」であり、国際政治に長けた金丸はその実態もよく知っていたのだが）自社両党が妥協する「自社大連立」を掲げたのである。もっとも、小沢は「自公民路線」による政界再編を模索することになるので、二人の間では目指す政権の組み合わせが異なっていたことになる。小沢は、社会党を包囲する公明・民社両党との提携を形成することで、参議院の過半数を得た社会党との馴れあいを排除し、衆参ねじれ国会の作り出す政局を乗り切ろうしていた。しかし、国際社会の激変の中で「自民党システム」の変革を目指した点で彼らは共通していたのである（内田健三他『大政変』）。

政治改革という軸　また、このころには政治改革という課題が政治の争点に急浮上し始めた。自民党には政治改革推進本部が発足している。これは、一九八八年（昭和六十三）十二月、リクルート事件などへの激しい世論の反発を受けて発足していた政治改革委員会（後藤田正晴委員長）が、八九年（平成元）五月十九日に「政治改革大綱」を答申し、解散したことを受け、その後身として発足したものである。後藤田が副本部長を務めて実質的な主導権を握っていたが、事務局長には後の政界再編の中心の一人となる武村正義が就任した。小沢が政治改革に熱意をみせ始めるのも、幹事長となってまもない八九年夏のころであったといわれている。

もっとも、この後の政治改革の中心には「選挙制度改革」が据えられることとなって、政治改革は選挙制度改革に矮小化されたと批判されることとなる。しかし、選挙制度改革自体は、そもそも政治家自らが選出されるルールを変えることであり、それが「自民党システム」を支える根幹の一つを切り崩すことは明らかであった。一九九〇年二月の総選挙後、自民党選挙制度調査会会長に羽田孜が就任する。この後、羽田は選挙制度改革にまさに取りつかれたように専念し、政治改革大綱の法案化の作業、九一年七月の政治改革関連三法案の党議決定、八月の臨時国会提出など、一連の改革の主導者であり続けた（伊藤惇夫『政党崩壊』）。

他方、「今の政治体制は惰性でしかない」「全く機能しなくなったものを変えるには、このどっぷりつかったお風呂をぶっ壊す以外にはない」(前掲『小沢一郎探検』)と考える小沢は竹下登との対立を強めていく。だが、竹下派支配を受けつづける海部内閣は、指導力のなさを露呈してゆく。特に、一九九〇年八月のイラクによるクウェート侵攻に端を発した湾岸戦争への協力方針決定の遅延による国際世論の批判と、国連平和維持活動(PKO)協力法案に対する国内世論の反対は決定的であった。九一年十月の政治改革関連三法案の廃案が決定打となった。羽田と小沢は、竹下の代貸しであった梶山静六とさまざまな場面で対立していく。また、政治改革を推進する以外に政権を維持することができないと考える海部は、解散総選挙に打って出て政治改革関連法案を成立させようとした。しかし、

図4　海部内閣

小沢はそれを阻止したといわれる。もし解散ともなれば、新たな竹下派支配が現出することは間違いなく、それでは政治改革は実現しないと考えたからである。奇妙にねじれた論理であったが、こうした政局の中で「政治改革」というスローガンがいやおうなく争点化してゆくことになるのである。

宮沢内閣の成立　そして、一九九一年(平成三)十一月、竹下派の後押しで後継総裁となった宮沢喜一は、党内外の世論を配慮して「政治改革」に取り組む姿勢を示す必要に迫られる。実際、宮沢内

閣は政治改革問題と切っても切り離せない内閣となってゆく。

もっとも、自民党の十五代目の総裁となった宮沢率いる内閣は、久しぶりの本格内閣となることが期待されていた。冷戦後の日本の国際貢献の試金石となったＰＫＯ問題がその最大の課題であり、またバブル経済崩壊への対処も緊急の課題だった。これらの大きな政治課題に答えることが宮沢内閣には期待されていた。しかし、海部内閣同様、竹下派支配からは逃れ得ず、閣僚や党役員人事さえ実質的に竹下派に一任せざるを得なかった。宮沢個人ではいかんともしがたい力学が自民党をがんじがらめにし、リーダーシップ発揮の阻害要因となっていたのである。

図5　宮沢内閣

これに対し、社会党では一九九一年四月の統一地方選挙敗北の責任をとり、委員長の土井たか子が辞任を表明し、七月二十三日に田邊誠《たなべまこと》が委員長に就任していた。その社会党も、必ずしも有権者の支持を得ることができず、九二年七月二十六日の参議院選挙では、自民党七〇、社会党二二議席となり、社会党は再び低迷していった。自民党にとってみれば、これは安堵すべき傾向であった。
だが、そのような中で、同年八月から九月にかけて東京佐川急便による政界への違法政治献金事件が起こった。竹下登と暴力団の癒着（いわゆる褒め殺し事件）が明るみにで、金丸信が佐川急便から五億円の裏金を受け取っていたことが暴露された。戦後の数ある汚職事件の中でも特異といえるこの事件は、宮沢内閣はおろか自民党そのものを揺るがす問題に発展する可能性があった。しかし、当事者の金丸は、リクルート事件の際の政治家たちとは異なり、あっさりと罪を認め、経世会会長を辞任し、十月十四日には議員辞職まで敢行する。金丸には、リクルート事件で二審有罪となった藤波孝生同様、自分の政治生命を犠牲にすることで自民党の危機を救おうという一種の美学があった。しかし、この行動もたび重なる政治家の不祥事に対する国民の不信を押しとどめることはできなかった。こうして、「政治改革」は、ただのお題目で終わらせる訳にはいかない政治課題として再認識されてくる。

また、金丸亡き後の竹下派も動揺を免れなかった。竹下は金丸辞任後の後継会長に小渕恵三を指名するが、小沢は政治改革をめぐる盟友・羽田孜と行動をともにする。結局、この対立は解消されずに、一九九二年十二月、経世会は小渕派と改革フォーラム21を名乗る羽田派に分裂することとなった。田中派を割った竹下は、今度は羽田と小沢に、自派を分裂させられることとなったのである。

しかし、宮沢改造内閣において、改革を掲げる羽田派は冷遇され、幹事長には竹下の代貸として梶山静六が就任した。宮沢内閣の政治改革は、こうして竹下派の主導するものとなった。自民党は、梶山の主導の下、「単純小選挙区案」を掲げ、野党は「小選挙区・比例区併用案」を掲げた。九三年一月の通常国会ではこの両案が激突し、廃案になることが予想されていた。しかし、それは仕組まれた激突であったともいえた。つまり、この両案の激突から廃案へというプロセスは、自民党と野党がともに望むものであり、自民党の主流も野党も、本音では改革を回避し「現状維持」を想定していたというのである。自民党と野党が「対決」を演出しつつ、本音では既得権益を維持するという仕組みは、ここでも健在だった。

こうした状況のなか、同年三月、新たな衝撃が自民党を襲った。議員辞職した金丸信が、ゼネコンなどから一八億五〇〇〇万円に及ぶ巨額の資金を受けながら申告しなかったという大規模な脱税疑惑が持ち上がった。これが金丸逮捕にまで発展することとなる。世論は激高し、「政治改革」は待ったなしの課題となった。五月三十一日には、宮沢がテレビで「(政治改革は)やります。私は嘘をついたことはありません」と断言する。しかし、梶山幹事長は、選挙制度に関する野党との妥協を拒否することを決定し、予想されたとおり、政治改革という名の選挙制度改革の廃案は確実となった。六月十四日には、梶山が「政治改革は次の参院選後」との見解を提示するにいたる。野党だけではなく、羽田派もこれに反発し、六月十八日野党が衆議院に宮沢内閣不信任案を提出すると、内閣不信任案が可決されてしまうのである。

図6 羽田孜

新党の結成 こうした自民党内部の権力対立のプロセスは、まさに「優位政党」の末期的姿であった。改革者としての羽田孜と小沢一郎が、羽田派の自民党離党、そして新党結成を視野に入れ始めたのは、羽田派の立上げの頃からだといわれているが、このころから社会党との提携も考慮に入れ、連合の山岸章との接触も始めていたといわれる。そこには、ただ離党し、小政党となるだけでは政界に何の影響も与えないと知っていた小沢の現実主義的な態度が明らかである。宮沢内閣不信任案に、羽田派が自民党内から賛成したのは、こういった離党・新党結成の動きの表れであった。そして、不信任案可決後の一九九三年（平成五）六月二十三日、羽田派四四人は離党し「新生党」を結成した。巨大政党を割るという決断は結局挫折するという見方もあったが、羽田派は一人も脱落者を出さずに新党結成にこぎ着けた。このとき彼らを結びつけていたのは「政治改革」という共通の目標であった。そして、このとき、自民党は史上初めて派閥が党を分裂させるという事態を迎えることとなったのである。

このころには、自民党への不信感、そして社会党への失望から、新党結成が相次いでいた。新党ブームのさきがけは、九二年五月七日に結成された日本新党であった。日本新党は、熊本県知事だった細川護熙が「自由社会連合」結成を宣言し（『文藝春秋』一九九二年六月号）、党名を公募するという、きわめて斬新な手法を用いて結成した政党だった。細川は、当時着目され始めていた「無党派層」を取り込み、同年七月の参院選挙では、彼自身を含む四名を比例区で当選させていた。

また、自民党内にも「ユートピア政治研究会」という派閥横断組織が存在していた。これは、かつて新自由クラブのブレーンでもあった田中秀征《たなかしゅうせい》、そして後に民主党の創設者となる鳩山由紀夫《はとやまゆきお》、その政策委員長を務める簗瀬進《やなせすすむ》らが、細川同様知事出身者であった元自治官僚の武村正義を中心に結成したものであった。彼らも、宮沢内閣不信任が可決されると、一九九三年六月二十一日、武村をトップに「新党さきがけ」を結成している。

さらに、江田三郎亡き後、一桁台の議員数に低迷していた社民連に所属していた菅直人も、一九九二年十一月、江田三郎の息子・江田五月を会長に担いで政策集団「シリウス」を結成していた。これは、新党とはいえないものの、後に「ニューウェーブの会」（一九九〇年結成）を母体とする若手社会党議員たちと呼応して社会党との合同あるいは革新系の新党結成を目指す動きとして注目を集めた集団である。この菅は、一九九四年一月には社民連を離党してさきがけに入党し、この後の政界再編の重要人物の一人となっていく。

非共産・非自民の連立政権の成立　こういった「新党ブーム」が、宮沢内閣不信任案可決後に行われた、一九九三年（平成五）七月十八日の総選挙で有権者の好感を得ることとなった。羽田孜の率いる新生党は五五議席と大幅に伸長し、はじめて衆議院選に候補者を立てた日本新党も三九議席（このとき細川護熙は衆議院に鞍替えする）と大量議席を獲得し、新党さきがけも一三議席と三割増となっていた。

羽田派、武村正義らの離党ですでに二二二人に議席を減らしていた自民党が、この選挙で過半数を確保できないことは総選挙前からほぼ明らかであった。このとき、自民党は二八五人の候補者を立てたが、これは定数の五八％に過ぎなかった。結果、自民党は過半数を完全に失うことになるが、実は、議席数では一議席を増やし二二三議席であった。依然として衆議院第一党は、自民党であった。この結果は、政権を狙う自民党にとっては明らかに有利だった。つまり、この選挙の結果、反自民連合が成立するか、野党の足並みが揃わずに野党との連合で自民党政権が成立するか、微妙な情勢となったのである。

その情勢を打開したのは、新党ブームの火付け役たる日本新党とさきがけが統一会派を組むことに合意したことであった。総選挙から五日後の七月二十三日、細川と武村は、小選挙区・比例区併立制を骨子とする選挙制度改革などの政治改革の基本政策を掲げ、本年中の法案成立を公約とする政治改革政権の樹立を宣言したのである。この間、自民党は、連立政権を目指して彼らとの接触を繰り返したといわれるが、結局、政治改革法案の成立を容認しながらも、「本年中の成立」を「可及的速やかに」とする修正にこだわって合意には至らなかったといわれる（久保亘『連立政権の真実』）。これでさきがけと日本新党は反自民側につき、自民党の連立政権ではなく、反自民の野党連合が組まれることが決定した。

ところが、野党連合結成にはもう一つの難問があった。このときの連合内部の力学を考えれば、野党第一党である社会党から首班が出るのが自然であった。社会党は片山内閣以来四六年ぶりに政権を取るチャンスを手にしたことになる。

しかし、九三年の総選挙での社会党の敗北感は深刻だった。自民党が議席を減らさず、新党が軒並み議席を増やした分、社会党は、一三七から七七へと議席を半減させていたのである。国民は、社会党に対して実に厳しい批判を下していたといえた。また、社会党が連立に参加するためには、選挙制度案、憲法問題、外交・安全保障、そして歴史認識など、多くの点で他党との合意が必要であった。

新宣言を出したとはいえ、依然として党のイデオロギーにこだわり続ける社会党には、越えがたきハードルであった。だが、こういった理由以上に、社会党には、最高権力を獲得しようとする意気込みとその準備が決定的に欠けていたといえる。社会党は、山花貞夫首班を主張することなく、一方ではさらに凋落してゆくという不安から連立参加を決定したに過ぎなかったのである（原彬久『戦後政治史の中の社会党』）。

図7　細川内閣

そして、結局、連合形成は、野党第三党に過ぎない日本新党の細川擁立によって合意が形成されることになる。その絶妙の案を提示したのは、実は小沢一郎だった。小沢は、武村・細川の共同声明の前後には、すでにさきがけ・日本新党が野党連合の中核となる独自の連合構想の根回しを始めていたといわれている。こうして、細川護熙を首相とする非自民の連立内閣が発足したのは、一九九三年八月六日のことであった。連立を構成したのは、日本新党・新生党・さきがけ・社会党・公明党・民社党・社民連・民主改革連合（参議院）の、共産党を除く八会派で、細川内閣は、非共産・非自民の八党派連立内閣と称されるようになる。

それにしても、これらの勢力が連立を組むなどとは、それまでの過去からは到底考えられないことだった。その理由は何だったのだろうか。自民党の求心力の衰えとその裏面としての、野党を一体化させる求心力の高まりはやはり重要だろう。その求心力の源は、他ならぬ「政治改革」であった。そして、政治改革を旗印に掲げた細川内閣は、細川のスマートさとその脇を固めた武村官房長官、田中秀征首相補佐官らの颯爽とした姿が好感を持って迎えられたこともあり、発足直後の支持率は、田中内閣の支持率を超え、何と七〇％と史上最高を示した。

しかし、竹下派の分裂を四四名の大量離党による自民党の分裂に結びつけ、その分裂の軸に「政治改革」を据えることに貢献し、最後に「細川擁立」という秘策を繰り出して、六〇年代から度々試みられつつも挫折してきた野党連合を結成させた最大の功労者は、やはり、小沢一郎を挙げるのが筋であろう。小沢には、すでにこのころから毀誉褒貶があったが、その小沢の戦略と決断が、三八年間の自民党の長期政権に終止符を打つ連合政権形成に成功した最大の要因だったのである（読売新聞政治部『政界再編の幕開け』）。

3　「一党優位政党制」の崩壊

細川内閣の成果　しかし、華々しく組閣した細川護熙内閣は、急ごしらえの寄り合い所帯には避けられない内部対立に早々に悩まされることになる。内閣の実質的な実力者小沢と官房長官・武村の対立は特に激しかったといわれる。その対立を自民党が見逃すはずもなく、自民党は武村や社会党に早くから接触していたといわれているが、いずれにせよ、細川は苦しい連立運営を強いられていくことになった（細川護熙『内訟録』）。

そんな中でも、細川は、自民党の政治改革派にも懸命に呼びかけながら、一九九三年（平成五）十一月二十一日に小選挙区区割法案を、翌九四年一月二十九日には政党交付金制度を柱とする政治改革関連法案を成立させた。これは細川内閣の最大の貢献といえよう。これらの法案成立により、その後の政界再編はきわめて大きな影響を受けることになる。また、その後も細川は財政再建など本格的な政治課題に取り組む意気込みをみせた。二月三日には突如「国民福祉税」創設を発表したが、これは官房長官の武村にも知らせておらず、社会党も反対し、翌日には白紙撤回した。そして、予算案審議のさなかに細川自身が佐川急便事件に関与したという自民党の追及を受け、暫定予算案の成立をみとどけた細川は、四月八日、唐突に退陣表明をおこなった。

羽田内閣から村山内閣へ　こうして一〇ヵ月あまりの短命に終わった細川内閣を継いだのは羽田孜であった。これは一見すると、小沢構想の実現であるようにみられた。しかし、小沢にとって、羽田内閣は次善の策で、そもそもは、連立を組み替え、そもそもの持論であった「自公民」路線への復帰を考えていたという見方もある。小沢は、社会党（特に左派）を切捨て、自民党の渡辺美智雄を首班とすることと引き替えに、第二次自民党分裂をも画策していたともいわれている。このいずれも奏功しなかったため、小沢は羽田擁立に賛成することとなったという（伊藤惇夫『民主党』）。しかし、羽田内閣も在任六四日という短命内閣であった。羽田の首相指名の当日、突如、連立与党側が社会党を排除した新会派「改新」を組むことを発表した。社会党が政権から離脱し、自民党提出の内閣不信任案可決の可能性などもあって、羽田はなすすべもなく総辞職せざるを得なかった。

羽田内閣の後を受けて、一九九四年（平成六）六月三十日、社会党委員長・村山富市が首班指名された。九三年一月十九日に委員長に就任したばかりの山花貞夫委員長は委員長を辞任しており、九月二十五日村山が新委員長に就任していた。与党は、自民・社会・さきがけの連立である。

自民党が、さきがけ、社会党といつ頃からどのように接触していたのかは定かではないが、「自社さ連立」による村山擁立の種は、思った以上に早期に蒔かれていたといわれる。この動きに対抗する形で、小沢一郎は、海部元首相を担いで再び自民党分断を図ろうとするが、これも思ったほどの同調者を獲得できず、社会党右派の切り崩しにも失敗して、首相指名の投票で海部は敗北していた。

羽田、村山内閣の成立は、小沢の立場からみれば、ポスト九三年政変以降の構想の挫折を意味したといえる。そして、村山内閣の成立によって、自民党は見事政権復活を遂げた。自民党と社会党の「大連立」の背景には、実質的には「馴れあい」といわれた「五五年体制」下における両党の密接な関係があった。事実、村山は総理在任中、竹下登を最大の相談相手の一人としていた。また、その仲介役をした武村正義を軸とする「さきがけ」という「接着剤」の存在も重要だった。さきがけがいなければ、自民党は「連立らしさ」を醸し出すことはできなかったろう。

しかし、政党史上重要なのは、細川内閣を支えた八党派が、その後たった一〇ヵ月あまりで連立に残った社会・さきがけの二党と下野した六党派に分裂したことである。彼らは、野中広務《のなかひろむ》ら練達の政治家を抱える自民党の「したたかさ」にあっさりと敗北してしまったかのようであった（草野厚『連立政権』）。

新進党の結成と社会党の消滅　こうして成立した村山内閣は、一九九五年（平成七）一月十七日の阪神淡路大震災・地下鉄サリン事件から沖縄問題まで、実に多くの問題に対処しなければならなかったが、村山内閣は、誰も予想しなかったほどの長期政権となった。

政党史上重要なのは、その間に、政党のさらなる変貌が促進されることとなったことである。まず、村山内閣成立によって下野した六党派は、九四年十二月十日、海部俊樹を党首に据え、小沢を幹事長として「新進党」を結成する。衆参あわせて二一四人（衆議院一六〇）を擁する新進党の結成によって、政権交代の可能な二大政党制が実現に向けて一歩を進めたともいわれた。実際、新進党は九五年七月二十三日の参議院選挙では比例区で第一党となっている。だが、三〇〇もある小選挙区で選挙戦を戦うには、中小政党では明らかに不利であり、またこれ以上自民党によって分断統治されることは絶対に避けるべきであった。新進党の結成は、そうした各党の自己防衛組織としての意味も持っていた。

政党史上特筆すべきもう一つの結果は、社会党の消滅である。村山は、組閣直後に日米安保体制を肯定し、自衛隊の存在を合憲として認め、原子力開発にも理解を示した。社会党左派出身の委員長が社会党の基本方針を一八〇度転換した衝撃は大きく、これ以後、社会党は政権にいながらにして内部対立を繰り返し、新進党結党により衆議院第三党となってからは、党の存在意義すら論議の対象としていった。また、公約とは異なり、消費税を撤廃できず、逆に税率を三％から五％に上げる閣議決定をしたこともあって、九五年の参議院選挙で大敗し、翌年一月五日「与党第一党の首相としての限界」を理由に村山は退陣表明をした。そして、辞任直後の、一月十九日の第六四回党大会で、党名を「社会民主党」（略称社民党）と変更し、三月には「新党」として第一回の党大会を開催するに至る。党大会では、党首を村山富市、幹事長（旧書記長）を佐藤観樹とした。しかし、後に触れるように、同年の九月、民主党が結成されると、社民党からも衆議院議員ら三五人が離党し、民主党に入党している。同年の衆議院総選挙でも社民党は大幅に議席を減らした。現在の社民党は、むしろ旧社会党との連続性を強調しているように思えるが、一九四五年に片山哲を書記長に結党して以来、五十年にわたり存在した社会党はここに消滅したのである。「五五年体制」の歴史が、ここで一つの区切りを迎えたことは明らかであった。

自民党の復活と民主党　ところが、一方の自民党は、村山内閣をてこにして、政権党として復活することとなった。一九九五年（平成七）九月二十二日の自民党総裁選で橋本龍太郎が選出され、自民・さきがけ・社民による連立の枠組みは変わらなかったものの、村山内閣後の九六年一月十一日の国会で、今度は橋本が首班として指名されたのである。こうして、自民党は再び名実ともに連立の中心となった。それはあたかも一度は「死に体」となった自民党が、社会党とさきがけの養分を吸い取って再生したかのようであった。そして、一九九六年十月二十日の総選挙では、自民党は一六議席増の二三九議席を獲得し、第二次橋本内閣が成立した。新党ブームは過ぎ去り、有権者は再び自民党を信任し始めていたのである。

ところで、この総選挙直前の、九月二十八日には、新党さきがけを離党した鳩山由起夫・菅直人を中心に、新進党や社民党からの参加を得て、「民主党」が結党されていた。その後、二〇〇九年の総選挙において自民党を完膚無きまで叩きつぶす民主党は、このとき、鳩山・菅の二人代表制で出発し、辛うじて五二議席を確保して、結党時の議席との増減なしという結果に終わっている。この時期、二〇〇九年選挙の立役者の一人となった小沢一郎は、新進党に属していた。中曽根康弘は「民主党はアイスクリーム、夏になればとけて無くなる」と批判していたが、直接に選挙を戦った小沢も民主党結成に対して一貫して批判的であった。

しかし、この選挙で、新進党は四議席を減らし、一五六議席となった。さきがけも二議席、社民党も一五議席へと議席を減らした。選挙前には自民党にかわり政権を取るのではないかとさえいわれていた新進党の敗北感は深刻だった。そして、一九九七年十二月二十七日、九五年十二月に党首となっていた小沢は突然新進党の解党宣言を行った。この宣言が新進党に与えた衝撃は甚大であった。結局、解党宣言の後、政党交付金の受領のために一月一日付けで政党としての登録を行う必要があったため、新進党の各グループが急遽六つの政党を結成することとなった。小沢率いる自由党と小沢辰男の率いる改革クラブ、そして公明党系の新党平和と黎明クラブ以外の政党が、同年四月二十七日には民主党に吸収合併されることとなり、民主党は期せずして党勢拡大に成功することとなったのである。ほんの少し前、誰もが認める権勢を誇った小沢は、民主党の党勢拡大を結果的に援助する形となり、自身は四二人を擁する小政党・自由党の党首に転落したことになる。九〇年代の政界再編はまさに予想を許さぬ形で展開し、日本の政党を混乱の渦に叩き込んでいったのである（巻末「戦後政党主要系統図」参照）。

民主党の軌跡　以上論じてきたように、八〇年代半ばに「一党優位政党制」としての頂点を迎えていた「五五年体制」は、一九九三年（平成五）の政変を経て、一九九四年十二月の新進党の結成に結実する。これによって、「新しい二大政党制」が生まれるかもしれないという期待がもたれていた。

しかし、その新進党の突然の解党によって、九〇年代の新党乱製といわれる混乱はこの後も続いてゆくこととなった。九〇年代の日本にはおよそ三五もの政党が誕生したといわれる（Sara Hyde "The Transformation of the Japanese Left"）。数え方にもよるのだが、確かに多数の政党が生まれ、そして消えていった。その多くは国民の記憶に残っていないだろう。彼らは、実際に後世に残すべき歴史をもっていないかもしれない。

そのなかで、結党当初、自民党・新進党に次ぐ第三党であり、一面では解党した新進党や社会党などの緊急避難的な政党であったともいえた民主党が、二〇〇九年八月、総選挙で初めて自民党を政権から引きずり下ろすことになる。二〇〇三年末には、イギリスの政治学者、J・A・A・ストックウィンがいうように、民主党がこのまま政権を担いうるはじめての自民党以外の政党になるという予感もあった（J・A・A・ストックウィン「反対党か御用政党か」）。

ところで、その間、橋本内閣に始まって、小渕恵三・森喜朗・小泉純一郎と四人の自民党総裁が内閣を組織した。橋本内閣は、一九九七年十二月三日に行政改革会議を設置し、十二省庁制への再編を最終報告案に盛り込み、小渕内閣下の九九年七月、中央省庁改革関連法として実現させた。このときに内閣機能の強化を図り、首相のリーダーシップの強化と官邸機能の強化が可能となる制度が作られ、森内閣下の二〇〇一年一月六日に施行される。

しかし、有権者の自民党支持は急速に失われていた。橋本内閣は一九九八年七月十二日の参議院選挙で議席を大幅に減らし、その責任をとり退陣した。そのときに議席を伸ばしたのは、薬害エイズ問題で国民的人気を誇っていた菅直人を代表にすえた民主党であった。橋本を継いだ小渕内閣は当初は自民党の単独与党として出発するが、金融再生問題などで民主党の追い上げを受け、自由党、新党平和などと共闘する民主党に、金融再生法案を飲まされることとなった。そこで、小渕は、一九九九年四月の第一次改造時に、小沢率いる自由党との連立を組み、それを呼び水に同年十月からの第二次改造内閣は、公明党も連立に巻き込んだ。この選択は、自民党に有利に作用し、二〇〇〇年三月には、自由党から保守党が分裂する。だが、その小渕が、時を同じくして脳梗塞で倒れてしまう。後継首班指名をめぐっては、意識不明と伝えられた小渕の指名問題をめぐって疑惑の「密室政治」が取りざたされ、二〇〇〇年四月に成立した森内閣の支持も当初から低迷し、その後の危機管理のなさも露呈して、自民党の支持は地に落ちていたのである。自民党が継続して支持を獲得できる政党ではなくなっていたことは誰の目にも明らかであり、民主党には勢力拡大の気運がみられたのである。

民由合併と新党乱立の終わり　そのような時、小泉純一郎は、二〇〇一年四月二十六日に、三度目の総裁選出馬で自民党総裁の座をしとめた。小泉は、小沢一郎と同じ一九四二年生まれである。ただ

図8　小泉純一郎

し、田中派出身の小沢とは異なり、小泉は福田派出身であり、しかも、党の役職も経験しておらず、派閥の領袖でさえない一自民党政治家だった。しかし、小泉は、自民党への国民の倦怠感をがらりと吹き飛ばし、内閣の支持率は軒並み七〇％を超え、当初は九〇％を超すという調査さえ出されるほどの人気を誇った。小泉は明らかに大きなブームを引きおこしたのである（内山融『小泉政権』）。

　小泉の登場は、それまで順調に自民党を追いつめていた民主党にとって大きな打撃となった。民主党は、戦う相手の変貌にとまどった。また、政局を有利に動かす手練手管は、やはり長年の経験を有する自民党には適わなかった。小泉自身、「政局」にはきわめて強く、また国民的人気を誇っていた菅の女性スキャンダルや党内紛争もあって、民主党の当初の勢いはそぎ落とされてゆく。岡田克也《おかだかつや》・前原誠司《まえはらせいじ》ら民主党の第二世代が代表となっても、「小泉劇場」といわれたパフォーマンス政治の中で民主党は低迷をつづけていくことになる。

　このような状況が、民主党と自由党の合併の背景となった。二〇〇三年九月二十四日に合併した両党の交渉は、すでに小泉内閣成立直後には瀬踏みが始まっていたという。民由合併ともいわれるが、これは自由党が民主党に吸収合併されたのであって、実質的には民主党の拡大過程であった。そしてこの時、結果的にではあるが、民主党は、一九九三年の非自民・非共産・八党派連立をささえたほとんどの党の受け皿となったのである。民由合併によって、小沢が一兵卒として民主党にその身を預けたことで、一九九三年の政変以後、小沢その人がもたらした複雑な政党連合や場当たり的な新党乱立は一つの終わりを告げたのである（塩田潮『新版民主党の研究』）。

政権交代への道　こうして、自由党を取り込んだ民主党が、二〇〇六年（平成十六）四月には、その小沢一郎を党首に据えることになる。「壊し屋」が党首になったと小沢が揶揄されたのは記憶に新しい（奥島貞雄『自民党抗争史』）。

その背景には、二〇〇五年九月十一日の総選挙、いわゆる郵政選挙における敗北があった。小泉は、郵政民営化関連法案の参議院での否決を受け、即日解散を断行し、党内の造反議員を公認せず、対立候補さえたてる方針に出た。こうしてシングルイシュー選挙を演出した小泉は、結果的に全議席の三分の二を獲得するという大勝利をはくした。

こうして、窮地に立った民主党の救世主として、党内の数々の反発を抑えて小沢が登板したのである。しかし、民主党の代表となったころの小沢には、かつての「権威」も「風圧」もともに失われていた観が否めなかった。とはいえ、民主党の「第二世代」と比べても、また鳩山や菅などと比べてみても、小沢は群を抜いて「政治のプロ」としての存在感を示していた。その小沢が民主党をどこまで強化できるのか。世論は半信半疑で民主党の行方を見守っていた。

民主党にとって幸運だったのは、小沢の代表時代が、再び自民党の低迷期と重なったことであった。

小泉を継いだ安倍晋三内閣（二〇〇六年九月二十六日成立）が発足直後からさまざまなスキャンダルにまみれるなか、二〇〇七年七月二十九日の参議院選挙で、民主党は二八議席増の六〇議席を獲得した。これは小沢の功績といわれ、「小沢神話」が復活したという論評も出されるようになった。しかも、民主党が二〇〇七年七月の参議院選挙で大勝したことで、衆議院と参議院で過半数を取る党が異なるといういわゆる「ねじれ国会」が生まれていた。安倍を継いだ福田康夫（二〇〇七年九月二十六日成立）そして麻生太郎（二〇〇八年九月二十四日）と三代の短命政権が、小泉が築いた遺産を食いつぶしていくなかで、小沢民主党は一定の存在感を示すことに成功していく。

にもかかわらず、その二ヵ月後の十一月、小沢と福田との間での「大連立」騒ぎが起きる。謎の多い政界工作であるが、はっきりしているのは、参議院での勝利にもかかわらず、小沢が民主党の将来を悲観していたことである。大連立の仕掛け人はおそらく小沢自身だったのだろう。そして、そのような人物を代表としていることに対する反発が民主党内部で生まれ、反小沢的感情が再熱し、再び民主党の結束が乱れ始める。結党以来の民主党のおもしろさは党首を頻繁に変えることにあるといわれるが、小沢もこの騒ぎのさなかの十一月四日、辞任を表明する。しかも、このときはそれを後に撤回するというおまけが付いた。

それにしても、このとき、小沢は何を考えていたのだろうか。彼が民主党の政権担当能力が不足しているという不安を持っていたことは疑い得ないが、この段階で自民党と大連立を組むということは、常識的に考えれば自民党の野党切り崩しに自ら手を貸すことを意味する。これに対し、民主党では

「二大政党対立」が必要との観点からの反対が起きたのだが、小沢も二大政党論者であった。この間の政局については、もう少し時間がたたなければ確かなことはいえないだろう。歴史としてはまだ新しすぎる時代である。

いずれにせよ、このとき、何とか代表に踏みとどまった小沢に、西松建設をめぐる政治資金疑惑が浮上したことは致命的であった。小沢は、二〇〇九年五月十一日に遂に代表辞任を余儀なくされる。このことは、民主党に大きな負債を残した。論者の多くが、民主党の根本的な不安定さ、政権担当能力の欠如、あるいは解党の可能性すら指摘したし、小沢の凋落も否定できなかった。

しかし、自民党も安泰ではなかった。二〇〇八年秋のアメリカで発した金融危機は、当初最も影響が小さいといわれていた日本にも波及し、麻生内閣はその対応に追われていく。小沢も「麻生」か「小沢」かという党首対決を演出し、来るべき総選挙に備えていたのだが、小沢を継いだ鳩山由紀夫も、政治資金疑惑の逆風の中で、この路線を継承して選挙に備えた。自民党は、総選挙前に総裁選を行って、内閣の支持率が二〇％以下となっている状況を乗り切ろうとするが、結局実現しなかった（読売新聞政治部『自民崩壊の三〇〇日』）。

二〇〇九年総選挙と「五五年体制」の崩壊　このような状況で、二〇〇九年（平成二十一）八月の総選挙が行われた。これは、二〇〇五年の郵政選挙後事実上の任期満了による衆議院議員選挙であった。投票日は異例というべき真夏の八月三十日に設定された。事前の予想では、民主党の支持率がはじめて自民党を上回っていた。しかも、多くのマスコミや論者が、「政権選択選挙」というフレーズを用いて、結果的には、民主党寄りの雰囲気を伝えることとなった。こうした世論の高揚感もあり、民主党は、三〇八議席という大量議席を獲得し、遂に自民党を政権からひきずり降ろすことに成功するのである。このときの民主党の議席占有率は六四%を超え、歴代最高となった。逆に自民党は、一八一議席減の一一九議席となり、まさに結党以来の大敗北を喫したのである。代表を辞任した小沢は幹事長としてこの選挙の采配を振るい、一四三名の新人議員を生み出した。それが民主党の大勝利の背景であった。一九九三年の政変の立役者だった小沢のその手腕は、自民党の「一党優位政党制」の崩壊をもたらしたこのときも、重要な要因となったのである（毎日新聞政治部『完全ドキュメント民主党政権』）。

ところで、二〇〇九年という段階で、こうした明暗の分かれた選挙結果によって政権交代が起きた背景には他に何があったのだろうか。

第一に考えるべきは、選挙制度の変革である。もし、日本の選挙制度が中選挙区制のままであったなら、このような選挙の際の大きな変動は起きにくかったろう。小選挙区は、一票の差で議席がゼロか一になるという選挙制度であり、死票が多くなり、予想外の差が起こりやすい制度である。現行選挙制度では、後援会は完全になくなっておらず、比例区で当選するということが可能なため、極小政党や「グループ」に所属している程度の実質無所属議員の当選も可能ではあるものの、総選挙の大勢は小選挙区に左右され、今回のような結果が起こりやすい。一九九四年に始まったこの選挙制度下では、二〇〇五年と二〇〇九年の二度にわたり、この大きな振幅がみられた。

第二に、有権者の意向の変化である。いわゆる「無党派層」が選挙を大きく左右するようになっていることを前提としてみても、彼らは、七〇年代には「革新」系を支持して「与野党伯仲」時代を生み、八〇年代には自民党を支持して「保守復調」時代を生んだ。九〇年代以降、彼らはむしろ選挙ごとにさまざまな勢力を支持する、ある種の「賢さ」とともに「気まぐれさ」をも身につけていた。

しかし、第三の、最も単純にして重要な前提は、こうした大きな振幅の受け皿となる自民党以外の政党の存在であろう。戦後の「五五年体制」以降の大半の時期には、自民党に替わるもう一つの政党が存在しなかった。社会党にはその可能性がもちろんあったし、新進党にもその可能性はあった。しかし、どちらもその役目を果たさずに党の生命を終えている。これに対し、偶然も左右して生き残り、予想外に党勢を拡張してきた民主党は、政権を預けうると判断された自民党以外の唯一の政党となったのであった。

これに加えて、もう一つの要素として、政権党たる自民党の凋落をも挙げるべきかもしれない。マスコミの報道ぶりにも問題があるのだが、小泉の「改革者」としての強烈なイメージが、改革と変化の時代における安倍・福田・麻生と三代続いた自民党政権のふがいなさを余計に印象づけたといえるだろう。冷戦の崩壊から九〇年代にかけて「革新」の劣化が生じたとすれば、二十一世紀初頭の日本政治では「保守」の劣化が進行したのである。

そうはいいながらも、八〇年代後半にはすでに制度疲労が明らかであった自民党という党の持続力には改めて驚かされずにはいられない。九三年の下野から自民党がすぐさま復活したことも見事であるが、一度賞味期限が過ぎたと思われた自民党が総選挙で本当に敗北するまでに、九三年の政変から数えて一六年もの時間がかかったのである。それは、一九五五年に日本に根を下ろした「五五年体制」、六〇年代に「一党優位政党制」へと変貌し、八〇年代に強固なシステムとして合理化されたこの体制が、いかに巨大で強力だったかを示して余りある事実である。

それとも、護憲三派内閣の成立によって政党内閣期の登場が告げられるまでに、憲政会（のちの民政党）に「苦節十年」といわれる歳月が必要だったことを考えれば、民主党が政権を取るまでの一三年という時間は、それほど長いものではなかったと考えるべきなのだろうか。

いずれにせよ、二〇〇九年八月、自民党の「一党優位政党制」としての生命は、遂に終わることとなったのである。

湾岸戦争と自民党内対立――国際貢献論と新生党　一九八九年十一月にベルリンの壁が崩壊し、やがて冷戦終焉に至ったとき、それが日本の政治にどのような影響をおよぼすのか、ということは当初見極めがたいところがあった。しかし程なくそれは、予想外の大きさで日本に対する衝撃となったのである。それが湾岸危機に他ならない。

政党政治の枠組みとしての五五年体制は、一方に護憲の社会党、他方に対米協調の自民党という二極構造として出発したものである。社会党議席の長期低落が続いてはいたものの、護憲のスローガンには世論の支持が残っていた。こうした五五年体制を支えたものとして「吉田ドクトリン」があったことを想起したい。「吉田ドクトリン」は何よりも戦後の政党政治を安定的に維持する機能を内在させており、五五年体制の長期化に伴って「吉田ドクトリン」も長期化した、という見方ができる。ところが、湾岸危機は「吉田ドクトリン」の正統性を根底から揺るがすものであった。つまり、湾岸危機に始まる一連の事態は政党政治の枠組みにおける構図を変えただけでなく、外交・安保の政策領域に、初めて国際貢献論という新たな視点を導入したからである。加えて国連との関わり方などをきっかけとして、日本外交に新たな政治課題を生じることになった。

一九九〇年八月二日、イラクによるクウェート侵攻で湾岸危機が始まった。多国籍軍が現地へ向かうなかで日本はイラクに対する経済制裁には同調したものの、その後の貢献策では大いに迷走する。まず資金協力については、最初の資金援助額がわずか一〇億ドルに留まったことはアメリカを落胆させたといわれている。この金額は当時の大蔵省が通常の査定に基づいて出した結果であった。これについて、アメリカ政府からは三〇億ドルの追加要請があり、これは大蔵省が満額支出を了承した。翌一九九一年一月、多国籍軍のイラク攻撃開始で、湾岸戦争が始まると、日本は大蔵省を押さえて官邸主導による決定で九〇億ドルの援助支出を行い、結局、総計一三〇億ドルの支援を行ったことになる。しかし、増税までして行った資金援助について、イラク戦争終結後、クウェート政府から日本政府への感謝はなかった。

この政治過程で明らかになったのは、九〇億ドルの支出が大蔵省レベルでなく官邸が主導権をとり、関係閣僚の合意に基づいて決定されたことである。緊急時の意思決定に当たり、通常の官僚レベルを超えた内閣の積極的な役割が求められる案件は、これ以後、確実に増えてゆく。この官邸主導の意思決定のもとで、与党は野党の説得に努め、絶対反対の社会党とは別に公明党、民社党の協力を得て補正予算を通過させた。

資金協力に次いで人的貢献が問題となると、海部《かいふ》内閣は外務省起案による国連平和協力法案を国会に提出した。しかし法案の内容は自衛隊を海外に出すかどうかが焦点であり、防衛庁との調整は必須であったが、その調整が難航したのである。その結果、国連平和協力法案は、内容的に整合性に欠けるところがあり、準備不足が否めなかった。国連平和協力法案が廃案となったのは、こうした事情によるところが大きい。新たな法案準備のなかで、外務省と自民党内からは、人的貢献の一環として国連平和維持（ＰＫＯ）活動を検討する動きがあり、これがイラク戦争後のペルシャ湾に海上自衛隊を派遣する方向で実現した。海上自衛隊の機雷除去技術は既に高い評価を得ており、ペルシャ湾の安全航行を目的として四月二十四日には海部内閣が海上自衛隊の掃海艇派遣を決定した。海部内閣は、国連平和協力法案の廃案の後、国連平和維持活動（ＰＫＯ）協力法案の作成を進めた。この法案は海部内閣総辞職（一九九一年十一月）後に継続審議となり、宮澤内閣へ持ち越されて一九九二年六月に成立した。法案審議では国会で社会党が牛歩戦術で抵抗したが、これに対して国民の共感が得られたとは言い難い。湾岸戦争の衝撃の一つは、日本社会が初めて国際貢献という概念に向き合ったところにあった。しかも、護憲のスローガンとは、立場を変えれば一国平和主義とされ、そうした立場からの批判に対して社会党が無力であったことは、平和と繁栄をもたらした日本外交の理念に対する疑念を生じたのである。日本が初めて国連平和維持活動に参加することとなり、法案の成立後、カンボジアに派遣されたＰＫＯ部隊が二名の犠牲者を出しながらも踏みとどまったことは、外交・安保の政党間対立軸の再編成への道を開くものとなったのである。

湾岸戦争をめぐる政治過程は、「吉田ドクトリン」という五五年体制下の外交理念に再検討を迫っただけでなく、自民党長期政権の意思決定にも大きな影響を残すことになる。国連平和維持活動法案作成については、廃案となった国連平和協力法案の経験から、外務省のみに起案を委ねる方法をとらなかった。つまり、外務省・防衛庁ほかの関連各省が中心となった上、各省の調整については官邸が主導権を取り、内閣官房外政審議室がまとめ役となったのである。法案の内容からみて自衛隊派遣に関する問題があり、防衛庁と外務省の方針には相容れない部分があったから、その調整には官邸主導で当たらざるを得なかったのである。こうして、資金援助、人的貢献の二つの分野での意思決定について、官邸の役割が次第に高まってきた。国際貢献を契機として、従来の自民党型意思決定が空洞化し、内閣の主導性が求められるようになったことは、自民党支配のもとで制度化されてきた政・官関係にも変化を生じる結果となったのである。

一九九三年夏の総選挙を前にして自民党の竹下派分裂をみたが、その際に自民党を離党、新生党を立ち上げた小沢一郎《おざわいちろう》の行動に、こうした変化の影を読み取ることも可能であろう。小沢一郎は、既に竹下内閣期に官房副長官を務めていた。この時期、建設市場開放、通信機器市場開放などを次々に求めるアメリカ政府に対して、党内の利権配分システムを温存したまま日米関係に対応することが困難であることを小沢は認識したはずである。続く湾岸危機の際に、海部内閣官房長官であった小沢一郎は、国際的危機に際して自民党型の意思決定が迅速性と機能性に欠けることについて、身を以って経験したことになる。つまり小沢の自民党離党は、党内の権力関係における劣勢の挽回という意味だけではなかったのではないだろうか。実際、海部内閣期の一九九一年六月、ＰＫＯ法案作成の時期に小沢は「国際社会における日本の役割に関する特別委員会」を衆院に設置し、次のような提言を行っていた。この提言には自民党の中央集権化と派閥解体が盛り込まれており、ここには小選挙区制への政策的志向を読み取ることができるのである。政治の意思決定を官僚機構から優越させる発想も、この一連の政治過程に内包されていたといえよう。これは、二〇〇九年八月の政権交代により発足した民主党政権を理解する上で一つの手掛かりとなるものである。

非自民連立と日米関係　一九九三年、宮澤《みやざわ》内閣による解散・総選挙の結果、自民党は敗北、宮澤内閣は総辞職して、細川護熙（日本新党）を首班とする非自民連立政権が成立した。この非自民政権以後、二〇〇〇年代にかけての日米関係は、「同盟漂流」といわれる時期も含みつつ再構築への模索を続けた。まず、第一次北朝鮮核危機である。既に一九九三年三月にNPT（核拡散防止条約）からの脱退表明をしていた北朝鮮に対して、一九九四年、クリントン政権は警戒を強めていた。北朝鮮は独自の核開発に向かう動きをみせていたのである。同年二月の日米首脳会談で、クリントン大統領は細川首相に対して、海上封鎖によって北朝鮮の核化を防ぐ考えを示し、その場合の日本の協力を打診した。しかし機雷の除去を含む日本の協力について、内閣法制局は北朝鮮の領海に入っての掃海活動には否定的見解であったという。さらに、この検討の過程で、日米間では安保条約の具体的運用に関する詰めの作業がこれまで全く行なわれてこなかったことも明らかになったのである。この核危機はカーター元大統領の訪朝で収束したものの、これをきっかけに、日米関係の肝要な部分に空白があったことがあきらかになった。

細川政権期には、冷戦終焉後の日本の防衛政策をめぐって防衛問題懇談会（樋口懇談会）が発足していた。懇談会は一九九四年八月に、村山内閣に対して報告書を提出した。この懇談会はアサヒ・ビール会長の樋口広太郎を座長とする知識人・民間人をメンバーとし、日本の防衛政策について冷戦終焉を契機として再検討する目的で発足していたのである。報告書の内容は、多角的安全保障と日米安保の機能充実を図ることを中心とし、新たな日米関係へ向けた方向性を打ち出していた。村山政権では、与党社会党が方針転換して、日米安保堅持と自衛隊容認に踏み切っていた。

しかし村山政権期には、これまで潜在的な日米関係の「とげ」であった沖縄問題が浮上する。冷戦終焉後の日米関係を大きく揺るがす事件が沖縄で起きたのである。それは一九九五年九月に起きた米海兵隊員数名による少女暴行事件であった。米軍基地が集中する沖縄ではかねてより米兵による性犯罪の多発があり、この少女暴行事件の残虐さは県民の怒りを強めた。この時期以降、日米関係の安全保障政策次元で沖縄基地問題が改めて大きな難問となってくる。

クリントン政権はこの事態を重視し、一九九六年四月には、クリントン大統領が訪日、日米共同宣言を発表した。ここで「日米安保再定義」が打ち出される。「再定義」の背景には、先に触れた「樋口レポート」による多角的安全保障の提起について、アメリカ政府が日本のアメリカ離れを危惧したことがあった。従って、「再定義」は、日米安保協力がアジア太平洋の安定の基礎であることを確認したのである。さらに、このとき、橋本首相とクリントン大統領との間で、沖縄の海兵隊普天間《ふてんま》基地縮小への取組みが確認されたのである。しかし、この問題はその後、長期間にわたり難航を続け、未だに解決への見通しが得られていない。外交・安保政策に関する政党間対立の緩和にもかかわらず、沖縄問題は日米関係の最大の難問として存在し続けているのである。

橋本内閣が一九九八年参院選での自民党敗北を理由として総辞職し、小渕内閣、森内閣を経て二〇〇一年四月に発足した小泉政権は、日米関係強化に積極的であった。小泉内閣は第一次から第三次にわたる長期政権となったが、その外交的基軸は日米同盟の強化であった。同内閣は同年九月十一日、アメリカで同時多発テロが発生すると、十月には早くもテロ対策特別措置法を含む関連三法を成立させた。十一月には海上自衛隊の護衛艦三隻をインド洋に派遣、インド洋上で米海軍に対する給油活動が始まったのである。

二〇〇三年三月にアメリカのイラク攻撃が始まり、五月一日に戦闘終結宣言となった。その直後の二十二日に訪米した小泉首相はブッシュ大統領との会談の後、帰国すると七月にはイラク復興支援特別措置法を成立させる。翌二〇〇四年十一月、陸上自衛隊の先遣隊が復興支援の目的でイラクのサマーワに派遣された。このように小泉政権期は、日米同盟の強化を図る上で大きく貢献したといえよう。しかし、こうした外交の基軸を支えた自民党支配には、既にその基盤の弱体化がみえていたのである。小泉退陣後、安部、福田、麻生の三政権がいずれも約一年の短命政権となったとき、自民党内には結党以来の危機的状況に直面して、これを乗り越える回復力は乏しかった。

五五年体制の終焉と日米関係——二〇〇九年の政権交代へ　二〇〇九年八月総選挙で民主党が勝利し鳩山由紀夫政権が発足したとき、政権の外交方針として「緊密で対等な日米関係」が掲げられた。鳩山首相は個人的には「有事駐留論」者であったといわれていたが、政権についた以上、これを「封印」すると発言していた。しかし、鳩山政権期の日米関係が自立と協調との間で混迷の印象を残したことは否定できない。これに加えて鳩山首相は、沖縄普天間基地について「最低でも県外」に移転との方針を出したにもかかわらず、その具体的準備は乏しかったのである。つまり移転先の選定作業が混乱した上、結果は、自民党政権当時から検討されてきた辺野古への移転に落ち着く気配となった。このとき、沖縄県民からの「約束違反」との怒りの声は当然ながら高まった。鳩山首相が短命内閣となった理由の一つは間違いなく普天間問題であったといえよう。ここには、戦後政党の枠組みとしての五五年体制を支えてきた「吉田ドクトリン」の死角ともいえる沖縄問題のあり方をみることができる。

しかも民主党政権の基盤は、社民党、国民新党との三党連立であった。普天間問題が深刻な事態となったとき、日米同盟をめぐる基本的立場について、民主党と社民党の間には無視することのできない齟齬があることが表面化したのである。こうして普天間問題は連立与党内の潜在的対立を浮上させ、これが社民党の連立離脱となって政権に打撃を与えたのであった。今後、民主党の政権運営にとっても、さらに長期的な政権交代の定着を見通した上でも、日米同盟の安定的な維持と運用がその焦点となることはほぼ間違いない。同盟のあり方をめぐって政権内部だけの議論でなく、有権者の関心にも訴えることで政策的検討を積み重ねることが長期的な課題となるであろう。

戦後約六五年を振り返ってみると、戦後政党はアメリカの対日占領下でスタートを切り、占領当局との間で協力と抵抗との両面を交えた複雑な対応のなかで成長した。サンフランシスコ平和条約と日米安保条約が政党間対立軸となったとき、吉田外交は、対米協調と安保条約への依存を選択し、軽武装による経済優先政策を取った。これは当時の社会党からも保守勢力からも批判の対象となったものであり、こうした批判を背景にして成立したものが五五年体制であった。従って、吉田は保守合同による自由民主党結成には加わらず、吉田に私淑した佐藤栄作《さとうえいさく》、橋本登美三郎も吉田に従ったのである。発足直後の自由民主党が吉田批判を外交の軸とし、対米自立を掲げたことは当然の帰結でもあった。

鳩山内閣から岸内閣まで、一九五〇年代後半の政権は、程度の差はあれ、この吉田外交批判の系譜を引きついでいた。これに対して岸内閣が取り組んだ安保条約改定が、憲法が禁止する自衛隊の海外派兵を行うことなく不平等な条項の改善に努めたことは、結果として吉田外交の系譜を再発見したことになる。つまり、後に「吉田ドクトリン」と呼ばれる外交の機軸を、政党政治に定着させることになったのである。皮肉な結果といえるかもしれないが、こうして護憲を否定することなく、同時に対米協調を目指した「吉田ドクトリン」は長期的な外交路線になったといえよう。

戦後政党が、冷戦下のアジアの国際環境のなかで平和と繁栄の追求を優先することができたのは、確かに「吉田ドクトリン」に負うところが大きかった。とはいえ、一見すると成功したかにみえる「吉田ドクトリン」が、沖縄に冷戦状況を集約させた結果であったことは次第に明らかになってゆく。しかも五五年体制を支えた「吉田ドクトリン」は、冷戦終焉を迎えて次第にその存立基盤に「きしみ」を生じることとなった。五五年体制が前提としてきた護憲と対米協調との相互補完関係は、湾岸戦争への対応という新たな国際協調上の課題に直面したとき、崩れ始める。加えて、安定的な政・官関係の相互依存のなかで制度化された自民党という長期政権の意思決定も次第に機能不全になった。政権交代の背後には、こうした構造的な変容があり、この変容はおそらく不可逆的なものではないだろうか。今後の政党政治の枠組みが二党制になるか、多党制になるかについても予断を許さないものがあろう。このように多くの次元で、政党政治が日米関係を引き続き試金石とし続けることは間違いない。

あとがき

幕末以降、いくつもの試練を乗り越え、二十世紀の世界の大国の一つとしての地位にまで上り詰めた日本は、世紀の終わりに「失われた十年」といわれる政治の停滞を経験した。そして新しい世紀の幕が明けて十年がたった現在、それに「失われたもう十年」が加わったことを認めざるを得なくなっている。「更に厳しいもう十年」が加わるかもしれないという予測すら見受けられるようになっている日本に、焦燥感と閉塞感、そしてある種の諦念すら広がっていることを我々は日々実感している。

その背景に、本書の主役である「政党」と政治家たちが繰り広げる政治の混乱があったことは否定できない事実である。それが、本来もっと評価されてよい政策や改革の成果の過少評価を生んでいるといえるかもしれない。こんな時にこそ、「新しくて革新的なこと」ばかりではなく、「古くて当たり前であるかもしれないこと」に改めて目を向け、それを現在の視点から見直し、地に足の着いた現実的な議論をすることが必要である。本書の各編は、最新の研究成果をも可能な限り盛り込んだ、各時代の政治史研究の独立論文として読むこともできるが、他方で、民主政の欠くべからざる主体の一つである「政党」なるものの存在を根本から考え直し、その日本における一五〇年以上にわたる歴史を描き、現在と将来を見通す一助ともなるべく企図されていることは、「はじめに」でも述べたとおりである。読者はその成果をどのように受け止めてくれたであろうか。

ところで、そのような作業の半ばで、二〇〇九年八月の総選挙が行われ、九〇年代以来本格的に模索されてきた政権交代が現実のものとなった。本書を終えるにあたって、現在進行中の「新しい政党史」が、一体どのような歴史の始まりを意味するのだろうかということについて、触れないわけにはいかないだろう。

周知のように、二〇〇九年の総選挙の直後には、日本にも遂に「二大政党制」が開幕したという意見もみられた。しかし、それから一年がたってみると、この時の総選挙で証明されたのは、現在の政治の仕組みにおいては自民党以外の党に政権が移行することが可能であるということであったというのがせいぜいだろう。これから政党の分裂再編がないとは断言できないし、いわんや「自民党システム」に替わりうる別の体制が構築されたとは到底いえない。選挙制度の変革が後援会組織や地方支部組織にどのような変化をもたらしたのかについても諸説ある状態であって、「失われた十年」以降、迷走を続けながらも従来の制度や慣例にメスを入れてきた政治改革の成果が、政権交代という事実以外に、どのような効果をもたらしたのかを検証できる状態には未だないというほかないだろう。

しかし、日本の政治体制がどのようなものになるかは分からなくとも、見通せる限りの将来において、そのような体制は、政党を除外した制度にはならないことは断言できよう。現代の民主政において社会と国家をつなぐ「導管」や「水門」としての機能を果たすことが期待されているのは、政党の他に「圧力団体」と呼ばれるものがある。しかし、ある特定の集団の利益を代表する圧力団体に、「統治の主体」としての機能を期待することはできない。民主政の柱となるべき主体は、やはり政党しかないのである。

にもかかわらず、政党の国家と社会を結び付ける機能の低下が叫ばれて久しい。自民党は例外的にこの能力に優れた政党であったともいえるのであって、世界中で「無党派層」が増大しているのは周知としても、政党政治・議会政治よりもデモ、インターネットへの書きこみ、さらには武力紛争を選択することが増えていることには注意すべきだろう。九〇年代から顕著となっている「ローカルパーティー」（地域政党）や「ネットワーク政党」などは、政党の機能低下に対する市民レベルでの新しい試みであるといえよう。しかし、「反政治」ともいえる動きが加速している世界的現象から、日本が完全に無縁でありつづけることもおそらくないと思われるのである。

そう考えると、政党の機能強化という問題が、日本政治の大きな主題となる日も遠くないことが予想される。実際、そうでなければ、新しい政党体制は誕生しないだろう。また、新しい時代の新しい政党は、現代の複雑な社会構造、金融危機以降の厳しい経済環境、冷戦崩壊後の流動化する国際政治に適応できる政策的創造性も身につけねばならない。そして、日本国民の期待を担い、国際社会で国益を実現し、同時に世界の繁栄に寄与できるだけの理念と政策を打ち出せる政治家を育成しなければならない。この意味での責任に、与党と野党の違いはない。与党も日本の民主政に責任を持つ党として、野党も次に政権を担うだけの覚悟を以て、民主政をその根幹で支える「統治の主体」として振舞わねばならない。

このような困難な課題を背負い得る政党を作り上げることが大切なのだということに日本の政治家たちが気づき、その困難さにもかかわらずこの課題に果敢に挑戦し、それを実現する時こそ、日本に新しい政党体制が生まれるときであろう。二十世紀の後半を覆った「自民党システム」以後の新たな政党史が書かれるとすれば、それはこうした体制が確立された時である。そのさいに、本書で描いてきた政党をめぐる近代日本の試行錯誤の歴史が、一つの参照すべきハンディな事例研究を提供できれば、編者としてこれに勝る喜びはない。

だが、「新しい政党史」にとってより重要なのは、我々有権者がもはやその歴史のただの「観客」ではあり得ないことである。我々有権者の意向で政権交代が可能であることが証明された現在、我々は、この困難な課題に挑戦する政治家を大声で応援し、「内向き」「後ろ向き」に進もうとする政治家を厳しく監視することで、実はこの過程の主役となるのである。

そう考えると、二〇〇九年という年は、「役者」(政治家)も「観客」(有権者)も渾然一体となって進められる新しい政治劇の始まりを意味するとも言えるのである。政治史研究者として、また有権者の一人として、これからの「政党」が繰り広げるドラマに胸を踊らせることができることを期待して、本書を終えることとしたい。

末尾になるが、本書の企画から刊行までの労にあたられた吉川弘文館の一寸木紀夫氏のご尽力には、心からの感謝を申し上げたい。原稿の遅延などでさまざまにご迷惑をおかけしたが、今は本書がそれだけ時間をかけた成果となっていることを信じるしかない。

また、本書の最終段階で、本書でもたびたび引用されている政党史研究の先駆者升味準之輔東京都立大学名誉教授が亡くなられた（二〇一〇年八月十三日）。執筆者全員が、先生のご逝去の報に、大きな喪失感と悲しみを感じた。直接に薫陶を受けた執筆者も少なくないが、そうでなくとも、我々全員が「歴史学」と「政治学」の融合という課題を見事に実践された先生から、有形無形の学恩を賜ってきたからである。この場を借りて、先生のご冥福を心よりお祈り申し上げさせていただくことを、読者諸賢にお許しいただきたいと思う。

二〇一〇年十二月

武田知己

参考文献

一　明治前半期における政党の誕生

五百旗頭薫『大隈重信と政党政治』東京大学出版会、二〇〇三年
板垣退助監修、遠山茂樹・佐藤誠朗校訂『自由党史』岩波文庫、一九九二年
稲田正次『明治憲法成立史』上巻、有斐閣、一九六〇年
江村栄一『自由民権革命の研究』法政大学出版局、一九八四年
江村栄一編『近代日本の軌跡二　自由民権と明治憲法』吉川弘文館、一九九五年
尾佐竹猛「政党の発生」(『日本憲政史論集』宗高書房、一九七九年)
後藤靖他編『資料日本社会運動思想史』一、青木書店、一九六八年
坂根義久編『論集日本歴史一〇　自由民権』有精堂、一九七七年
坂野潤治「政治的自由主義の挫折―「英国化」としての「欧化」とその変質―」(『岩波講座日本通史』一七、岩波書店、一九九四年)
坂本一登『伊藤博文と明治国家形成』吉川弘文館、一九九一年
サルトーリ『現代政党学―政党システム論の分析枠組み―』(岡沢憲芙・川野秀之訳、早稲田大学出版部、一九九二年)
庄司吉之助『日本政社政党発達史』お茶の水書房、一九五九年
寺尾方孝「中江兆民における『平民主義』の構想」(『法学志林』第七四巻第一、二・三、四号、第七五巻第一号、一九七六―一九七七年)
寺崎修『明治自由党の研究』上下、慶応通信、一九八七年

鳥海靖「帝国議会開設に至る『民党』の形成」（坂根義久編『論集日本歴史一〇　自由民権』有精堂、一九七七年）
升味準之輔「日本政党史論〔序論〕」（『思想』第四一〇―四一二、四一四、四一五、四一八号、一九五八―一九五九年）
升味準之輔『日本政党史論』第一、二巻、東京大学出版会、一九七五年
三石善吉「派閥と政党―晩清期における欧米政党の受容過程」（『伝統中国の内発的発展』研文出版、一九九四年）
明治文化全集『正史篇』（上巻）日本評論社、一九五六年
明治文化全集『自由民権篇（続）』日本評論社、一九五六年
山田央子『明治政党論史』創文社、一九九九年
山田央子「ブルンチュリと近代日本政治思想―『国民』観念の成立とその受容―」上下（『東京都立大学法学会雑誌』三二巻二号、三三巻一号、一九九一―一九九二年）
山室信一『法制官僚の時代』木鐸社、一九八四年

二　大日本帝国憲法下での政党の発展

粟屋憲太郎『昭和の歴史　六　昭和の政党』小学館、一九八三年
五百旗頭薫『大隈重信と政党政治』東京大学出版会、二〇〇三年
伊藤　隆『昭和初期政治史研究』東京大学出版会、一九六九年
伊藤之雄『大正デモクラシーと政党政治』山川出版社、一九八七年
井上敬介「政権担当期における立憲民政党」（『日本歴史』七二六号、二〇〇八年）
上山和雄『陣笠代議士の研究』日本経済評論社、一九八九年
大原社会問題研究所編『日本労働年鑑』各年版、復刻、法政大学出版局、一九六七年
奥健太郎『昭和戦前期立憲政友会の研究』慶應義塾大学出版会、二〇〇四年

加藤正造『政党の表裏』批評社、一九二八年
川人貞史『日本の政党政治　一八九〇―一九三七年』東京大学出版会、一九九二年
北岡伸一「政党政治確立過程における立憲同志会・憲政会　上・下」（『立教法学』第二一・二五号、一九八三・八五年）
坂野潤治『明治憲法体制の確立』東京大学出版会、一九七一年
櫻井良樹編『立憲同志会資料集』第一―四巻、柏書房、一九九一年
櫻井良樹『大正政治史の出発』山川出版社、一九九七年
季武嘉也「大日本帝国憲法とその運用」（小山満他『歴史』創価大学出版会、二〇〇二年）
季武嘉也『選挙違反の歴史』吉川弘文館、二〇〇七年
季武嘉也「山県有朋と三党鼎立論の実相」（伊藤隆編『山県有朋と近代日本』吉川弘文館、二〇〇八年）
玉井　清『原敬と立憲政友会』慶應義塾大学出版会、一九九九年
遠山茂樹・安達淑子『近代日本政治史必携』岩波書店、一九六一年
鳥海　靖「初期議会における自由党の構造と機能」（『歴史学研究』第二五五号、一九六一年）
鳥海　靖「帝国議会開設に至る『民党』の形成」（板根義久編『論集日本歴史一〇　自由民権』有精堂、一九七七年）
奈良岡聰智『加藤高明と政党政治』山川出版社、二〇〇六年
仁藤敦史「律令国家の王権と儀礼」（佐藤信編『日本の時代史四　律令国家と天平文化』吉川弘文館、二〇〇二年）
升味準之輔『日本政党史論』第二―五巻、東京大学出版会、一九六六―七九年
松尾尊兊『大正デモクラシー』岩波書店、一九七四年
松本洋幸「日露戦後の若松町と安川敬一郎」（有馬学編『近代日本の企業家と政治』吉川弘文館、二〇〇九年）
三谷太一郎『日本政党政治の形成』東京大学出版会、一九六七年
村川一郎編著『日本政党史辞典　上』国書刊行会、一九八八年

本宮一男「経済外交の展開」（小風秀雅編『近代日本と国際社会』放送大学教育振興会、二〇〇四年）
山室建徳「普通選挙法案は、衆議院でどのように論じられたのか」（有馬学・三谷博編『近代日本の政治構造』吉川弘文館、一九九三年）
山本四郎校訂・菊池悟郎編『政友会史　第七巻　犬養総裁編』復刻、日本図書センター、一九九〇年
渡邊行男『守衛長のみた帝国議会』文藝春秋社、二〇〇一年

三　政党政治の凋落と再生

有馬　学『日本の歴史23　帝国の昭和』講談社、二〇〇二年
粟屋憲太郎『昭和の政党』岩波書店、二〇〇七年
飯尾　潤『日本の統治構造』中央公論新社、二〇〇七年
五百旗頭真『占領期　首相たちの戦後日本』読売新聞社、一九九七年
『日本の近代6　戦争・占領・講和』中央公論新社、二〇〇一年
石川真澄『戦後政治史　新版』岩波書店、二〇〇四年
伊藤　隆『近衛新体制』中央公論社、一九八三年
『昭和期の政治』山川出版社、一九八三年②
植村秀樹『再軍備と五五年体制』木鐸社、一九九五年
内山　融『小泉政権』中央公論新社、二〇〇七年
大蔵省昭和財政史編集室編『昭和財政史第14巻　地方財政』東洋経済新報社、一九五四年
岡　義武『近衛文麿』岩波書店、一九七二年
奥健太郎『昭和戦前期立憲政友会の研究』慶應義塾大学出版会、二〇〇四年

小栗勝也「非常時下における既成政党の選挙地盤の維持」（小栗①）・「翼賛選挙と旧政党人の地盤」（小栗②）（大麻唯男伝記研究会編『大麻唯男 論文編』櫻田会、一九九六年）
宮田光史「「翼賛議会」の位相」（『歴史学研究』八五〇、二〇〇九年二月）
北岡伸一『日本政治史　外交と権力』日本放送出版協会、一九八九年
『日本の近代5　政党から軍部へ』中央公論新社、一九九九年
楠精一郎『大政翼賛会に抗した四〇人』朝日新聞社、二〇〇六年
河野康子『日本の歴史24　戦後と高度成長の終焉』講談社、二〇〇二年、文庫版二〇一〇年
後藤基夫・内田健三・石川真澄『戦後保守政治の軌跡』岩波書店、一九八二年
佐道明広『戦後日本の防衛と政治』吉川弘文館、二〇〇三年
『戦後政治と自衛隊』吉川弘文館、二〇〇六年
正田浩由「近衛新体制から翼賛選挙に至るまでの議会と政党政治家の動向」（『早稲田政治経済学雑誌』三六九、二〇〇七年十月）
季武嘉也「戦前期の総選挙と地域社会」（『日本歴史』五四四号、一九九三年九月）
『選挙違反の歴史』吉川弘文館、二〇〇七年
武田知己『重光葵と戦後政治』吉川弘文館、二〇〇二年
武田　勝「日本における財政調整制度の生成過程」（神野直彦・池上岳彦『地方交付税　何が問題か』東洋経済新報社、二〇〇三年）
玉井　清「東條内閣の一考察　大麻唯男を中心に」（前掲『大麻唯男 論文編』）
戸部良一『日本の近代9　逆説の軍隊』中央公論新社、一九九八年
富森叡二『戦後保守党史』岩波書店、二〇〇六年

中北浩爾『一九五五年体制の成立』東京大学出版会、二〇〇二年
中村勝範「翼賛選挙と旧政党人」（前掲『大麻唯男 論文編』）
中村隆英『昭和史』Ⅰ・Ⅱ、東洋経済新報社、一九九三年
原　彬久『岸信介』岩波書店、一九九五年
『戦後史のなかの日本社会党』中央公論新社、二〇〇〇年
古川隆久『戦時議会』吉川弘文館、二〇〇一年
『昭和戦中期の議会と行政』吉川弘文館、二〇〇五年
升味準之輔『戦後政治』上下、東京大学出版会、一九八三年
『日本政治史』3・4、東京大学出版会、一九八八年
御厨貴編『歴代首相物語』新書館、二〇〇三年
三沢潤生・二宮三郎「帝国議会と政党」（細谷千博他編『日米関係史3』東京大学出版会、一九七一年）
宮崎隆次「戦後保守勢力の形成」（中村政則他『戦後日本 占領と戦後改革』第二巻、岩波書店、一九九五年）
武藤博巳『道路行政』東京大学出版会、二〇〇八年
村井哲也『戦後政治体制の起源』藤原書店、二〇〇八年
村瀬信一『帝国議会改革論』吉川弘文館、一九九七年
矢野信幸「翼賛政治体制下の議会勢力と新党運動」（伊藤隆編『日本近代史の再構築』山川出版社、一九九三年）
矢部貞治『矢部貞治日記　銀杏の巻』読売新聞社、一九七四年
山室建徳「昭和戦前期総選挙の二つの見方」（『日本歴史』五四四号、一九九三年九月）
立命館大学西園寺公望伝編纂委員会編『西園寺公望伝』第4巻、岩波書店、一九九六年
北村公彦編者代表『現代日本政党史録』1現代日本政党論・2戦後体制の構想と政党政治の模索（第一法規株式会社、

二〇〇三―二〇〇四年）

四　「五五年体制」の変貌と危機

五　政治改革と政界再編

特論　戦後政党と日米関係

朝日新聞政治部『小沢一郎探検』朝日新聞社、一九九一年
朝日新聞政治部『竹下派支配』朝日新聞社、一九九二年
穴見　明「五五年体制の崩壊と執政機能の強化」（『五五年体制の崩壊』年報政治学一九九六、岩波書店、一九九六年）
アラン・リックス編『日本占領の日々―マクマホン・ボール日記』岩波書店、一九九三年
有賀　貞『日米関係史』東京大学出版会、二〇一〇年
飯尾　潤『日本の統治構造』中公新書、二〇〇七年
飯尾　潤『政局から政策へ』ＮＴＴ出版、二〇〇八年
五百旗頭真編『戦後日本外交史　第三版』有斐閣、二〇一〇年
五百旗頭真編『日米関係史』有斐閣、二〇〇八年
五百旗頭真・伊藤元重・薬師寺克行『九〇年代の証言　小沢一郎　政権奪取論』朝日新聞社、二〇〇六年
五十嵐武士『対日講和と冷戦』東京大学出版会、一九八六年
石井　修「冷戦の五五年体制」（『国際政治』岩波書店、一九九二年）
石川真澄・広瀬道貞『自民党―長期政権の構造』岩波書店、一九八九年
石川真澄『新版　戦後政治史』岩波新書、二〇〇四年
石橋湛一・伊藤隆編『石橋湛山日記』上下、みすず書房、二〇〇一年

井芹浩文『派閥再編成』中公新書、一九八八年
伊藤　悟「戦後初期の連立連合の構図」（油井大三郎他編『占領改革の国際比較』三省堂、一九九四年）
伊藤昌哉『自民党戦国史』ちくま文庫、二〇〇九年、初版一九八二年
伊藤昌哉『池田勇人とその時代』朝日新聞社、一九八五年、初版一九六七年
伊藤惇夫『政党崩壊』新潮新書、二〇〇八年
伊藤惇夫『民主党』新潮新書、二〇〇三年
猪木武徳『日本の近代7　経済成長の果実一九五五―一九七二』中央公論新社、二〇〇〇年
猪口　孝・岩井奉信『「族議員」の研究―自民党政権を牛耳る主役たち』日本経済新聞社、一九八七年
岩見隆夫『自民党没落の歴史』朝日ソノラマ、一九九三年
上住充弘『日本社会党興亡史』自由社、一九九二年
内田健三『派閥』講談社新書、一九八三年
内田健三他『大政変』東洋経済新報社、一九九四年
内田健三他編『日本議会史録』第4、5、6巻、第一法規出版、一九九〇年
内山　融『小泉政権』中公新書、二〇〇七年
梅澤昇平『野党の政策過程』芦書房、二〇〇〇年
大嶽秀夫「自民党若手改革派と小沢グループ」（『レヴァイアサン』17号、一九九五年、木鐸社）
大嶽秀夫『日本政治の対立軸～九三年以降の政界再編の中で』中公新書、一九九九年
大山礼子『比較議会政治論』岩波書店、二〇〇三年
岡田一郎『日本社会党―その組織と衰亡の歴史』新時代社、二〇〇五年
岡　義武編『現代日本の政治過程』岩波書店、一九五八年

奥島貞雄『自民党抗争史』中央公論新社、二〇〇八年、初版二〇〇六年
小沢一郎『語る』文藝春秋、一九九六年
蒲島郁夫・山田真裕「後援会と日本の政治」『年報政治学一九九四』岩波書店、一九九四年
川人貞史『日本の国会制度と政党政治』(東京大学出版会、二〇〇五年)
北岡伸一「包括政党の合理化」(同『国際化時代の政治指導』中央公論社、一九九〇年所収、一九八一年執筆、初版一九八五年)
北岡伸一『自民党—政権党の三八年』中公文庫、二〇〇八年、初版一九九五年
北村公彦編集代表『現代日本政党史録』第一—六巻、第一法規社、二〇〇三—二〇一〇年
君島雄一郎「岸信介と一九五〇年代の政党政治—意図せざる自民党一党優位制の形成—」修士論文、法政大学、二〇〇八年
草野　厚『連立政権一九九三〜』文春新書、一九九九年
楠田　實『楠田實日記』中央公論新社、二〇〇一年
楠　綾子『吉田茂と安全保障政策の形成』ミネルヴァ書房、二〇〇九年
久保　亘『連立政権の真実』読売新聞社、一九九八年
ケント・カルダー『自民党長期政権の研究』文藝春秋、一九八九年
河野康子『日本の歴史24　戦後と高度成長の終焉』講談社、二〇〇二年
小宮　京『自由民主党の誕生』木鐸社、二〇〇九年
後藤田正晴『情と理』上下、講談社文＋α文庫、二〇〇六年、初版一九九八年
後藤基夫・内田健三・石川真澄『戦後保守政治の軌跡』上下、岩波書店、一九九四年
坂元一哉『日米同盟の絆』有斐閣、二〇〇〇年

坂本　守『社会党・総評ブロック』日本評論社、一九八一年
佐藤誠三郎・松崎哲久『自民党政権』中央公論社、一九八六年
佐道明広『戦後日本の防衛と政治』吉川弘文館、二〇〇三年
佐道明広他編『人物で読む現代日本外交史』吉川弘文館、二〇〇八年
Sarah Hyde "The Transformation of the Japanese Left: From Old Socialsts to New Democrats", Routledge, 2009
沢木耕太郎『危機の宰相』文春文庫、二〇〇八年
塩田　潮『江田三郎―早すぎた改革者』文藝春秋、一九九四年
塩田　潮『新版　民主党の研究』平凡社新書、二〇〇九年
進藤榮一・下河辺元春編『芦田均日記』第三―七巻、岩波書店、一九八六年
自由党中央機関誌『復刻版　再建』アテネ書房、一九八六年
ジェラルド・カーチス『日本型政治の本質』ＴＢＳブリタニカ、一九八七年
スティーブン・リード「自民党政治の固定化」（『レヴァイアサン』九号、木鐸社、一九九一年）
Ｎ・Ｂ・セイヤー『自民党　日本を動かす組織』雪華社、一九六八年
空井　護「自民党一党支配体制形成過程としての石橋・岸政権」（『国家学会雑誌』一〇六巻一・二号、一九九三年）
田川誠一『ドキュメント・自民党脱党』徳間書店、一九八三年
竹下　登『政治とは何か―竹下登回顧録』講談社、二〇〇一年
武田知己『重光葵と戦後政治』吉川弘文館、二〇〇二年
竹中佳彦「戦後日本の協同主義政党」（日本政治学会編『日本外交におけるアジア主義』岩波書店、一九九九年）
田中愛治他『二〇〇九年　なぜ政権交代だったのか』勁草書房、二〇〇九年
田中善一郎『日本の総選挙 1946-2003』東京大学出版会、二〇〇五年

谷　聖美「社会党の政策決定過程」（中野　実編『日本型政策決定の変容』有斐閣、一九八四年）
筒井清忠編『解明　昭和史』朝日新聞出版、二〇一〇年
富森叡児『戦後保守党史』岩波教養文庫、二〇〇六年
鳥海　靖編『歴代内閣・首相事典』吉川弘文館、二〇〇九年
ドナルド・ヘルマン『日本の政治と外交』渡邊昭夫訳、中公新書、一九七〇年
中北浩爾「戦後日本における社会民主主義政党の分裂と政策距離の拡大」（『国家学会雑誌』106巻11・12号、一九九三年）
中北浩爾「日本社会党の分裂」（石川真澄・山口二郎『日本社会党―戦後革新の思想と行動』日本経済評論社、二〇〇三年）
中北浩爾『一九五五年体制の成立』東京大学出版会、二〇〇二年
中静未知『医療保険の行政と政治』吉川弘文館、一九九八年
中島信吾『戦後日本の防衛政策―「吉田路線」をめぐる政治・外交・軍事』慶應義塾大学出版会、二〇〇六年
中島　誠『立法学　新版』法律文化社、二〇〇七年
中曽根康弘『天地有情』文藝春秋、一九九六年
中村隆英『昭和史』ⅠⅡ、東洋経済新報社、一九九三年
日本経済新聞社『自民党政調会』日本経済新聞社、一九八三年
日本経済新聞社『検証バブル　犯意なき過ち』日本経済新聞社、二〇〇一年
野中尚人『自民党政治の終わり』ちくま新書、二〇〇八年
信田智人『冷戦後の日本外交』ミネルヴァ書房、二〇〇六年
長谷川毅『暗闘』中央公論新社、二〇〇六年
花岡信昭『保守の劣化は何故起きたのか』産経新聞出版、二〇〇九年

原　彬久『戦後史の中の社会党』中公新書、二〇〇〇年
東田親司『新版　現代行政と行政改革』芦書房、二〇〇四年
福井治弘『自民党と政策決定』福村出版、一九六九年
福永文夫『大平正芳』中公新書、二〇〇八年
『藤波孝生オーラルヒストリー』政策研究大学院大学C.O.E.オーラル・政策研究プロジェクト、二〇〇五年
細谷千博他編『日米関係資料集1945-97』東京大学出版会、一九九九年
毎日新聞政治部『完全ドキュメント民主党政権』毎日新聞社、二〇〇九年
毎日新聞政治部『自民党　リクルート疑惑と政乱』角川文庫、一九八九年
毎日新聞政治部『自民党　金権の構図』角川文庫、一九八五年
毎日新聞政治部『自民党　転換期の権力』角川文庫、一九八六年
毎日新聞政治部『政治家とカネ』角川文庫、一九九一年
毎日新聞政治部『政変』現代教養文庫、一九九三年、初版一九八六年
前田和男『民主党政権への伏流』ポット出版、二〇一〇年
増田　弘『マッカーサー　フィリピン統治から日本占領へ』中公新書、二〇〇九年
升味準之輔・ロバート・スカラピーノ『現代日本の政党と政治』岩波新書、一九六二年
升味準之輔『現代政治』上下、東京大学出版会、一九八五年
升味準之輔「一九五五年の政治体制」（同『現代日本の政治体制』岩波書店、一九六九年）
升味準之輔『戦後政治』上下、東京大学出版会、一九八三年
升味準之輔『日本政治史』第4巻、東京大学出版会　一九八八年
升味準之輔『日本政治史4』東京大学出版会、一九八八年

松岡　完他編『冷戦史』同文舘出版、二〇〇三年
松崎哲久『日本型デモクラシーの逆説』冬樹社、一九九一年
『松野頼三オーラルヒストリー』上下、政策研究大学院大学C.O.E.オーラル・政策研究プロジェクト、二〇〇三年
御厨　貴・渡邉昭夫インタヴュー構成『首相官邸の決断─内閣官房副長官石原信雄の二六〇〇日』中央公論社、一九九七年
御厨　貴「昭和二〇年代における第二保守党の軌跡」（近代日本研究会編『近代日本研究年報　戦時経済』山川出版社、一九八七年）
御厨　貴『ニヒリズムの宰相　小泉純一郎論』PHP新書、二〇〇六年
御厨　貴『政策の総合と権力』東京大学出版会、一九九六年
御厨　貴編『歴代首相物語』新書館、二〇〇三年
三谷太一郎「戦後日本における野党イデオロギーとしての自由主義」（犬童一男他編『戦後デモクラシーの成立』岩波書店、一九八八年）
『宮沢喜一オーラルヒストリー』政策研究大学院大学C.O.E.オーラル・政策研究プロジェクト、二〇〇四年
宮沢喜一『社会党との対話─ニューライトの考え方』講談社、一九六五年
宮本吉夫『新保守党史』時事通信社、一九六二年
村井哲也『戦後政治体制の起源─吉田茂の官邸主導』藤原書店、二〇〇八年
村上泰亮『新中間大衆の時代』中央公論社、一九八四年
村川一郎・石上泰洲『日本の政党』丸善ライブラリー、一九九五年
村川一郎『政策決定過程』信山社、二〇〇〇年
森田一他編『心の一燈　回想の大平正芳』第一法規出版、二〇一〇年

森　裕城『日本社会党の研究』木鐸社、二〇〇一年
山崎広明「戦後初期連立政権下の産業政策」（東京大学社会科学研究所『社会科学研究』45巻3号、一九九三年）
『山下英明オーラルヒストリー　続』近代日本史料研究会、二〇〇七年
読売新聞社政治部『政界再編の幕開け』（読売新聞社、一九九三年）
読売新聞政治部『自民党崩壊の三〇〇日』（新潮社、二〇〇九年）
山口二郎『内閣制度』東京大学出版会、二〇〇七年
渡辺恒雄『派閥―保守党の解剖　増補版』弘文堂、一九六四年
渡辺昭夫『日本の近代8　大国日本のゆらぎ一九七二―』中央公論新社、二〇〇〇年
渡辺昭夫編『戦後日本の宰相たち』中央文庫、二〇〇一年、初版一九九五年

編者略歴

季武嘉也

一九五四年　東京都生まれ
一九七九年　東京大学文学部国史学科卒業
一九八五年　東京大学大学院博士課程単位取得退学
現在　創価大学文学部教授、博士（文学）

〔主要編著書〕
大正期の政治構造　選挙違反の歴史　大正社会と改造の潮流（日本の時代史24、編）　近現代日本人物史料情報辞典（共編）

武田知己

一九七〇年　福島県生まれ
一九九四年　上智大学文学部英文科卒業
一九九八年　東京都立大学社会科学研究科博士課程退学
現在　大東文化大学法学部准教授

〔主要著書〕
重光葵と戦後政治

日本政党史

二〇一一年（平成二十三）二月十日　第一刷発行

編　者　季《すえ》武《たけ》嘉《よし》也《や》
　　　　武《たけ》田《だ》知《とも》己《き》

発行者　前田求恭

発行所　株式会社　吉川弘文館
郵便番号一一三―〇〇三三
東京都文京区本郷七丁目二番八号
電話〇三―三八一三―九一五一〈代表〉
振替口座〇〇一〇〇―五―二四四番
http://www.yoshikawa-k.co.jp/

印刷＝株式会社 平文社
製本＝誠製本株式会社
装幀＝清水良洋・渡邉雄哉

ISBN978-4-642-08049-1

執筆者紹介―執筆分担（掲載順）

山田央子（やまだ　えいこ）　担当＝一

神奈川県生まれ。東京都立大学大学院社会科学研究科博士課程単位取得退学、博士（政治学）。現在、青山学院大学法学部教授。

〔主要論著〕

明治政党論史　栗谷李珥の朋党論―比較政党論史への一試論　酒井雄三郎における「近世文明」論と社会主義批判―共和主義思想との関連をめぐって

季武嘉也（すえたけ　よしや）　→別掲　担当＝二

黒澤　良（くろさわ　りょう）　担当＝三

東京都生まれ。二〇〇七年東京都立大学大学院社会科学研究科修了（博士・政治学）。現在、学習院大学兼任講師。

〔主要著書〕清瀬一郎　ある法曹政治家の生涯　内務省の政治史（仮題）

武田知己（たけだ　ともき）　→別掲　担当＝四、五

河野康子（こうの　やすこ）　担当＝特論

静岡県生まれ。東京都立大学大学院社会科学研究科政治学専攻博士課程修了。一九九〇年法学博士。現在、法政大学法学部教授。

〔主要著書〕

日本の歴史第24巻　戦後と高度成長の終焉　沖縄返還をめぐる政治と外交

索　　引

あ　行

か　行

さ　行

た　行

な　行

は　行

ま　行

や　行

ら　行

わ　行

図版一覧

戦後政党主要系統図

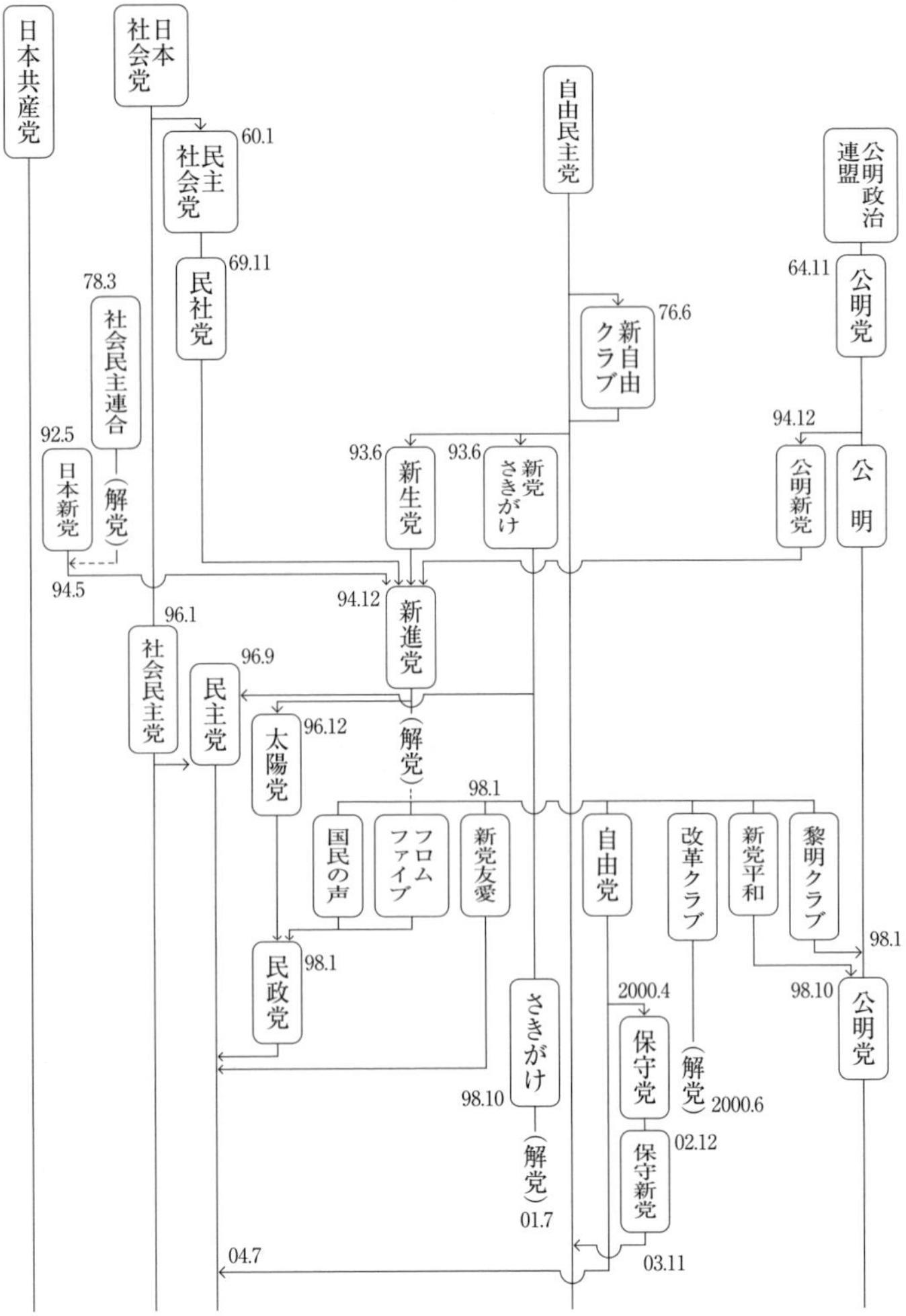
日本共産党
日本社会党
民主社会党
60.1
民社党
69.11
社会民主連合
78.3
（解党）
日本新党
92.5
94.5
自由民主党
新自由クラブ
76.6
公明政治連盟
公明党
64.11
94.12
公明新党
公明
新生党
93.6
新党さきがけ
93.6
新進党
94.12
社会民主党
96.1
民主党
96.9
太陽党
96.12
（解党）
98.1
国民の声
フロムファイブ
新党友愛
自由党
改革クラブ
新党平和
黎明クラブ
98.1
民政党
98.1
さきがけ
98.10
（解党）
01.7
2000.4
保守党
（解党）
2000.6
保守新党
02.12
03.11
04.7
公明党
98.10